古典文獻研究輯刊

十五 編

潘美月・杜潔祥 主編

第 11 冊

《陳眉公家藏祕笈續函》
小說類作品之研究（下）

薛 雅 文 著

國家圖書館出版品預行編目資料

《陳眉公家藏祕笈續函》小說類作品之研究（下）／薛雅文
著 — 初版 — 新北市：花木蘭文化出版社，2012〔民 101〕
目 6+254 面；19×26 公分
（古典文獻研究輯刊 十五編；第 11 冊）
ISBN：978-986-254-994-0（精裝）
1. 明代小說　2. 版本學　3. 研究考訂
011.08　　　　　　　　　　　　　　　　　101015064

ISBN-978-986-254-940-0

9 789862 549940

古典文獻研究輯刊
十五編　第十一冊　　　　　　ISBN：978-986-254-994-0

《陳眉公家藏祕笈續函》小說類作品之研究（下）

作　　者　薛雅文
主　　編　潘美月　杜潔祥
總 編 輯　杜潔祥
企劃出版　北京大學文化資源研究中心
出　　版　花木蘭文化出版社
發 行 所　花木蘭文化出版社
發 行 人　高小娟
聯絡地址　新北市永和區中正路五九五號七樓
　　　　　電話：02-2923-1455／傳眞：02-2923-1452
網　　址　http://www.huamulan.tw 信箱 sut81518@gmail.com
印　　刷　普羅文化出版廣告事業
初　　版　2012 年 9 月
定　　價　十五編 26 冊（精裝）新台幣 42,000 元
　　　　　　　　　　　　　　　　　　　　版權所有・請勿翻印

《陳眉公家藏祕笈續函》
小說類作品之研究（下）

薛雅文　著

下　冊

第五章　《陳眉公家藏祕笈續函》雜俎小說之版本暨內容考述

第一節　《陳眉公家藏祕笈續函》雜俎小說作品考述

　　此單元，主要論述《陳眉公家藏祕笈續函》本收錄《尙書故實》、《談苑》、《後山談叢》、《賢弈編》、《知命錄》、《玉堂漫筆》與《願豐堂漫書》等七部雜俎類小說之作者與內容。其次，從「文獻學」層面作論述考證，一則透過與明代著名叢書比較，以瞭解該部小說之版本優劣，且能提供該部小說源流與發展訊息；二則藉由該部小說今日流傳之善本作比較，以論斷編纂者陳繼儒採用版本用心與否及鑒別學養深淺。再者，以「內容」層面作論述考證，一方面深入作品內容文字與其他版本比較，以反映該部小說何者可被研究時取資；另一方面，針對每部雜俎小說內容特質作論考，以評定陳繼儒之選書鑑別能力。藉由此七部雜俎小說之實例，期能大致允當無誤地判定《陳眉公家藏祕笈續函》是否爲一部質量兼具之叢書。

一、唐李綽《尙書故實》考述

（一）作者與內容介紹

1. 作者生平簡述

　　李綽字肩孟，號寬中子，唐趙郡（今河北趙縣）人。昭宗時任禮部郎中、膳部郎中等職。經黃巢之亂，國亡君死後避難蠻隅，著有《尙書故實》、《秦

中歲時記》等書。《舊唐書》、《新唐書》皆無獨立本傳。唯從此二部史書，仍能略知其人一二事蹟。據《舊唐書・本紀》第二十（上）「昭宗」記載：

> 十一月己丑朔，將有事於圓丘。改御名曰曄。辛亥，上宿齋於武德殿，宰相百僚朝服于位。時兩軍中尉楊復恭及兩樞密皆朝服侍上，太常博士錢珝、李綽等奏論之曰：「皇帝赴齋宮，內臣皆服朝服，臣檢國朝故事及近代禮令，并無內官朝服助祭之文。伏惟皇帝陛下承天御曆，聖祚中興，祗見宗祧，克陳大禮，皆稟高祖、太宗之成制，必循虞、夏、商、周之舊經，軒冕服章，式遵彝憲。禮院先准大禮使牒稱得內侍省牒，要知內臣朝服品秩，禮院已准禮令報記。今參詳近朝事例，若內官及諸衛將軍必須製冠服，即各依所兼正官，隨資品依令式服本官之服。事存傳聽，且可俯從，然亦不分明著在禮令。乞聖慈允臣所奏。」狀入，至晚不報。〔註1〕

據《舊唐書・本紀》第二十（上）「昭宗」十一月己丑之記載，可知李綽曾擔任太常博士一職，提出內官於祭祀該著何種服飾，必須恪守先人禮法，而諫言皇上，從中顯露李綽堅持禮法之舉，可稱忠直之士。從《舊唐書・昭宗紀》、《直齋書錄解題》等書記載，李綽又曾擔任禮部郎中、膳部郎中等職。而李氏有何著作？《新唐書・藝文志》中有二處記載：志第四十八「藝文（二）・史部・雜傳記類」著錄「《尚書故實》一卷　尚書即張延賞。」與志第四十九「藝文（三）・子部・農家類」著錄「《秦中歲時記》一卷」。

至於，李綽出生於何地、生卒年為何？據《新唐書・宰相世系表》與勞格《唐郎官石柱題名考》卷十九，得知李綽字肩孟，號寬中子，趙郡人也。且從《尚書故實》「小序」：

> 綽避難圓田，寓居佛廟，秩有間於錐印，跡更甚於酒傭。〔註2〕

復從宋陳振孫《直齋書錄解題》卷六・時令類「《秦中歲時記》一卷」條下記載：

> 唐膳部郎中趙郡李綽撰。綽別未見，此據《中興書目》云爾。其序曰：「綽思庚子之歲，涉周戊辰之年。」庚子，唐廣明元年；戊辰，

〔註1〕　〔唐〕劉昫撰：《舊唐書・本紀》第二十（上）「昭宗」（許嘉璐主編：《二十四史全譯》，上海：漢語大詞典出版社，2004年1月），第一冊，頁624。
〔註2〕　〔唐〕李綽撰：《尚書故實》（〔明〕陳繼儒輯：《寶顏堂祕笈》，臺北國家圖書館「善本書室」藏，明萬曆間繡水沈氏尚白齋刊本）。

　　梁開平二年也。又曰：「偶思昔年皇居舊事，絕筆自歎，橫襟出涕。」

　　然則唐之舊臣，國亡之後，傷感疇昔，而爲此書也。〔註3〕

　　據此二段引文，可知李綽因亡國而悲不自勝，故著書記實。另據宋晁公武《郡齋讀書志》後志卷二「子類」著錄一條：

　　《輦下歲時記》一卷，右唐李綽撰。綽經黃巢之亂，避地蠻隅，偶

　　記秦地盛事，傳諸晚學云。〔註4〕

　　綜合《尚書故實》「小序」、陳振孫《直齋書錄解題》與晁公武《郡齋讀書志》，可知李氏直至唐末黃巢之亂時，仍存活在世。

2. 《尚書故實》內容介紹

　　唐李綽《尚書故實》，《陳眉公家藏祕笈續函》所刻爲一卷本。考察明至清代之叢書，亦皆是一卷本，然內容比《陳眉公家藏祕笈續函》本更少。《陳眉公家藏祕笈續函》本爲收錄最完整版本，依據爲何？下面單元中，將作進一步探討。茲先以《陳眉公家藏祕笈續函》一卷本〔註5〕作內容簡述；其書共收錄八十條，據唐李綽《尚書故實》「小序」云：

　　賓護尚書河東張公，三相盛門，四朝雅望。博物自同於壯武，多聞遠

　　邁於羣臣。綽避難圃田，寓居佛廟，秩有同於錐印，跡更甚於酒傭。

　　叨遂迎塵，每容侍話。凡聆徵引，必異尋常。足廣後生，可貽好事。

　　遂纂集尤異者，兼雜以詼諧十數節，作《尚書故實》云耳。〔註6〕

　　從此序言可知，李綽避難圃田時，尚書河東張公接待之，談論南朝至唐之間達官士子遺聞雜事，「遂纂集尤異者，兼雜以詼諧十數節」，以貽後生好事者。今存八十則內容主題固多藝林掌故，亦可歸納出幾項主題：

　　（1）談論文人神奇之事，如〈牛相公僧孺鎮襄州日〉、〈盧元公鈞奉道〉及〈郭侍郎承嘏〉等則作品。

　　（2）描述文人義行之事，如〈公自述高伯祖嘉祐〉、〈兵部李約員外嘗江

〔註3〕　〔宋〕陳振孫撰：《直齋書錄解題》卷六（王雲五主編：《國學基本叢書》
　　　　四百種，臺北：臺灣商務印書館股份有限公司，1968 年 3 月），上冊，頁
　　　　184。

〔註4〕　〔宋〕趙希弁校補：《郡齋讀書志》後志卷二「子類」（王雲五主編：《國學基
　　　　本叢書》四百種，臺北：臺灣商務印書館股份有限公司，1968 年 3 月），四冊，
　　　　頁 831。

〔註5〕　李綽《尚書故實》收錄作品無篇名名稱，故以下內容主題介紹採用本論文底
　　　　本《陳眉公家藏祕笈續函》本首句爲篇名，作爲該則作品之名稱。

〔註6〕　同註2。

行〉等則作品。

（3）描寫文人才氣縱橫之事，如〈有李幼奇者〉、〈陳朝謝赫善畫〉、〈《千字文》〉等則作品。

（4）記載名畫古物流傳之事，如〈《清夜遊西園圖》〉、〈《汲冢書》〉、〈王內史《借船帖》〉等則作品。

大抵，談論多半爲藝林詩書畫碑帖及文人之異聞異事，頗具史料文獻價值。至於，書名《尚書故實》，所指「尚書」爲何人也？「小序」謂：「賓護尚書河東張公」，然未明言其人名字，故前人眾說紛紜，主要有以下幾種說法：

第一種說法，爲尚書張延賞。持此項說法，如《新唐書·藝文志》志第四十八「藝文（二）·史部·雜傳記類」記載：

李綽《尚書故實》一卷 尚書即張延賞。〔註7〕

又據《崇文總目》卷二·傳記類上「《尚書故實》一卷」條下云：

《尚書故實》一卷 李綽撰。 原釋：尚書即張延賞也。綽，記延賞所談，故又題曰《尚書談錄》。見《郡齋讀書志》。

釋按：《宋志》，上有張字，又重出一部與此同。注云，實一作事，綽一作緯。〔註8〕

至清錢謙益《絳雲樓書目》卷二「小說類」：「《尚書故實》一卷，紀張延賞事。」〔註9〕亦持此說。然此說已被若干書目家與後代研究者駁斥，言之鑿鑿。如宋陳振孫《直齋書錄解題》卷十一·小說家類「《尚書故實》一卷」條下云：

唐李綽撰。又名《尚書談錄》。首言賓護尚書河東張公三代相門，謂嘉貞、延賞、弘靖也。弘靖，盧龍失御，貶賓客司。綽，唐末人，未必及弘靖。弘靖之後，文規、次宗、彥遠，皆不登八座，未詳所謂。《唐志》即以爲延賞，尤不然。〔註10〕

宋晁公武《郡齋讀書志》卷三下·小說類「《尚書故實》一卷」條下亦

〔註7〕 〔宋〕王堯臣等撰：《崇文總目》（王雲五主編：《國學基本叢書四百種》），第一冊，頁109。
〔註8〕 同上註，頁109。
〔註9〕 〔清〕錢謙益撰：《絳雲樓書目》（臺北：廣文書局印行，《書目三編》，1969年），頁88。
〔註10〕 〔宋〕陳振孫撰：《直齋書錄解題》（中）（臺北：臺灣商務印書館印行，1968年3月），頁309。

云：

> 右唐李綽編。《崇文》目謂尚書，即張延賞也。綽，記延賞所談，故
> 又題曰《尚書談錄》。按其書稱嘉貞爲四世祖，疑非延賞也。〔註11〕

是《新唐志》、《崇文總目》皆云尚書即張延賞，陳、晁兩書目家皆不以
爲然也。王師國良先生亦持此此說，其《唐代小說敘錄》「25《尚書故實》一
卷（又名：尚書談錄）」條下云：

> （內容考）……崇文總目、新唐志、通志皆謂尚書即張延賞。今按
> 書中稱嘉貞爲四世祖，又稱嘉祐爲高伯祖〔當稱高叔祖。嘉祐爲嘉
> 貞之弟，見史傳及宰相世系表〕，則所謂張尚書當在彥遠、天保、彥
> 休、曼容輩中也。張延賞之說，非是。〔註12〕

第二種說法，尚書爲張弘靖或張文規等人。持此論述者，多從《尚書故
實》文本推敲而來。然余嘉錫《四庫提要辨證》卷十五·子部六「《尚書故實》
一卷」條下，曾加以駁斥辨證。如論證張文規非「尚書」之說曰：

> 案：張尚書之爲何人，凡有數說。……綽自序云：「綽避難圖田，
> 寓居佛廟，叨遂迎塵，每容侍話」云云，蓋與張尚書同避難時所
> 記也。鄭州中牟縣，隋名圖田縣，有圖田澤在縣西北七里。見《元
> 和郡縣志》卷八唐自朱泚平後，黃巢未起前，天下未嘗有大難，東西
> 兩都尤安若覆盂，河東張氏有宅在西都平康里，見前東都思順里，
> 見《新》《舊》傳苟非兩都危急，何爲避處圖田？此必廣明元年十一月
> 黃巢陷東都之時，綽及賓護倉皇逃出，以中牟西距洛陽三百餘里，
> 足以避其鋒，而東去汴州纔百餘里，里數均據《元和志》計算宣武大軍
> 所在，可藉以自壯，故暫居於此，以觀其變。此時不但延賞、弘
> 靖已死數十年，即文規亦不見也。何以言之？彥遠《歷代名畫記》
> 卷一〈敘畫之興廢〉篇末題大中元年歲在丁卯，而其卷三敘甘露
> 寺畫壁云：「顧畫〈維摩詰〉，大中七年，今上因訪宰臣此畫，遂
> 詔壽州刺史盧簡辭求以進。」卷十〈李仲和傳〉中亦有今相國令
> 狐公之語，令狐綯大中四年拜相，十二年罷。是其書之成，不出宣宗之世。

〔註11〕　〔宋〕晁公武撰：《郡齋讀書志》（二）（臺北：臺灣商務印書館印行，1968
　　　　年3月），頁249。

〔註12〕　王國良撰：《唐代小說敘錄》（臺灣：嘉新水泥公司文化基金會，1979 年 11
　　　　月），頁22。

《法書要錄》雖不著時代，而《名畫記》卷二云：「今彥遠又別撰集《法書要錄》，共爲二十卷。」則二書乃同時所作，其自序中已稱先君尚書，是文規之卒，必在大中以前，下距廣明元年，尚二三十年，安得與李綽同避黃巢之難乎？不合二也。〔註13〕

大抵，余氏從地理、歷史，以及該部小說所言事物等角度切入，加以論斷「尚書」非張文規，持論中肯，其說應屬可信。

第三種說法，則認爲無論張延賞、張弘靖、張文規或嘉祐、嘉貞等人，皆難以論證斷定。余嘉錫持此說法，其《四庫提要辨證》卷十五・子部六「《尚書故實》一卷」條下云：

此書之所謂張尚書，固當是彥遠諸兄弟，然亦絕非彥遠，蓋彥遠字愛賓，不字賓護。《新傳》言彥遠乾符中至大理卿，考之《舊書・僖宗紀》，在乾符二年，其四年即書以殷僧辯爲大理卿，則彥遠或即卒於是時，未嘗官至尚書也。賓護不知何人之字，似與天保之義爲近曾憶《類說》卷四十五引作護賓，似得其實。《提要》所舉彥遠諸兄弟，乃據《新書・宰相世系表》言之，表尚有彥回字幾之，茂樞字休府二人。然《名畫記》卷十有從兄監察御史厚，則其群從甚繁，不盡見於表，無以定知其爲何人也。書中稱嘉貞爲四世祖，《讀書志》已引之，知宋本如此。此不但賓護自敍，即李綽亦所深知，必無譌誤。若嘉祐爲嘉貞之弟，當爲賓護高叔祖，而以爲高伯祖，張諗爲弘靖之弟，於賓護爲叔祖，而以爲尚書公之群從，此非傳寫之誤，即綽聽聞之未審，不可執以爲據也。〔註14〕

余氏學問淵博，復精於考證，雖提出種種辨證，欲爲所謂「張尚書」探求信實，終仍無法確定「尚書」爲何許人也。其結論曰：「此非傳寫之誤，即綽聽聞之未審，不可執以爲據也。」謹愼如此，故筆者亦不敢草率判定。

綜述以上前人之考證，雖皆言之成理，唯終究無法明確指出李綽所言「尚書」者爲何人。而依照《尚書故實》「小序」所言，書爲逃難時撰寫，其中必擇其與當時相關之題材，且必藏有難言之隱。故前人考據，雖未明言「尚書」何許人，然理其端緒，應是廣明年間張文規後人無疑矣。

〔註13〕 余嘉錫著：《四庫提要辨證》卷十五「子部六」（北京：中華書局出版，1985年8月），第三冊，頁912～914。

〔註14〕 同上註，頁914。

（二）與明代其他著名叢書收錄版本比較

唐李綽《尚書故實》，據《叢書子目類編》得知皆是一卷。〔註15〕明代著名叢書中，《陳眉公家藏祕笈續函》、明末刊本重編《百川學海》、明末葉坊刊本重編《百川學海》、《五朝小說》與《重編說郛》所錄皆爲一卷本，然收錄作品數量則略有出入。據傅增湘《藏園訂補郘亭知見傳本書目》卷十上·雜家類上·雜說「尚書故寔」條下云：

《尚書故寔》一卷　唐李綽撰。○說郛本。○續祕笈本。

⑥○清光緒五年定州王氏謙德堂刊畿輔叢書本。〔註16〕

從上述書目家記載，亦能證明該部小說直至清代，坊間所見，皆僅有一卷；故該部小說原書內容應爲一卷。此單元先探討明代叢書一卷本之差異，下一單元再分析其他一卷本之情形。茲先列表將《陳眉公家藏祕笈續函》本與明末刊本重編《百川學海》、明末葉坊刊本重編《百川學海》、《五朝小說》本、《重編說郛》本相互比較，以清楚呈現五者之差異處。

叢書名〔註17〕 收錄卷數與作品數目、內容文字差異處〔註18〕	《尚書故實》《陳眉公家藏祕笈續函》本		《尚書故實》明末刊本重編《百川學海》〔註19〕		《尚書故實》明末葉坊刊本重編《百川學海》〔註20〕		《尚書故實》《五朝小說》本〔註21〕		《尚書故實》《重編說郛》本〔註22〕	
收錄卷數與作品數目	共一卷	共八十則作品。	共一卷	共八十則作品。	共一卷	共七十八則作品。	共一卷	共七十八則作品。	共一卷	共七十八則作品。

〔註15〕　中國學典館復館籌備處：《叢書子目類編》（台北：鼎文書局，1977年1月），頁1051。

〔註16〕　〔清〕莫友芝撰·傅增湘訂補·傅熹年整理：《藏園訂補郘亭知見傳本書目》（北京：中華書局出版，1993年6月），第二冊，頁68。

〔註17〕　「叢書名」部分，爲比較方便，《陳眉公家藏祕笈續函》本列爲第一，其他叢書則依照刊刻時間排列。

〔註18〕　「收錄卷數與作品數目」與「內容文字差異處」，因《尚書故實》收錄作品無篇名名稱，故首句必會錄出，作爲該則作品之名稱。

〔註19〕　〔宋〕左圭編·明人重編：《百川學海·丙集》（台北：國家圖書館「善本書室」所藏「明末刊本」）。

〔註20〕　〔宋〕左圭編·明人重編：《百川學海·丙集》（台北：國家圖書館「善本書室」所藏「明末葉坊刊本刊本」）。該版本，漫漶處不少。

〔註21〕　〔明〕□□□輯：《五朝小說》「唐人百家小說偏錄家」（台北：國家圖書館「善本書室」所藏「明末刊本」）。

〔註22〕　〔元〕陶宗儀輯·〔明〕陶珽重校：《說郛》卷第三十六（台北：國家圖書館「善本書室」所藏「清順治丁亥兩浙督學李際期刊本」）。

內容文字差異處〔註23〕					
			其中缺少《陳眉公家藏祕笈續函》本中之「又說漢武帝時」與「盧元公鈞奉道」，二則作品。	其中缺少《陳眉公家藏祕笈續函》本中之「又說漢武帝時」與「盧元公鈞奉道」，二則作品。	其中缺少《陳眉公家藏祕笈續函》本中之「又說漢武帝時」與「盧元公鈞奉道」，二則作品。
內容文字差異處〔註23〕	異字： 「公自述高伯祖嘉祐，……又指一十餘歲女子曰：『此余之**女**也，同瘞廡下。』」 「宣平太傅相國盧公，……又徧尋於江渚間，亦終不能得。乃知向者一朵，蓋神異**耳**。」 「公云舒州灊山下有九井，……旱即**煞**一犬投其中，大雨必將，犬亦流出。」 「公云，牧弘農日，捕獲伐墓盜十餘。輩中有一人請間言事。公因屏吏獨問，對曰：『某以他事贖死。盧氏縣南山堯女塚，近亦曾為人開發，獲一大珠并玉盌，人**亦**不能計其直，餘寶器極多，世莫之識也。』公因遣吏按驗，**即**塚，果有開處……。」 「王內史《借船帖》，書之尤工者也。故山北盧尚書匡寶惜有年。 公致書惜之不得，云：『只可就看，	異字： 「公自述高伯祖嘉祐，……又指十餘歲女子曰：『此余之**子**也，同瘞廡下。』」 「宣平太傅相國盧公，……又徧尋於江渚間，亦終不能得。乃知向者一朵，蓋神異**焉**。」 「公云舒州灊山下有九井，……旱即**煞**一犬投其中，大雨必將，犬亦流出。」 「公云，牧弘農日，捕獲伐墓盜十餘。輩中有一人請間言事。公因屏吏獨問，對曰：『某以他事贖死。盧氏縣南山堯女塚，近亦曾為人開發，獲一大珠并玉盌，人**皆**不能計其直，餘寶器極多，世莫之識也。』公因遣吏按驗，**其**塚，果有開處……。」 「王內史《借船帖》，書之尤工者也。故山北盧尚書匡寶惜有年。公致書惜之不得，云：『只可就看，未嘗	異字： 「公自述高伯祖嘉祐，……又指十餘歲女子曰：『此余之**女**也，同瘞廡下。』」 「宣平太傅相國盧公，……又徧尋於江渚間，亦終不能得。乃知向者一朵，蓋神異**耳**。」 「公云舒州灊山下有九井，……旱即**殺**一犬投其中，大雨必將，犬亦流出。」 「公云，牧弘農日，捕獲伐墓盜十餘。輩中有一人請間言事。公因屏吏獨問，對曰：『某以他事贖死。盧氏縣南山堯女塚，近亦曾為人開發，獲一大珠并玉盌，人**亦**不能計其直，餘寶器極多，世莫之識也。』公因遣吏按驗，**即**塚，果有開處……。」 「王內史《借船帖》，書之尤工者也。故山北盧尚書匡寶惜有年。公致書惜之不得，云：『只可就看，未嘗	異字： 「公自述高伯祖嘉祐，……又指十餘歲女子曰：『此余之**女**也，同瘞廡下。』」 「宣平太傅相國盧公，……又徧尋於江渚間，亦終不能得。乃知向者一朵，蓋神異**耳**。」 「公云舒州灊山下有九井，……旱即**殺**一犬投其中，大雨必將，犬亦流出。」 「公云，牧弘農日，捕獲伐墓盜十餘。輩中有一人請間言事。公因屏吏獨問，對曰：『某以他事贖死。盧氏縣南山堯女塚，近亦曾為人開發，獲一大珠并玉盌，人**亦**不能計其直，餘寶器極多，世莫之識也。』公因遣吏按驗，**即**塚，果有開處……。」 「王內史《借船帖》，書之尤工者也。故山北盧尚書匡寶惜有年。公致書惜之不得，云：『只可就看，未嘗	異字： 「公自述高伯祖嘉祐，……又指一十餘歲女子曰：『此余之**女**也，同瘞廡下。』」 「宣平太傅相國盧公，……又徧尋於江渚間，亦終不能得。乃知向者一朵，蓋神異**耳**。」 「公云舒州灊山下有九井，……旱即**殺**一犬投其中，大雨必將，犬亦流出。」 「公云，牧弘農日，捕獲伐墓盜十餘。輩中有一人請間言事。公因屏吏獨問，對曰：『某以他事贖死。盧氏縣南山堯女塚，近亦曾為人開發，獲一大珠并玉盌，人**亦**不能計其直，餘寶器極多，世莫之識也。』公因遣吏按驗，**即**塚，果有開處……。」 「王內史《借船帖》，書之尤工者也。故山北盧尚書匡寶惜有年。公致書惜之不得，云：『只可就看，未嘗借人也。』」

〔註23〕「內容文字差異處」，有四項說明：第一，凡異體字如「于」與「於」或形近「已」「巳」刊刻未注意之字等，皆不列入討論；第二，該部小說收錄八十則作品無標題名稱，故以《陳眉公家藏祕笈續函》本首句為該則作品名稱；第三，本表所謂異字、異文、闕字、闕文、衍字等情形，上述「2.《尚書故實》「內容介紹」已言《陳眉公家藏祕笈續函》本收錄較為完整，故校勘後此表中反映與明末刊本重編《百川學海》本、明末葉坊刊本重編《百川學海》本、《五朝小說》本、《重編說郛》本等五種差異；第四，引用作品，僅截錄差異文句。

未嘗借人也。』公除潞州，旗節在途，纔數程，忽有人將書帖就公求**書**，閱之，乃《借船帖》也。」	借人也。』公除潞州，旗節在途，纔數程，忽有人將書帖就公求**售**，閱之，乃《借船帖》也。」	借人也。』公除潞州，旗節在途，纔數程，忽有人將書帖就公求**售**，閱之，乃《借船帖》也。」	借人也。』公除潞州，旗節在途，纔數程，忽有人將書帖就公求**售**，閱之，乃《借船帖》也。」	公除潞州，旗節在途，纔數程，忽有人將書帖就公求**售**，閱之，乃《借船帖》也。」
「京師書儈孫盈者，名**其**著。」	「京師書儈孫盈者，名**甚**著。」	「京師書儈孫盈者，名**甚**著。」	「京師書儈孫盈者，名**甚**著。」	「京師書儈孫盈者，名**甚**著。」
「嘗有一淪落衣冠，以先人執友方爲邦伯，因遠**投**謁，冀有厚需。」	「嘗有一淪落衣冠，以先人執友方爲邦伯，因遠**設**謁，冀有厚需。」	「嘗有一淪落衣冠，以先人執友方爲邦伯，因遠**投**謁，冀有厚需。」	「嘗有一淪落衣冠，以先人執友方爲邦伯，因遠**投**謁，冀有厚需。」	「嘗有一淪落衣冠，以先人執友方爲邦伯，因遠**投**謁，冀有厚需。」
「又說洛中頃年有僧得數粒所謂舍利者，……士子曰：『與吾幾錢，當服藥出之。』僧喜**聞**，遂贈二百緡，仍取萬病丸與喫。」	「又說洛中頃年有僧得數粒所謂舍利者，……士子曰：『與吾幾錢，當服藥出之。』僧喜**甚**，遂贈二百緡，仍取萬病丸與喫。」	「又說洛中頃年有僧得數粒所謂舍利者，……士子曰：『與吾幾錢，當服藥出之。』僧喜**聞**，遂贈二百緡，仍取萬病丸與喫。」	「又說洛中頃年有僧得數粒所謂舍利者，……士子曰：『與吾幾錢，當服藥出之。』僧喜**聞**，遂贈二百緡，仍取萬病丸與喫。」	「又說洛中頃年有僧得數粒所謂舍利者，……士子曰：『與吾幾錢，當服藥出之。』僧喜**聞**，遂贈二百緡，仍取萬病丸與喫。」
「郭侍郎[承朗]。嘗寶惜書法一卷，每攜隨兵。初應舉，就雜文試，寫**畢**夜色猶早，……吏曰：『某能換之，然某家貧，居興道里，儻換得，願以錢三萬見酬。』公**悅**而許之。」	「郭侍郎[承朗]。嘗寶惜書法一卷，每攜隨兵。初應舉，就雜文試，寫**筆**夜色猶早，……吏曰：『某能換之，然某家貧，居興道里，儻換得，願以錢三萬見酬。』公**說**而許之。」	「郭侍郎[承朗]。嘗寶惜書法一卷，每攜隨兵。初應舉，就雜文試，寫**畢**夜色猶早，……吏曰：『某能換之，然某家貧，居興道里，儻換得，願以錢三萬見酬。』公**悅**而許之。」	「郭侍郎[承朗]。嘗寶惜書法一卷，每攜隨兵。初應舉，就雜文試，寫**畢**夜色猶早，……吏曰：『某能換之，然某家貧，居興道里，儻換得，願以錢三萬見酬。』公**悅**而許之。」	「郭侍郎[承朗]。嘗寶惜書法一卷，每攜隨兵。初應舉，就雜文試，寫**畢**夜色猶早，……吏曰：『某能換之，然某家貧，居興道里，儻換得，願以錢三萬見酬。』公**悅**而許之。」
異文：	**異文：**	**異文：**	**異文：**	**異文：**
「《清夜遊西園圖》，……郭侍郎[承朗]。閽者以錢三百買得獻郭。**郭公**又流傳至令狐家。」	「《清夜遊西園圖》，……郭侍郎[承朗]。閽者以錢三百買得獻。**郭公**又流傳至令狐家。」	「《清夜遊西園圖》，……郭侍郎[承朗]。閽者以錢三百買得獻郭。**公郭**又流傳至令狐家。」	「《清夜遊西園圖》，……郭侍郎[承朗]。閽者以錢三百買得獻郭。**公郭**又流傳至令狐家。」	「《清夜遊西園圖》，……郭侍郎[承朗]。閽者以錢三百買得獻郭。**公郭**又流傳至令狐家。」
闕字：	**闕字：**	**闕字：**	**闕字：**	**闕字：**
「元**載**破家，籍財貨諸物，得胡椒九百石。」	「元**載**破家，籍財貨諸物，得胡椒九百石。」	「元**載**破家，籍財貨諸物，得胡椒九百石。」	「元＿破家，籍財貨諸物，得胡椒九百石。」	「元**載**破家，籍財貨諸物，得胡椒九百石。」
「《清夜遊西園圖》，……郭侍郎[承朗]。閽者以錢三百買得獻**郭**。郭公又流傳至令狐家。」	「《清夜遊西園圖》，……郭侍郎[承朗]。閽者以錢三百買得獻＿。郭公又流傳至令狐家。」	「《清夜遊西園圖》，……郭侍郎[承朗]。閽者以錢三百買得獻**郭**。郭公又流傳至令狐家。」	「《清夜遊西園圖》，……郭侍郎[承朗]。閽者以錢三百買得獻**郭**。郭公又流傳至令狐家。」	「《清夜遊西園圖》，……郭侍郎[承朗]。閽者以錢三百買得獻**郭**。郭公又流傳至令狐家。」
「＿州謝眞人上昇前，玉帝錫以鞍馬爲信，意者使其安心也。」	「**西**州謝眞人上昇前，玉帝錫以鞍馬爲信，意者使其安心也。」	「**絳**州謝眞人上昇前，玉帝錫以鞍馬爲信，意者使其安心也。」	「**絳**州謝眞人上昇前，玉帝錫以鞍馬爲信，意者使其安心也。」	「**絳**州謝眞人上昇前，玉帝錫以鞍馬爲信，意者使其安心也。」

「裴岳者，……于<u>相</u>布素時得一照，分明見有朱衣吏導從。」	「裴岳者，……于<u>相</u>布素時得一照，分明見有朱衣吏導從。」	「裴岳者，……于布素時得一照，分明見有朱衣吏導從。」	「裴岳者，……于布素時得一照，分明見有朱衣吏導從。」	「裴岳者，……于布素時得一照，分明見有朱衣吏導從。」
「京師書儈孫盈者，……盧公其時急切減而＿賑之，曰：『錢滿百千方得。』盧公，韓太冲外孫也。」	「京師書儈孫盈者，……盧公其時急切減而**舉**賑之，曰：『錢滿百千方得。』盧公，韓太冲外孫也。」	「京師書儈孫盈者，……盧公其時急切減而＿賑之，曰：『錢滿百千方得。』盧公，韓太冲外孫也。」	「京師書儈孫盈者，……盧公其時急切減而＿賑之，曰：『錢滿百千方得。』盧公，韓太冲外孫也。」	「京師書儈孫盈者，……盧公其時急切減而賑之，曰：『錢滿百千方得。』盧公，韓太冲外孫也。」
「＿經云：佛教上屬鬼宿，蓋鬼神之事，鬼暗則佛教衰矣。」	「＿經云：佛教上屬鬼宿，蓋鬼神之事，鬼暗則佛教衰矣。」	「**某**經云：佛教上屬鬼宿，蓋鬼神之事，鬼暗則佛教衰矣。」	「**某**經云：佛教上屬鬼宿，蓋鬼神之事，鬼暗則佛教衰矣。」	「**某**經云：佛教上屬鬼宿，蓋鬼神之事，鬼暗則佛教衰矣。」
闕文：	闕文：	闕文：	闕文：	闕文：
「天冊府弧矢尺度，……歷代〔二作〕郊丘重禮，必陳於儀衛之前，以耀武德。」	「天冊府弧矢尺度，……歷代郊丘重禮，必陳於儀衛之前，以耀武德。」	「天冊府弧矢尺度，……歷代郊丘重禮，必陳於儀衛之前，以耀武德。」	「天冊府弧矢尺度，……歷代郊丘重禮，必陳於儀衛之前，以耀武德。」	「天冊府弧矢尺度，……歷代郊丘重禮，必陳於儀衛之前，以耀武德。」
「盧元公好道，重方士，有王谷者得黃白術，變瓦礫泥土立成黃金。**賓護時在相國大梁幕中，皆目睹之。谷一日死於淮陰，賓護見范陽公敘言，公曰：『王十五兄不死。』後果有人於湘潭間見之，已變姓名矣。賓護既徙知廣陵，常亦話於崔魏公。公因說他日有王修能變竹葉為黃金，某所目擊也。**」	「盧元公好道，重方士，有王谷者得黃白術，變瓦礫泥土立成黃金。**賓護時在相國大梁幕中，皆目睹之。谷一日死於淮陰，賓護見范陽公敘言，公曰：『王十五兄不死。』後果有人於湘潭間見之，已變姓名矣。賓護既徙知廣陵，常亦話於崔魏公。公因說他日有王修能變竹葉為黃金，某所目擊也。**」	「盧元公好道，重方士，有王谷者得黃白術，變瓦礫泥土立成黃金。」	「盧元公好道，重方士，有王谷者得黃白術，變瓦礫泥土立成黃金。」	「盧元公好道，重方士，有王谷者得黃白術，變瓦礫泥土立成黃金。」
「《清夜遊西園圖》，顧長康畫，有梁朝諸王跋尾處云，圖上若干人，並實天廚。〔此畫子書，檢尋未得。〕」	「《清夜遊西園圖》，顧長康畫，有梁朝諸王跋尾處云，圖上若干人，並實天廚。〔此畫子書，檢尋未得。〕」	「《清夜遊西園圖》，顧長康畫，有梁朝諸王跋尾處云，圖上若干人，並實天廚。」	「《清夜遊西園圖》，顧長康畫，有梁朝諸王跋尾處云，圖上若干人，並實天廚。」	「《清夜遊西園圖》，顧長康畫，有梁朝諸王跋尾處云，圖上若干人，並實天廚。」
「宣平太傅相國盧公，……嘗游芍陂，〔芍字今呼爲臛基下，芍基之芍，按《韻志》是芍音多。〕見里人負薪者持碧蓮花一朵，已傷器刃矣。」	「宣平太傅相國盧公，……嘗游芍陂，見里人負薪者持碧蓮花一朵，已傷器刃矣。」	「宣平太傅相國盧公，……嘗游芍陂，見里人負薪者持碧蓮花一朵，已傷器刃矣。」	「宣平太傅相國盧公，……嘗游芍陂，見里人負薪者持碧蓮花一朵，已傷器刃矣。」	「宣平太傅相國盧公，……嘗游芍陂，見里人負薪者持碧蓮花一朵，已傷器刃矣。」

「《汲冢書》，……竹簡漆書科斗文字，雜寫經史，與今本校驗，多有異同。**耕人姓不，不字作耗，其名曰畢。出《春秋後序》《文耶》中注出。**	「《汲冢書》，……竹簡漆書科斗文字，雜寫經史，與今本校驗，多有異同。**耕人姓不，不字作耗，其名曰畢。出《春秋後序》《文耶》中注出。**	「《汲冢書》，……竹簡漆書科斗文字，雜寫經史，與今本校驗，多有異同。」	「《汲冢書》，……竹簡漆書科斗文字，雜寫經史，與今本校驗，多有異同。」	「《汲冢書》，……竹簡漆書科斗文字，雜寫經史，與今本校驗，多有異同。」
「陶貞白所著《太清經》，……又說干將、莫耶劍，皆以銅鑄，非鐵也。**按隋用《古今刀劍錄》云：自古好刀劍，多投伊水中，以厭人之妖。蓋伊水中有怪蟲似人，狀搏起下即噉，有首鼻口耳手足，常損害人矣。**	「陶貞白所著《太清經》，……又說干將、莫耶劍，皆以銅鑄，非鐵也。」	「陶貞白所著《太清經》，……又說干將、莫耶劍，皆以銅鑄，非鐵也。」	「陶貞白所著《太清經》，……又說干將、莫耶劍，皆以銅鑄，非鐵也。」	「陶貞白所著《太清經》，……又說干將、莫耶劍，皆以銅鑄，非鐵也。」
「又說洛中頃年有僧得數粒所謂舍利者，……俄頃洩痢，以盆盎盛貯濯而收之。**此一事，東都僧隴說，後即江表許人路豹所攜。豹非苟於舍者，乃剛正之性，以憲無良。豹與張祐、崔褒三人，爲文冢之侶也。**	「又說洛中頃年有僧得數粒所謂舍利者，……俄頃洩痢，以盆盎盛貯濯而收之。」	「又說洛中頃年有僧得數粒所謂舍利者，……俄頃洩痢，以盆盎盛貯濯而收之。」	「又說洛中頃年有僧得數粒所謂舍利者，……俄頃洩痢，以盆盎盛貯濯而收之。」	「又說洛中頃年有僧得數粒所謂舍利者，……俄頃洩痢，以盆盎盛貯濯而收之。」
衍字：「公平康里宅，乃崔司業融舊第，有司業題壁處＿＿猶在。」	衍字：「公平康里宅，乃崔司業融舊第，有司業題壁處＿＿猶在。」	衍字：「公平康里宅，乃崔司業融舊第，有司業題壁處＿＿猶在。」	衍字：「公平康里宅，乃崔司業融舊第，有司業題壁處**今**猶在。」	衍字：「公平康里宅，乃崔司業融舊第，有司業題壁處**今**猶在。」
「昌黎生者，……俄有以故人子憬之者，因辟爲鹿門從事也。」	「昌黎生者，……俄有以故人子憬之者，因辟爲鹿門從事也。」	「昌黎生者，……俄有以故人子**而**憬之者，因辟爲鹿門從事也。」	「昌黎生者，……俄有以故人子**而**憬之者，因辟爲鹿門從事也。」	「昌黎生者，……俄有以故人子**而**憬之者，因辟爲鹿門從事也。」

　　由上表可窺知其差異性。筆者針對其差異處再分「篇目數量」與「內容文字」兩項說明之。

　　第一，收錄篇目數量之問題。可看出二種情況：一，《陳眉公家藏祕笈續函》本與明末刊本重編《百川學海》，共收八十則作品。乃是明代叢書中，現存收錄篇目最全之版本；二，明末葉坊刊本重編《百川學海》、《五朝小說》本與《重編說郛》本相同，共收七十八則作品。然據清周中孚《鄭堂讀書記》卷五十六「子部十之五・雜家類五・雜說之屬上　漢至元」記載「《尚書故實》一卷　說郛本」條下云：

　　　唐李綽撰。……前有自序，稱賓護尚書河東張公，三相盛門，四朝雅望。博物自同於壯武，多聞遠邁於胥臣。綽避難圃田，寓居佛廟，叨遂迎塵，每容侍話。凡聆徵引，必異尋常。遂集尤異者，兼雜以詼諧十數節，作《尚書故實》云。《新唐志》、《崇文目》皆云尚書即張延賞。晁、陳兩家俱不以爲然，是也。其書凡七十九條，多記雜事，兼徵古義，援據博洽，頗有可采。其體例與韋文明《劉賓客嘉話錄》相

近，但韋氏書全然小説家言耳。《續祕笈》亦收入之。〔註24〕

從鄭氏所言，《重編說郛》本之《尚書故實》所存內容為七十九條，與臺北國家圖書館「善本書室」所藏「清順治丁亥兩浙督學李際期刊本」《重編說郛》本內容有一則之差異。而《鄭堂讀書記》謂：「《續祕笈》亦收入之」，何以不擇收錄八十則之《陳眉公家藏祕笈續函》本，反以《重編說郛》本作為該部小説著錄之版本？鄭氏如此作法，是否合理？待下一單元，再進一部分析探究。

第二，收錄作品內容文字之差異。《陳眉公家藏祕笈續函》本與明末刊本重編《百川學海》、明末葉坊刊本重編《百川學海》、《五朝小説》本、《重編說郛》本之差異情形，可細分五種情況：異字、異文、闕字、闕文、衍字。大抵，能知有二種情況：

其一《陳眉公家藏祕笈續函》本與明末刊本重編《百川學海》，作品內容文字較相近。從上面表格二十五則差異作品，得知二版本之間共有十三則作品產生出入，主要在「異字」八則差異。

其二《陳眉公家藏祕笈續函》本與明末葉坊刊本重編《百川學海》、《五朝小説》本、《重編說郛》本，作品內容文字差異較多。以下進一步分析之：「異字」部分，《陳眉公家藏祕笈續函》本與另三版本，共三則相異；「異文」部分，《陳眉公家藏祕笈續函》本與另三版本，共一則差異；「闕字」部分，《陳眉公家藏祕笈續函》本與另三版本，共四則差異；「闕文」部分，《陳眉公家藏祕笈續函》本與另三版本，共七則差異；「衍字」部分，《陳眉公家藏祕笈續函》本與另三版本，共二則差異。從上面表格二十五則差異作品，得知四版本之間共有十七則作品產生出入，其中以「闕文」佔七則，尤為嚴重；從「闕文」部分，可作為判斷明代叢書收錄《尚書故實》優劣條件。

究竟何者內容比較完整無誤？下一單元，再進一步剖析探究。

綜合上述，筆者將《陳眉公家藏祕笈續函》本與明末刊本重編《百川學海》、明末葉坊刊本重編《百川學海》、《五朝小説》本、《重編說郛》本，相互讎校後，發現五種版本間，亦有優劣之別。間接顯露明代編輯叢書者校勘用心及版本鑑別學養程度。筆者以為《陳眉公家藏祕笈續函》本之《尚書故實》優於明末刊本重編《百川學海》、明末葉坊刊本重編《百川學海》、《五朝

〔註24〕〔清〕周中孚撰：《鄭堂讀書記》卷五十六「子部十之五・雜家類五・雜説之屬上　漢至元」（國家圖書館編：《國家圖書館藏古籍題跋叢刊》，北京：北京圖書館出版社，2002年5月），第十三冊，頁721～722。

小說》本及《重編說郛》本；此說，可從另一部同是「寶顏堂」刊行「明萬曆間繡水沈氏尚白齋刊本」之《陳眉公家藏祕笈續函》〔註25〕本作爲佐證。從收錄作數量而言，《陳眉公家藏祕笈續函》本與明末刊本重編《百川學海》共收八十則作品，內容比較完整，如明末葉坊刊本重編《百川學海》、《五朝小說》本、《重編說郛》本未收錄之「又說漢武帝時」與「盧元公鈞奉道」二則作品，查證《太平廣記》卷第一百九十七「博物」與卷第四十八「神仙四十八」，有收錄此二則作品。其次，以「闕文」內容文字差異處七則爲例，從解讀上下文意，旁證專收野史小說之《太平廣記》，可證明《陳眉公家藏祕笈續函》本與明末刊本重編《百川學海》之《尚書故實》內容文字比較詳實。例如「汲冢書」原文如下：

> 《汲冢書》，蓋魏安釐王冢，晉時衛郡汲縣耕人，於古冢中得之。竹簡漆書科斗文字，雜寫經史，與今本校驗，多有異同。耕人姓不，不字呼作彪，其名曰準。出《春秋後序》，《文選》中注出。

上文中，橫線小字處「耕人姓不，不字呼作彪，其名曰準。出《春秋後序》，《文選》中注出。」明末葉坊刊本重編《百川學海》、《重編說郛》本與《五朝小說》本皆闕此二十三字。筆者旁查《太平廣記》卷第二百六·書一「汲冢書」內容如下：

> 汲冢書，蓋魏安釐王時，衛郡汲縣耕人，於古冢中得之。竹簡漆書科斗文字，雜寫經史，與今本校驗，多有異同。耕人姓不。不字呼作彪，其名曰准，出《春秋後序》，《文選》中註。出《尚書故實》

〔註26〕

若從上下文解讀其意，《太平廣記》所錄最令人疑惑不解之處，即末句爲「耕人姓不」，以下均爲小字之注。今從《陳眉公家藏祕笈續函》本與明末刊本重編《百川學海》佐證，即能清楚獲知耕人之眞實姓名，因而「耕人姓不」

〔註25〕〔明〕陳繼儒輯：《寶顏堂祕笈》，國家圖書館善本書室另藏一部「明萬曆間繡水沈氏尚白齋刊本」，記載收藏之書爲一百九十三卷四十八冊。該版本僅存「陳眉公訂正祕笈」、「家藏祕笈續函」、「眉公雜著」等三集。該版本，所收《尚書故實》部分與本論文底本之差異，以下簡述之：1.校訂閱者，改爲繡水黃承玄·繡水沈德先；2.內容文字差異處，出入不多，僅十六則作品，以一、二異字出入爲最常見；3.收錄作品數量與編排次序，一模一樣。

〔註26〕〔宋〕李昉等編：《太平廣記》卷第二百六（北京：中華書局出版，1995 年 8月），第五冊，頁 1573。

四字作爲小注更佳；此小字之注，亦能作爲研究考據資料。

二、宋孔平仲《談苑》考述

（一）作者與內容介紹

1. 作者生平簡述

孔平仲字毅父，一作義甫，宋清江（今屬江西）人。治平二年進士，爲集賢校理，又曾官提點江淛鑄錢、京西刑獄，帥廓、延、環慶路。長史學，工文詞。著有《續世說》等書。《宋史》有傳。

據《宋史‧列傳》第一百三「孔平仲」傳云：

> 平仲字義甫。登進士第，又應制科。用呂公著薦，爲秘書丞、集賢校理。文仲卒，歸葬南康。詔以平仲爲江東轉運判官護葬事，提點江淛鑄錢、京西刑獄。紹聖中，言者詆其元祐時附會當路，譏毀先烈，削校理，知衡州。提舉董必劾其不推行常平法，陷失官米之直六十萬，置獄潭州。平仲疏言：「米貯倉五年半，陳不堪食，若非乘民闕食，隨宜泄之，將成棄物矣。儻以爲非，臣不敢逃罪。」乃徙韶州。又坐前上書之故，責惠州別駕，安置英州。徽宗立，復朝散大夫，召爲戶部、金部郎中，出提舉永興路刑獄，帥廓、延、環慶。黨論再起，罷，主管兗州景靈宮，卒。平仲長史學，工文詞，著《續世說》、《釋稗》、《詩戲》諸書傳於世。〔註27〕

據《宋史》本傳之記載，得知孔平仲爲官正直，學問擅長於史學與文詞。又據《宋史‧藝文志》第一百五十九「藝文五」子部小說類記載，未見《孔氏談苑》一書。《宋志》云：

> 孔平仲《釋稗》一卷，又《續世說》十二卷，《孔氏雜說》一卷。
> 〔註28〕

另據清周中孚《鄭堂讀書記》考證謂：

> 按《宋志》有孔平仲《稗說》一卷，《雜說》一卷，而無是書（指《孔

〔註27〕〔元〕托克托等奉勅撰：《宋史‧列傳》第一百三（許嘉璐主編：《二十四史全譯》，上海：漢語大詞典出版社，2004 年 1 月），頁 7665。

〔註28〕〔元〕托克托等奉勅撰：《宋史‧藝文志》志第一百五十九（楊家駱主編：中國學術類編《新校本宋史并附編三種》，台北：鼎文書局印行，1982 年 11 月），頁 5228。

氏談苑》)。其《稗說》、《雜說》兩種，俱未見有傳本。〔註29〕

是《談苑》、《稗說》、《雜說》三書，周氏已明言未見有傳本。今案，《孔氏談苑》一書，容後再敘，而《雜說》一書實未失傳。台北國家圖書館「善本書室」藏《孔氏雜說》有「明萬曆間繡水沈氏尙百齋刊本」、「明萬曆三十一年錢塘胡氏刊本」、「藍格舊鈔本」、「清順治丁亥兩浙督學李際期刊本」等數種版本。復據傳增湘《藏園群書題記》卷第七「子部二雜家類・雜學・雜說」「校《珩璜新論》跋」條下之言：

> 此書宋時原有二名，一曰《孔氏雜說》，一曰《珩璜新論》，《四庫總
> 目提要》已述之矣。〔註30〕

筆者比對二書內容，果如《四庫全書總目》與傳增湘《藏園群書題記》所言，故知周氏之說有誤。

2.《談苑》內容介紹

宋孔平仲《談苑》，又稱《孔氏談苑》，《陳眉公家藏祕笈續函》所刻爲四卷本。然宋晁公武《郡齋讀書志》附志卷五上「雜說類」記載：

> 《孔氏談苑》五卷，右孔平仲毅父記錄之文也。毅父，清江人。文
> 仲、武仲之弟，有《續世說》行於世。〔註31〕

晁志明言《孔氏談苑》五卷。另據清吳省蘭輯《藝海珠塵》刊本，亦言五卷。究竟《陳眉公家藏祕笈續函》中所收之《談苑》是否完本？下面單元中，將進一步作探討。茲先以今日校勘較爲完善之上海古籍出版社《宋元筆記小說大觀》〔註32〕之四卷本作內容簡述。其書內容主題廣泛，主要有以下幾項：

〔註29〕〔清〕周中孚：《鄭堂讀書記》（楊家駱主編：中國目錄學名著第一集《鄭堂讀書記》下冊，台北：世界書局，1960 年 11 月），「鄭記六十四」，頁 7。

〔註30〕〔清〕傳增湘撰：《藏園群書題記》（上海：上海古籍出版社出版，1989 年 6 月），頁 373。

〔註31〕〔宋〕晁公武：《郡齋讀書志》附志卷五上（《書目續編》六，廣文書局印行，1967 年 12 月），頁 1465。

〔註32〕上海古籍出版社編《孔氏談苑》「校點說明」言：「《孔氏談苑》現見主要版本，有《寶顏堂祕笈》本、《四庫全書》本、《藝海珠塵》本（該本收入《叢書集成初編》）幾種。今以《四庫全書》本爲底本，而以他本進行校點，凡改動處皆不出校記。」其次，因《談苑》收錄作品無篇名名稱，故首句必會錄出，作爲該則作品之名稱。
上海古籍出版社編：《宋元筆記小說大觀》（二）（上海：上海古籍出版社，2001 年 12 月）。

（1）宋代朝廷政事雜聞，如卷二〈神宗以星變祇懼〉、〈元豐間〉及卷三〈眞宗上仙〉、〈熙寧中〉等則作品。

（2）文人軼聞雜事，如卷一〈蘇軾以吟詩有譏訕〉、〈蘇子瞻隨皇甫僎追攝至太湖鱸香亭下〉及卷四〈李太白少時〉、〈李白與人談論〉等則作品。

（3）民間奇聞異事，如卷一〈松江鱸魚〉、〈枇杷須接〉、〈京師有畜鐵鏡者〉與卷二〈江南民言〉、〈雞舌香即丁香也〉、〈施、黔州多白花蛇〉等則作品。

（4）神鬼因果報應，如卷一〈許敏〉、〈華山下有西岳行宮〉與卷二〈金陵夏氏〉、〈吳長文使遼〉等則作品。

（5）社會風俗，如卷一〈虱不南行〉、卷二〈江南民言〉、卷四〈眉州有人家畜數百魚深池中〉等則作品。

（6）動植物知識，如卷一〈江東蘆賊而荻貴〉、卷二〈人畜鷺鷥雖馴熟〉、〈小池中魚至九月十月間〉等數則作品。

綜觀其瑣談人物，從朝廷官員、文人雅士至平民百姓皆有之，採錄題材多軼聞、傳說，行文筆法多虛幻、誇張。因而《四庫全書》子部十二「小說家類一」提要云：

> 《談苑》 臣等謹案《談苑》四卷，舊本題宋孔平仲撰。平仲有《珩璜新論》，已著錄。是書多錄當時瑣事，而頗病叢雜。〔註33〕

《四庫全書》「提要」所言該部小說：「多錄當時瑣事，而頗病叢雜。」是否言之成理？下面單元再進行說明。

（二）與同是「寶顏堂」刊刻之版本相互讎校

宋孔平仲《談苑》，據《叢書子目類編》得知有四卷、五卷及三則等情形。〔註34〕《陳眉公家藏祕笈續函》所刻爲四卷本，然明代著名叢書中並未見有此版本之刊刻。雖嚴一萍《百部叢書集成‧寶顏堂祕笈》收錄《談苑》一書言：

> 本館《百部叢書集成》所選《寶顏堂祕笈》、《古今說海》、《唐宋叢書》、《藝海珠塵》，均有此書。《寶顏》本最先，故據以影印。〔註35〕

〔註33〕〔清〕紀昀等人編纂：文淵閣《四庫全書》子部三四三「小說家類」（台北：臺灣商務印書館發行），頁1037-119。

〔註34〕同註15，頁1057。

〔註35〕〔宋〕孔平仲：《談苑》（嚴一萍輯選：《百部叢書集成‧寶顏堂祕笈》，台北：藝文印書館印行。）

然筆者數度查閱，仍未見明代《古今說海》、《唐宋叢書》有收錄《談苑》一書。復據傅增湘《藏園訂補郘亭知見傳本書目》卷十一上「子部十二‧小說家類‧雜事」記載：

> ⊕○孔氏《談苑》無《古今說海》本及《唐宋叢書》本，莫氏蓋誤以《孔氏雜說》當之。《續說郛》均明人著述，亦無此書，或以《說郛》而致誤，然《說郛》所收亦《孔氏雜說》一卷也。〔註36〕

　　傅氏此言，雖說莫友芝誤以《孔氏雜說》爲《孔氏談苑》，亦可旁證嚴一萍記載有誤。故今以同是「寶顏堂」刊刻之清人傅山手批明刊《寶顏堂祕笈》本，〔註37〕與本文所採用「明萬曆間繡水沈氏尚白齋刊」本相互讎校，以見二本所刊之《談苑》有無差異。

版本名稱 / 分卷與收錄情形、校訂閱者、內容文字差異處	《談苑》明萬曆間繡水沈氏尚白齋刊本《寶顏堂祕笈》		《談苑》明刊《寶顏堂祕笈》	
分卷與收錄情形	卷一	四十八則	卷一	四十八則
	卷二	五十四則	卷二	五十四則
	卷三	六十九則	卷三	六十九則
	卷四	七十九則	卷四	七十九則
校訂閱者	卷一	陳繼儒仲醇、高承埏寓公	卷一	陳繼儒仲醇、高承埏寓公
	卷二	陳繼儒仲醇、高承埏寓公	卷二	黃承玄與參、沈孚先白生
	卷三	陳繼儒仲醇、高承埏寓公	卷三	黃承玄與參、沈孚先白生
	卷四	陳繼儒仲醇、高承埏寓公	卷四	黃承玄與參、沈孚先白生
內容文字差異處〔註38〕	卷一	異字：「禁中近清明節，……王正仲進光獻**悅**詞云：『珠糫錫御恩猶在，玉輦親扶事已空。』」	卷一	異字：「禁中近清明節，……王正仲進光獻**悅**詞云：『珠糫錫御恩猶在，玉輦親扶事已空。』」

〔註36〕同註16，第二冊，頁31。

〔註37〕國家圖書館「善本書室」所藏清傅山手批明刊《寶顏堂祕笈》本，有以下特點：1.「卷一」中，第一至第十二頁筆者疑應爲傅山親手抄寫。2.「卷一」中，第十三頁之後，版刻樣式爲刊本樣貌。3.欄外天頭處，有傅山手批文句，然手批文句並不多。

〔明〕陳繼儒等人編纂：《寶顏堂祕笈》（台北：國家圖書館「善本書室」所藏「〔清〕傅山手批明刊《寶顏堂祕笈》本」）。

〔註38〕「內容文字差異處」，凡異體字、字體部首形近如「礻」與「衤」或字體形近「已」「巳」，筆者認爲刊刻未注意，故皆不列入討論。其次，因《談苑》收錄作品無篇名名稱，故首句必會錄出。再者，引用作品，僅截錄差異文句。

	「蘇軾以吟詩有譏訕，……二卒懷臺牒**挂**其衣，若匕首然。」		「蘇軾以吟詩有譏訕，……二卒懷臺牒**挂**其衣，若匕首然。」
	「呂申公作相，……又云：『奏本如此，**人**不知眞所與書中何所言也？』」		「呂申公作相，……又云：『奏本如此，**又**不知眞所與書中何所言也？』」
	「鍾著作生二女，……既而，聞兒啼，曰：『急令僧去！吾將視吾妣。』人曰：『未嘗**在**僧也。』乃知所生子乃和也。」		「鍾著作生二女，……既而，聞兒啼，曰：『急令僧去！吾將視吾妣。』人曰：『未嘗**有**僧也。』乃知所生子乃和也。」
	闕文：「禁中近清明節，……**驒音箋**。」		闕文：「禁中近清明節，……。」
卷二	異字：「寶元中，……人言紛紛英公不自安，欲晦其跡，又撰一策題，故爲語言參差，或**失**黏，或不對，欲如禁中親制者，教仁宗以策試兩府、兩制。」	卷二	異字：「寶元中，……人言紛紛英公不自安，欲晦其跡，又撰一策題，故爲語言參差，或**矢**黏，或不對，欲如禁中親制者，教仁宗以策試兩府、兩制。」
	「石中立，……次遷郎官，有上官弼郎中勸以謹口，對曰：『下官口**壬**上官鼻何事？』」		「石中立，……次遷郎官，有上官弼郎中勸以謹口，對曰：『下官口**壬**上官鼻何事？』」
	「朝士趙昶有兩婢，……子瞻以蘄笛報之，并有二曲，其詞甚美。云：『水落淮南，雨晴雲夢，日**斜**風裊。』」		「朝士趙昶有兩婢，……子瞻以蘄笛報之，并有二曲，其詞甚美。云：『水落淮南，雨晴雲夢，日**齊**風裊。』」
卷三	異字：「夏守恩作殿帥，……以此**數**事作樞密副使。」	卷三	異字：「夏守恩作殿帥，……以此**政**事作樞密副使。」
	「魏氏有李後主畫竹，……又有李書云：元豐辛**酉**清明後三日，中書昭文位觀。」		「魏氏有李後主畫竹，……又有李書云：元豐辛**酉**清明後三日，中書昭文位觀。」
	「**未**次道云……。」		「**宋**次道云……。」
	「陳靖爲吏部員外郎，……士遜至，向適於稠人中望見之，以爲士遜**精**健如此，鬼語乃妄言耳。」		「陳靖爲吏部員外郎，……士遜至，向適於稠人中望見之，以爲士遜**情**健如此，鬼語乃妄言耳。」

	「寇準以員外郎奏事，……直言觸犯，太宗怒而起，準遽以手引裾袍，請上復御坐親決其事乃退。<u>坐</u>嘉納之。」 闕文： 「丁謂在崖州，……。」 異文： 「眞宗雖以文詞取士，……徐奭《鑄鼎象<u>物賦</u>》云：『<u>足</u>惟下正……』」		「寇準以員外郎奏事，……直言觸犯，太宗怒而起，準遽以手引裾袍，請上復御坐親決其事乃退。<u>上</u>嘉納之。」 闕文： 「丁謂在崖州，……<u>以下原書殘缺</u>。」 異文： 「眞宗雖以文詞取士，……徐奭《鑄鼎象<u>此玳</u>》云：『<u>乃</u>惟下正……』」
卷四	異字： 「太祖大燕，……只是損得些陳設，濕得此樂官衣裳。」 「眞宗次澶淵，……第公酌太白飲之，曰上馬杯，且曰：『參政勉之，<u>回</u>日即爲同列。』」 「慈聖光獻皇后薨，……蔡承禧進挽詞曰：『天上玉欄花已折，人<u>問</u>方士術何施。』」 「太祖以神武定天下，儒學之士未甚進用，及卜郊乘大輅，翰林學士盧多遜執<u>綏</u>備顧問……。」 「眞宗詔種放至闕，韋布長揖，宰執楊大年嘲曰：『不把一言<u>裨</u>萬乘，秪又雙手揖三公。』」 「昆吾山有獸如兔，……乃鑄腎爲二劍，雄爲<u>王</u>將，雌爲莫邪。」 「歐公嘗曰：少時有僧相我耳白<u>于</u>面……。」 「官銜之名，當時選曹補授，須存資歷，開奏之時，先具舊官名品于前，次書擬官<u>于</u>後……。」 「齊李崇爲袞州刺史，……諸<u>村</u>置鼓樓，自此始也。」	卷四	異字： 「太祖大燕，……只是損得些陳設，濕得此樂官衣<u>棠</u>。」 「眞宗次澶淵，……第公酌太白飲之，曰上馬杯，且曰：『參政勉之，<u>旦</u>日即爲同列。』」 「慈聖光獻皇后薨，……蔡承禧進挽詞曰：『天上玉欄花已折，人<u>間</u>方士術何施。』」 「太祖以神武定天下，儒學之士未甚進用，及卜郊乘大輅，翰林學士盧多遜執<u>安</u>備顧問……。」 「眞宗詔種放至闕，韋布長揖，宰執楊大年嘲曰：『不把一言<u>椑</u>萬乘，秪又雙手揖三公。』」 「昆吾山有獸如兔，……乃鑄腎爲二劍，雄爲<u>于</u>將，雌爲莫邪。」 「歐公嘗曰：少時有僧相我耳白<u>千</u>面……。」 「官銜之名，當時選曹補授，須存資歷，開奏之時，先具舊官名品于前，次書擬官<u>于</u>後……。」 「齊李崇爲袞州刺史，……諸<u>材</u>置鼓樓，自此始也。」

		闕字： 「古者三公開閤，……記室本王侯賓佐之稱，他人不通用，惟執事則指左右之人，尊卑皆可通稱。」 「眉州有人家畜數百魚深池中，……日有騰拔之志，精神不衰＿＿，久而自然達理。」	闕字： 「古者三公開閤，……記室本王侯賓佐之稱，他人不**可**通用，惟執事則指左右之人，尊卑皆可通稱。」 「眉州有人家畜數百魚深池中，……日有騰拔之志，精神不衰**衰**，久而自然達理。」

　　據上表清處可知，雖同爲「寶顏堂」所刊刻，然反映出二版本間仍有差異性。筆者針對其差異處，再作扼要說明之。

　　第一，校訂閱者之問題。案，清傅山手批明刊《寶顏堂祕笈》刊刻《談苑》一書，與本文底本《談苑》，自第二至四卷，其校訂閱者不同。此差異情形，筆者認爲有以下幾種可能：其一，同是由「寶顏堂祕笈」刊刻，然發行方式有二種，一則以單行本發行，另一則以叢書形式售出。其二，前言已論該套叢書六集刊行時間不同，亦有可能「續集」發行二次，故前後出現不同校訂閱者；此論說，從國家圖書館另藏一部「明萬曆間繡水沈氏尚白齋刊本」一百九十三卷四十八冊〔註39〕之《寶顏堂祕笈》可證。故推測清傅山手批明刊《寶顏堂祕笈》本，「卷一」第一至第十二頁可能殘闕不全，而傅氏根據「明萬曆間繡水沈氏尚白齋刊本」四百一十卷二百四十冊〔註40〕之《寶顏堂祕笈》補抄，殊不知所收藏《談苑》雖皆由「寶顏堂」刊刻，然所藏與所校之版本有別，遂將校訂閱者「卷一」原本是黃承玄、沈孚先改成爲陳繼儒仲醇、高承埏寓公。其三，清傅山手批明刊《寶顏堂祕笈》本可能由同是明代私家坊賈，盜版翻刻所致。此一推測，雖無直接證據，然從《四庫全書總目》卷一百十四・子部四十四・雜家類存目十一中記載《眉公十集》「提要」謂：

　　　　明陳繼儒撰。……刊版亦粗惡無比，蓋繼儒名盛一時，坊賈于《祕笈》中摘出翻刻，又妄加批點也。〔註41〕

〔註39〕　國家圖書館善本書室另藏一部「明萬曆間繡水沈氏尚白齋刊本」，記載收藏之書爲一百九十三卷四十八冊。此版本，僅存陳眉公訂正祕笈、家藏祕笈續函、眉公雜著等三集。

〔註40〕　國家圖書館善本書室藏「明萬曆間繡水沈氏尚白齋刊本」，記載收藏之書爲共收錄四百一十卷二百四十冊。此版本，有「陳眉公訂正祕笈」、「陳眉公家藏祕笈續」、「陳眉公家藏彙祕笈」、「陳眉公家藏廣祕笈」、「陳眉公普祕笈」、「眉公雜著」等六集，即是存留《寶顏堂祕笈》最完整之版本。

〔註41〕　〔清〕紀昀總纂：《四庫全書總目》卷一百十四・子部四十四・雜家類存目十

　　從提要透露訊息，可知陳氏刊刻之《寶顏堂祕笈》當時已有被翻刻之現象。唯陳繼儒親自校刊之版本是否較爲精審？容下文再分析。

　　第二，收錄作品內容文字之差異。卷一，共收四十八則作品，其中有五則文字略有差異；卷二，共收五十四則作品，其中有三則文字略有差異；卷三，共收六十九則作品，其中有七則文字略有差異；卷四，共收七十九則作品，其中有十一則文字略有差異，共計二百五十則作品中，文字出入有二十六則，差異佔全書內容十分之一。文字差異部分，主要有四種情況：異字、異文、闕字、闕文，其中以「異字」達二十一則最多。

　　綜合上述，筆者將「明萬歷間繡水沈氏尙白齋刊本」與傅山手批明刊本，相互讎校後，發現同是「寶顏堂」刊行，雖出入不多，亦有優劣之別；間接顯露出二本校勘者之用心及學養程度。簡言之，陳繼儒與高承埏「明萬歷間繡水沈氏尙白齋刊本」之《談苑》優於黃承玄與沈孚先「明刊本」之《談苑》。茲以一、二卷中共計十則差異爲例證，從閱讀上下文意，以及旁證《藝海珠塵》本，得證陳繼儒與高承埏所校之《談苑》有八則較符合情節之發展，如卷一「蘇軾以吟詩有譏訕」：

　　　　蘇軾以吟詩有譏訕，……蘇亦具靴袍秉笏立庭下，無頗與職官，皆
　　　　小幘列軾後。二卒懷臺牒<u>拄</u>其衣，若匕首然。

　　上文爲《陳眉公家藏祕笈續函》版本，其中「二卒懷臺牒<u>拄</u>其衣」之「拄」字，「明刊本」作「挂」字，若從上下文閱讀後解釋「撐著」比「懸掛」貼切。再舉卷二「朝士趙昶有兩婢」：

　　　　朝士趙昶有兩婢，……子瞻以蘄笛報之，并有二曲，其詞甚美。
　　　　云：『水（按，宜作木字爲妥。）落淮南，雨晴雲夢，日<u>斜</u>風裊。』
　　　　〔註42〕

　　上文爲《陳眉公家藏祕笈續函》版本，其中「日<u>斜</u>風裊」之「斜」字，「明刊本」作「齊」字，若從此曲詞意境之傳達，「斜」字較「齊」字更具詩意。

　　故知署名陳氏「明萬歷間繡水沈氏尙百齋刊本」之《陳眉公家藏祕笈續函》版本較好。

　　　　一（石家莊：河北人民出版社，2000年3月），第三冊，頁3424。
〔註42〕此曲作品，查其《東坡樂府箋》卷一〈水龍吟〉其「水」作「木」字、「斜」
　　　　作「明」字；《貴耳集》卷下同。

三、宋陳師道《後山談叢》考述

（一）作者與內容介紹

1. 作者生平簡述

陳師道字履常，一字無己，號後山居士，宋徐州彭城（今江蘇徐州）人。少時學文於曾鞏，學詩於黃庭堅。元祐初，起以蘇軾薦，爲徐州教授，又薦爲太學博士。後退居彭城多年，元符三年召爲祕書省正字，逾年卒。後山工詩文，詩以苦吟著稱，方回稱爲江西詩派三宗之一。著有《後山集》等。《宋史》有傳。

據《宋史・列傳》第二百三「陳師道」傳云：

> 陳師道字履常，一字無己，彭城人。少而好學苦志，年十六，早以文謁曾鞏，鞏一見奇之，許其以文著，時人未之知也，留受業。熙寧中，王氏經學盛行，師道心非其說，遂絕意進取。鞏典五朝史事，得自擇其屬，朝廷以白衣難之。元祐初，蘇軾、傅堯俞、孫覺薦其文行，起爲徐州教授，又用梁燾薦，爲太學博士。言者謂在官嘗越境出南京見軾，改教授潁州。又論其進非科第，罷歸。調彭澤令，不赴。家素貧，或經日不炊，妻子慍見，弗恤也。久之，召爲祕書省正字。卒，年四十九，友人郭浩買棺斂之。〔註43〕

復據其門人魏衍編次《後山先生集・彭城陳先生集記》云：

> 先生姓陳，諱師道，字履常，一字無己，彭城人。……先生既歿，其子豐登以全稿授衍曰：先實知子，子爲編次而狀其行。衍既狀其行矣，親錄藏於家者，今十三年，顧未敢當也。衍嘗謂唐韓愈文冠當代，其傳門人李漢所編，衍從先生學者七年，所得爲多，今又受其所遺甲乙丙稿，皆先生親筆合而校之，得古律詩四百六十五篇，文一百四十篇；詩曰五七，雜以古律，文曰千百，不分類。衍今離詩爲六卷，類文爲十四卷，次皆從舊，合二十卷。目錄一卷，又手書之。竊惟先生之文，簡重典雅，法度謹嚴，詩語精妙，蓋未嘗無謂而作。其志意行事，班班見於其中，小不逮意則棄去，故家之所留者止此。……先生之文，蚤見稱於曾蘇二公，世人好之者，猶以二公故也。今賢士大夫競收藏之，則其傳也，奚待於衍耶。後豈不有得手寫故本以證其誤者，則不肖之名因附茲以不朽爲幸焉。其闕方求而補諸，又有《解洪範》相表，

〔註43〕《宋史・列傳》第二百三「文苑（六）」。同註27，頁9632。

闡微彰善，《詩話》、《叢談》，各自爲集云。〔註44〕

　　從魏衍所記，可知陳師道喜作詩文，亦能評詩。其《後山談叢》，陸游曾疑非陳師道所作，而余嘉錫《四庫提要辨證》卷十七・子部八「《後山談叢》四卷　宋陳師道」條下云：

　　　　陸游《老學菴筆記》頗疑此書之僞，然師道《後山集》，前有其門人魏衍附記，稱《談叢》、《詩話》別自爲卷，則是書實出師道手。洪邁《容齋隨筆》議其載呂許公惡韓、范、富一條，丁文簡陷蘇子美以撼杜祁公一條，丁晉公賂中使沮張乖厓一條，張乖厓買田宅自汙一條，皆爽其實。今攷之，良信然。…邁去師道不遠，且其攷證不草草，知陸游之言，未免失之臆斷也。

　　　　嘉錫案：《晦菴集》卷三十八〈答周益公書〉云：『若《談叢》之書，則其記事固有得於一時傳聞之誤者。然而此病，在古雖遷、固之博，近世則溫公之誠，皆所不免，況於後山？雖頗及見前輩，然其生平蹤跡，多在田野，則其見聞之間，不能盡得事實，宜必有之。恐亦未必以此便謂非其所著也。』然則此書實出師道之手，而其記事則不能無失，朱子已早言之矣。〔註45〕

　　從以上論述，魏衍、洪邁、周必大、朱熹皆論及後山《談叢》事，可知陸游所言《後山談叢》非陳氏所作，實有錯誤。筆者既引余氏辨證云云，故不再煩瑣考證。

2. 《後山談叢》內容介紹

　　《後山談叢》《陳眉公家藏祕笈續函》所刻爲四卷本，而明代叢書中多存一卷本，內容實與《陳眉公家藏祕笈續函》本相差甚多。然據《文獻通考・經籍考》卷四十四「子部小說家」記載：「《後山談叢》六卷」，因疑《陳眉公家藏祕笈續函》本是否爲收錄最完整之版本？下面單元中，將進一步探討說明之。茲先以今日校勘較爲完善之上海古籍出版社《宋元筆記小說大觀》〔註46〕六卷本

〔註44〕〔宋〕魏衍編：《後山先生集》（台北：國家圖書館「善本書室」所藏「明弘治十二年潞安知府馬曒刊本」）。

〔註45〕《四庫提要辨證》卷十七「子部八」。同註13，頁1057。

〔註46〕上海古籍出版社編《後山談叢》「校點說明」言：「《後山集》自明弘治馬曒刊本始收錄《談叢》，現存最早的單行本是明陳繼儒輯入《寶顏堂祕笈》的四卷本。……現即以《適園叢書》本《後山集》爲底本，校以他本他書進行整理，凡底本確實有誤的，徑改不出校。原書各條無標目，現爲之擬題。」

作內容簡述。其書共收錄二百四十則作品，內容主題有以下幾項：

（1）文人軼聞軼事，如卷二〈蘇黃善書不懸手〉、卷五〈王逵逐妾〉及卷六〈張生自稱眞人夢遭杖〉等則作品。

（2）民間怪異之事，如卷二〈洮水之魚〉與〈驗境〉、卷三〈潁諺〉與〈吳諺〉等則作品。

（3）北宋朝廷政事，如卷一〈澶淵之役〉與〈富弼使契丹〉、卷四〈仁宗禮待燕王〉與〈仁宗厚養燕王〉等則作品。

（4）品評官吏文人，如卷一〈王安石改科舉之失〉、卷二〈夏竦異事〉、卷四〈丁謂計阻張詠〉等則作品。

（5）筆墨書畫之事，如卷二〈論墨一〉、〈包鼎畫虎〉、〈閻立本觀僧繇畫壁〉等則作品。

（6）佛徒道流，如卷三〈懷禪師講師說〉、〈根利根鈍〉、〈釋從善畫而人不可使〉等則作品。

（7）水利農魚事，如卷三〈浙西積水浙東高燥〉、〈潁諺〉、〈田理〉、〈石決明〉等則作品。

大抵談論多爲宋代朝廷政事、官吏文人軼事及民間異聞等，尤對北宋史事人物著墨最多。而內容亦實亦虛，令人讀之可增進宋史政事與民間野史趣聞。元馬端臨《文獻通考‧經籍考》卷四十四「子部小說家」記載：

《後山談叢》六卷。容齋洪氏《隨筆》曰：後山陳無己著《談叢》，

高簡有筆力，然所載國朝事，失於不考究，多爽其實。〔註47〕

《文獻通考‧經籍考》引據容齋洪氏《隨筆》，論該部小說「高簡有筆力，然所載國朝事，失於不考，多爽其實。」洪氏、馬氏所評是否持論公允，下單元將進行說明。

（二）與明代其他著名叢書收錄版本比較

宋陳師道《後山談叢》，據《叢書子目類編》得知有一卷及四卷等本情形。〔註48〕明代著名叢書中，《陳眉公家藏祕笈續函》所收爲四卷本，而《唐宋叢

今因該版本各條有「標目」方便行文，故擇用之。

上海古籍出版社編：《宋元筆記小說大觀》（二）（上海：上海古籍出版社書版，2001 年 12 月）。

〔註47〕〔元〕馬端臨撰：《文獻通考‧經籍考》卷四十四（杭州：浙江古籍出版社出版發行，2000 年 1 月），頁 1768。

〔註48〕同註15，頁 1057。

書》與《重編說郛》所錄則爲一卷本，收錄作品數量差異甚大。另外，據傅
增湘《藏園群書題記》集部三・宋別集類一「弘治本後山先生集跋」條下云：

> 按：《後山集》卷數傳本各異，據魏衍記稱，以甲、丙稿合而校之，
> 得詩四百六十五篇，分爲六卷；文一百四十篇，分爲十四卷；《詩話》、
> 《談叢》則各自爲集云。是宋本當爲二十卷矣。文淵閣著錄所據爲
> 松江趙鴻烈重刊馬暾之本，近時番禺陶氏愛廬刻本因之，凡詩八卷，
> 文九卷，《談叢》四卷，《詩話》、《理究》、《長短句》各一卷，通爲
> 二十四卷。據青浦王源序，言從姚太史聽巖家借得鈔藏馬氏本付梓。
> 然今取此本與趙刻核之，其卷數乃不相合，殊不可解。蓋馬本詩十
> 二卷，文八卷，《談叢》六卷，《理究》一卷，《詩話》二卷，《長短
> 句》一卷，實爲三十卷。〔註49〕

從上述引文，可知《後山談叢》除一、四卷本外，亦存有六卷本。此單
元先探討明代叢書一、四卷本之差異，下一單元再分析六卷本情形。以下列
表將《陳眉公家藏祕笈續函》本與《唐宋叢書》本、《重編說郛》本相互比較，
期能清楚呈現三者之差異處。

叢書名〔註50〕 收錄卷數與作品 數目、內容文字 差異處〔註51〕	《後山談叢》 《陳眉公家藏祕笈 續函》本		《後山談叢》 《唐宋叢書》本 〔註52〕		《後山談叢》 《重編說郛》本 〔註53〕
收錄卷數與 作品數目	卷一	共三十七則作品	共 一 卷	共四十七則作品。若對照《寶顏堂祕笈》，其四十七則作品分別選錄各卷之中，且收錄次序亦不相同。以下再以《陳眉公家藏祕笈續函》四卷對照分述：	共 一 卷	共四十七則作品。若對照《寶顏堂祕笈》，其四十七則作品分別選錄各卷之中，且收錄次序亦不相同。以下再以《陳眉公家藏祕笈續函》四卷對照分述：
	卷二	共七十八則作品				
	卷三	共五十九則作品				
	卷四	共六十六則作品				

〔註49〕同註30，頁696。

〔註50〕「叢書名」部分，爲比較方便，《陳眉公家藏祕笈續函》本列爲第一，其他叢書則依照刊刻時間排列。

〔註51〕「收錄卷數與作品數目」與「內容文字差異處」，因《後山談叢》收錄作品無篇名名稱，故首句必會錄出，作爲該則作品之標示。

〔註52〕〔明〕鍾人傑・張遂辰輯：《唐宋叢書》（台北：國家圖書館「善本書室」所藏「明末刊本」）。

〔註53〕〔元〕陶宗儀輯・〔明〕陶珽重校：重編《說郛》卷第二十二（台北：國家圖書館「善本書室」所藏「清順治丁亥兩浙督學李際期刊本」）。

		卷一，僅收十七則作品。其中「龍圖燕學士肅悟木理…」作品次序不同。 卷二，僅收十六則作品。其中「獐無膽…」作品次序不同。 卷三，僅收七則作品。其中「水浮百物…」作品次序不同。 卷四，僅收七則作品。其中「馬、騾、驢陽類…」作品次序不同。	卷一，僅收十七則作品。其中「龍圖燕學士肅悟木理…」作品次序不同。 卷二，僅收十六則作品。其中「獐無膽…」作品次序不同。 卷三，僅收七則作品。其中「水浮百物…」作品次序不同。 卷四，僅收七則作品。其中「馬、騾、驢陽類…」作品次序不同。
內容文字差異處〔註54〕	卷一 異字： 「韓公再使，將見，契丹曰：『主將爲公使不能**文**，有言可即道。』公恐**虜**使來遂以爲例。」 「契丹犯澶淵，……明日見同列以聞，眞宗大駭，**取**而發之，皆告急也。」 「延師闕，……遂上奏曰：『**夷狄**之欲無厭，許之不足爲恩，……』樞密使夏竦劾李擅改制書，遣吏部郎訊，李曰：『改保安軍牒，非制書也。』竦不能屈，**虜**亦不敢復請。」 「**胡**人獵而不漁，熙寧中，官軍復熙河，洮水之魚浮，取之如拾，久而魚潛。」 「龍**圖**燕學士肅悟木理，造指南軍不成，出見軍馳門動而得其法。」 闕文： 「蜀人王冕，**一本作晃**，爲舉子《詩》義『左之右之，君子宜之』而悟針法。」	異字： 「韓公再使，將見，契丹曰：『主將爲公使不能**久**，有言可即道。』公恐**北**使來遂以爲例。」 「契丹犯澶淵，……明日見同列以聞，眞宗大駭，**虺**而發之，皆告急也。」 「延師闕，……遂上奏曰：『**敵人**之欲無厭，許之不足爲恩，……』樞密使夏竦劾李擅改制書，遣吏部郎訊，李曰：『改保安軍牒，非制書也。』竦不能屈，**彼**亦不敢復請。」 「**朔**人獵而不漁，熙寧中，官軍復熙河，洮水之魚浮，取之如拾，久而魚潛。」 「龍**圖**燕學士肅悟木理，造指南軍不成，出見軍馳門動而得其法。」 闕文： 「蜀人王冕，爲舉子《詩》義『左之右之，君子宜之』而悟針法。」	異字： 「韓公再使，將見，契丹曰：『主將爲公使不能**久**，有言可即道。』公恐**虜**使來遂以爲例。」 「契丹犯澶淵，……明日見同列以聞，眞宗大駭，**虺**而發之，皆告急也。」 「延師闕，……遂上奏曰：『**夷狄**之欲無厭，許之不足爲恩，……』樞密使夏竦劾李擅改制書，遣吏部郎訊，李曰：『改保安軍牒，非制書也。』竦不能屈，**虜**亦不敢復請。」 「**胡**人獵而不漁，熙寧中，官軍復熙河，洮水之魚浮，取之如拾，久而魚潛。」 「龍**圖**燕學士肅悟木理，造指南軍不成，出見軍馳門動而得其法。」 闕文： 「蜀人王冕，爲舉子《詩》義『左之右之，君子宜之』而悟針法。」

〔註54〕「內容文字差異處」，凡異體字、字體部首如「衤」與「礻」或形近「巳」「已」刊刻未注意之字等，皆不列入討論。其次，《陳眉公家藏祕笈續函》本內容分四卷共二百三十九則作品，而《唐宋叢書》本、《重編說郛》本僅一卷收錄四十七作品，故針對其中四十七則作品作校勘。再者，收錄次序《陳眉公家藏祕笈續函》本與《唐宋叢書》本、《重編說郛》本亦有若干不同，故以《陳眉公家藏祕笈續函》本爲依據。最後，引用作品，僅截錄差異文句。

「張又後子。…陳惟達，**一作進**，之墨，一篋十年，而霽氣不入，但自作松香耳。」	「張又後子。…陳惟達，之墨，一篋十年，而霽氣不入，但自作松香耳。」	「張又後子。…陳惟達，之墨，一篋十年，而霽氣不入，但自作松香耳。」
卷二 異字： 「宣城包鼎，…一飲斗酒，脫衣據地，臥起行顧，自視眞虎也，復飲斗酒，**取**筆一揮，意盡而去，不待成也。」 闕字： 「都市大賈趙氏，…比歲□杭、揚兩州化洛石爲假帶，質如瑾瑜，然可辨者，以有光也。」	異字： 「宣城包鼎，…一飲斗酒，脫衣據地，臥起行顧，自視眞虎也，復飲斗酒，**玉**筆一揮，意盡而去，不待成也。」 闕字： 「都市大賈趙氏，…比歲**荊**杭、揚兩州化洛石爲假帶，質如瑾瑜，然可辨者，以有光也。」	異字： 「宣城包鼎，…一飲斗酒，脫衣據地，臥起行顧，自視眞虎也，復飲斗酒，**玉**筆一揮，意盡而去，不待成也。」 闕字： 「都市大賈趙氏，…比歲**荊**杭、揚兩州化洛石爲假帶，質如瑾瑜，然可辨者，以有光也。」
卷三 異字： 「錢塘江邊土惡，…日**取**於民，家出束薪，民以爲苦。張夏爲轉運使，**取**石西山以爲岸…。」	異字： 「錢塘江邊土惡，…日**玉**于民，家出束薪，民以爲苦。張夏爲轉運使，**玉**石西山以爲岸…。」	異字： 「錢塘江邊土惡，…日**玉**于民，家出束薪，民以爲苦。張夏爲轉運使，**玉**石西山以爲岸…。」
卷四 異字： 「**海**、絹、紙、石灰、麥糠、馬矢糞草，皆能出火。」 「穎曰：『黃鸝口噪，喬麥**土**。』」 「馬、騾、驢陽類，…羊、牛、**駞**陰類，起則先後，治用陰藥。」	異字： 「**油**、絹、紙、石灰、麥糠、馬矢糞草，皆能出火。」 「穎曰：『黃鸝口噪，喬麥**斗**。』」 「馬、騾、驢陽類，…羊、牛、**駞**陰類，起則先後，治用陰藥。」	異字： 「**海**、絹、紙、石灰、麥糠、馬矢糞草，皆能出火。」 「穎曰：『黃鸝口噪，喬麥**斗**。』」 「馬、騾、驢陽類，…羊、牛、**駞**陰類，起則先後，治用陰藥。」

　　由上表清楚可知其差異性，請容筆者針對其差異處再說明之。

　　第一，收錄篇目次序之問題。可見二種有情況：一，《陳眉公家藏祕笈續函》本分四卷，共收二百四十則作品，無標題名稱。乃是明代叢書中，收錄篇目最多之版本；二，《唐宋叢書》本與《重編說郛》本，皆僅錄一卷，共收四十七則作品，亦無標題名稱。

　　第二，收錄作品內容文字之差異。《陳眉公家藏祕笈續函》本與《唐宋叢書》本、《重編說郛》本之差異情形，可細分三種情況：一，收錄內容。《陳眉公家藏祕笈續函》本與另二版本相較，多出一百九三則作品；二，收錄次序。《陳眉公家藏祕笈續函》本與另二版本比對，四十七則中有四則作品存在

差異；三，收錄文字。《陳眉公家藏祕笈續函》本與另二版本相互讎校，結果有異字、闕文與闕字等情形，四十七則中共有十三則出現差異；其中，異字佔十則之多。

綜合上述，以及筆者將《陳眉公家藏祕笈續函》本與《唐宋叢書》本、《重編說郛》本相互讎校後，發現三種版本間，亦有優劣之別。間接顯露出明代編輯叢書者校勘用心及學養程度。《陳眉公家藏祕笈續函》本之《後山談叢》優於《唐宋叢書》本、《重編說郛》本；此說，可從另一部同是「寶顏堂」刊行「明萬曆間繡水沈氏尙白齋刊本」之《陳眉公家藏祕笈續函》本〔註55〕作爲佐證。從收錄作品數量而言，《陳眉公家藏祕笈續函》本共收二百四十則作品，內容比較完整。其次，以卷一中內容文字差異處九則爲例，從閱讀上下文意，以及旁證《適園叢書》本，《陳眉公家藏祕笈續函》本所校之《後山談叢》有七則較符合文意，如卷一「延師闕」：

> 延師闕，…遂上奏曰：『夷狄之欲無厭，許之不足爲恩，…』樞密使
> 夏竦劾李擅改制書，遣吏部郎訊，李曰：『改保安軍牒，非制書也。』
> 竦不能屈，虜亦不敢復請。

上文中，「夷狄之欲無厭」之「夷狄」字，《陳眉公家藏祕笈續函》本與《說郛》本皆作「夷狄」，而《唐宋叢書》本作「敵人」二字；以及「虜亦不敢復請」之「虜」字，《陳眉公家藏祕笈續函》本與《重編說郛》本皆作「虜」，而《唐宋叢書》本作「彼」字。若從上下文閱讀後，「夷狄」及「虜」比較能清楚表述敵對者之身分。再舉「蜀人王冕」：

> 蜀人王冕，一本作晃，爲舉子《詩》義『左之右之，君子宜之』而
> 悟針法。

上文爲《陳眉公家藏祕笈續函》版本，其中「蜀人王冕，一本作晃」之「一本作晃」四字，能減少讀者對「王冕」與「王晃」之疑慮，然《唐宋叢書》本、《重編說郛》本皆無此四字。故明代叢書中《陳眉公家藏祕笈續函》本收錄之《後山叢談》較佳。

〔註55〕〔明〕陳繼儒輯：《寶顏堂祕笈》，國家圖書館善本書室另藏一部「明萬曆間繡水沈氏尚白齋刊本」，記載收藏之書爲一百九十三卷四十八冊。該版本僅存「陳眉公訂正祕笈」、「家藏祕笈續函」、「眉公雜著」等三集。該版本，所收《後山談叢》部分與本論文底本之差異，以下簡述之：1.校訂閱者，改爲華亭陳繼儒仲醇・檇李李日華君實；2.內容文字差異處，出入不多，僅二十二則作品，以一、二異字出入爲最常見；3.收錄作品數量與編排次序，一模一樣。

　　然考諸最早刊刻《後山先生集》之明弘治馬暾刊本，顯見與《陳眉公家藏祕笈續函》本，內容卷數分法亦有差異。以下先列表示之：

版本名稱 分卷情況、作品收錄總數、作品內容分法差異、作品收錄次序差異〔註56〕		《後山談叢》 《陳眉公家藏祕笈續函》本		《後山先生集》 明弘治馬暾刊本〔註57〕
作品卷數安排	卷一	共三十七則作品	卷一	共十七則作品
	卷二	共七十八則作品	卷二	共四十五則作品
	卷三	共五十九則作品	卷三	共五十則作品
	卷四	共六十六則作品	卷四	共三十五則作品
			卷五	共四十五則作品
			卷六	共四十六則作品
作品收錄總數	共分四卷	收錄作品總數：二百四十則。	共分六卷	收錄作品總數：二百三十八則。
作品內容分法差異	卷一	「王荊公改科舉」與「王無咎、黎宗孟皆為王氏學」二作品，合成同一則。	卷一	「王荊公改科舉」與「王無咎、黎宗孟皆為王氏學」二作品，分成二則。
		「蘇、黃兩公皆善書」與「善書不擇紙筆」二作品，分成二則。	卷二	「蘇、黃兩公皆善書」與「善書不擇紙筆」二作品，分成二則。
		「余與貴人語」與「張長史見擔夫爭道而得筆法」二作品，分成二則。		「余與貴人語」與「張長史見擔夫爭道而得筆法」二作品，合成同一則。
		「龍圖燕學士肅悟木理」與「蜀人王晃」二作品，分成二則。		「龍圖燕學士肅悟木理」與「蜀人王晃」二作品，合成同一則。
		「秦少游有李廷珪墨半丸」此作品，分成二則。		「秦少游有李廷珪墨半丸」此作品，分成一則。
	卷二	「余於丹徒高氏見楊行密節度淮南補將校牒紙」與「開封常得劇盜」二作品，分成二則。		「余於丹徒高氏見楊行密節度淮南補將校牒紙」與「開封常得劇盜」二作品，合成同一則。
		「熙寧中」此作品，分成一則。	卷三	「熙寧中」此作品，分成二則。
		「趙元考云」與「霍山曰」二作品，分成二則。		「趙元考云」與「霍山曰」二作品，合成同一則。

〔註56〕 「作品內容分法差異」與「作品收錄次序差異」，因《後山談叢》收錄作品無篇名名稱，故以首句作為該則作品之標示。

〔註57〕 〔宋〕魏衍編：《後山先生集》（台北：國家圖書館「善本書室」所藏「明弘治十二年潞安知府馬暾刊本」）。

	卷三	「駕以一馬夾轅」此作品，分成二則。	卷四	「駕以一馬夾轅」此作品，分成一則。
		「元祐八年九月六日」內容參雜「青楊生好畫」，合成同一則。		「元祐八年九月六日」內容與「青楊生好畫」，分成二則。
		「外大父莊敏公爲鄜延招討使」內容參雜「元祐八年九月六日」，合成同一則。		「外大父莊敏公爲鄜延招討使」內容與「元祐八年九月六日」，分成二則。
		「外大父莊敏公爲鄜延招討使」此作品，分成二則。		「外大父莊敏公爲鄜延招討使」此作品，分成一則。
		「潘美爲并師」與「故事」二作品，分成二則。		「潘美爲并師」與「故事」二作品，分成二則。
		「承矩於雄州北築愛景臺」與「自五代來」二作品，分成二則。		「承矩於雄州北築愛景臺」與「自五代來」二作品，分成二則。
		「予爲汝陰學官」與「蔡州壺公觀有大木」二作品，分成二則。		「予爲汝陰學官」與「蔡州壺公觀有大木」二作品，合成同一則。
		「太祖爲太原鎮將」此作品，分成一則。	卷五	「太祖爲太原鎮將」此作品，分成一則。
		「司馬溫公云」此作品，分成二則。		「司馬溫公云」此作品，分成一則。
	卷四	「張詠守蜀」與「乾德四年」二作品，分成二則。	卷六	「張詠守蜀」與「乾德四年」二作品，合成同一則。
		「巖頭、雪峰、欽山同行」與「徐之南山崇勝院主崇璟」二作品，合成同一則。		「巖頭、雪峰、欽山同行」與「徐之南山崇勝院主崇璟」二作品，分成二則。
		「刁學士約喜交結」此作品，分成一則。		「刁學士約喜交結」此作品，分成二則。
作品收錄次序差異	卷三	「元祐八年九月六日」	卷四	「元祐八年九月六日」
		「乖崖在陳」		「汞浮百物」
		「乖崖自成都召爲參知政事」		「祕書監劉几好音」
		「外大父莊敏公爲鄜延招討使」		「世傳張長史學吳畫不成而爲草」
		「汞浮百物」		「青楊生好畫」
		「祕書監劉几好音」		「乖崖在陳」
		「世傳張長史學吳畫不成而爲草」		「乖崖自成都召爲參知政事」
		「朝廷，則兵可罷」		「外大父莊敏公爲鄜延招討使」

　　據上表清楚可知，二部版本收錄作品內容差異不多，然「明弘治十二年潞安知府馬暾刊本」《後山先生集》載門人魏衍《後山先生集・彭城陳先生集記》言：

　　　先生既歿，其子豐登以全稿授衍曰：先實知子，子爲編次而狀其行。

衍既狀其行矣，親錄藏於家者今十三年，顧未敢當也。〔註58〕

　　從此段引文可知，陳師道《後山先生集》最早由門人魏衍編纂。筆者審閱該版本「後山先生集目錄」卷第二十一至卷二十六，共分六卷，皆清楚記錄《談叢》各卷收錄幾條作品。至於，「明弘治十二年潞安知府馬暾刊本」《後山先生集》所根據版本爲何？據傅增湘《藏園群書題記》集部三・宋別集類一「弘治本後山先生集跋」條下云：

> 《後山先生集》三十卷，明弘治十二年己未刻本，……前有山西按
> 察司僉事王鴻儒序，略言「此本錄於仁和陳氏，潞守馬君請錄付梓，
> 以無別本校證，訛字頗多，觀者以意讀之可也。其卷首載賤姓名，
> 而題曰『重校』者，蓋附驥之意，非事實也。」次有門人魏衍記，
> 元城王雲、天社任淵二跋，皆據宋時原刻傳錄。〔註59〕

　　從傅氏題記可知，「明弘治十二年潞安知府馬暾刊本」《後山先生集》乃根據宋版刊刻，故應是現存最早之刊本。而《陳眉公家藏祕笈續函》本不依照原貌刻印，任意更動「作品卷數安排」、「作品內容分法」、「作品收錄次序」至使《後山談叢》該部小說內容失眞，如上表列舉「元祐八年九月六日」、「青楊生好畫」與「外大父莊敏公爲鄜延招討使」三則作品，明弘治馬暾刊本「卷四」中分爲三則，而《陳眉公家藏祕笈續函》本「卷三」中分成二則。進一步，考察內容文意與旁查清代張鈞衡《適園叢書》本之《後山先生集》「卷四」，此三則作品次序、內容情節皆與「明弘治十二年潞安知府馬暾刊本」《後山先生集》相同。故《陳眉公家藏祕笈續函》本「卷三」中，將此三則作品內容顚倒其文、改竄拼湊成二則，此作法實不可取。

　　大抵，《陳眉公家藏祕笈續函》本比明代《唐宋叢書》、《重編說郛》二部叢書較精善，然與明代單行刊刻「明弘治十二年潞安知府馬暾刊本」《後山先生集》相互檢視後，卻有更動《後山談叢》原貌內容之缺失。

四、明劉元卿《賢弈編》考述

（一）作者與內容介紹

1. 作者生平簡述

〔註58〕同上註。
〔註59〕同註30，頁695～696。

　　劉元卿字調父，號瀘瀟，明安福（今屬江西）人。自幼雄奇穎敏，與吳康齋（與弼）、鄧潛谷（元錫）、章本清（潢）並蒙薦辟，號江右四君子。曾任國子博士、禮部主事等職。辭官回鄉後，專心著述，著有《諸儒學案》、《賢弈編》、《大學新編》等書。《明史・列傳》「儒林」有立傳，能知其人事蹟。
　　《明史・列傳》第一百七十一「儒林（二）」記載：

> 元卿字調父，安福人。舉隆慶四年鄉試，明年會試，對策極陳時弊，主者不敢錄。張居正聞而大怒，下所司申飭。且令人密詞之，其人反以情告，乃獲免。既歸，師同邑劉陽，王守仁弟子也。萬曆二年，會試不第，遂絕意科名，務以求道為事。既累被薦，乃召為國子博士。擢禮部主事，疏請早朝勤政，又請從祀鄒守益、王艮於文廟，釐正外蕃朝貢舊儀。尋引疾歸，肆力撰述，有《山居草》、《還山續草》、《諸儒學案》、《賢弈編》、《思問編》、《禮律類要》、《大學新編》諸書。〔註60〕

　　據《明史・列傳》之記載，隆慶間參加會試，對策中曾提出當時政策弊病，於擔任禮部主事時，亦提出有關蕃朝進貢等改進措施諫言，從中顯露劉元卿正直敢言之個性。而劉元卿參加會試不第，仍能進入朝廷作事，乃受范淶、王道顯舉薦，並與吳與弼、鄧元錫、章潢等人，號稱「江右四君子」。此事《明史・列傳》第一百七十一「儒林（二）」亦有記載：

> 鄧元錫，字汝極，南城人。……休寧范淶知南城時，重元錫。後為南昌知府，萬曆十六年入覲，薦元錫及劉元卿、章潢於朝。南京祭酒趙用賢亦請徵聘，如吳與弼、陳獻章故事。得旨，有司起送部試，元錫固辭。明年，御史王道顯復以元錫、元卿并薦，且請仿祖宗徵辟故事，無拘部試。〔註61〕

　　復據《明史・列傳》第一百七十一「儒林（二）」記載：

> 潢，字本清，南昌人。……自吳與弼後，元錫、元卿、潢並蒙薦辟，號江右四君子。〔註62〕

　　此外，劉元卿熱衷理學研究，一生用心於學問之中，著作繁夥。據黃宗

〔註60〕〔清〕張廷玉等奉勅撰：《明史・列傳》第一百七十一「儒林（二）」（許嘉璐主編：《二十四史全譯》，上海：漢語大詞典出版社，2004 年 1 月），第九冊，頁 5802。
〔註61〕《明史・列傳》第一百七十一「儒林（二）」。同上註，第九冊，頁 5801。
〔註62〕《明史・列傳》第一百七十一「儒林（二）」。同註 60，第九冊，頁 5802。

羲《明儒學案》卷二十一「江右王門學案六」謂：

> 劉元卿字調父，號瀘瀟，吉之安福人。鄉舉不仕，徵爲禮部主事。
> 有明江右之徵聘者，吳康齋、鄒潛谷、章本清及先生，爲四君子。
> 初先生遊青原，聞之輿人曰：「青原詩書之地也，笙歌徹夜，自兩鄒
> 公子來，此風遂絕。」兩公子者，汝梅、汝光也。先生契其言，兩
> 鄒與之談學，遂有憤悱之志。歸而考索於先儒語錄，未之有得也。
> 〔註63〕

復據鄒元標〈禮部主客司主事瀘瀟劉公元卿墓志銘〉云：

> 公諱元卿，字調父，初號旋宇，既號瀘瀟。先世爲安成南溪人。自
> 幼雄奇穎敏，入塾，諸師駴而遜謝去。既負笈，盡吾伍君。伍門業
> 麟經者各有秘錄，靳弗與。公奮然曰：「豈神授耶？」遂自出杼軸，
> 成一家言，諸人皆驚詫以爲異，然非公好也。入郡，爲青原遊，輿
> 夫語曰：「昔之青原，挾妓酒人，歌新聲者達旦，自兩鄒公子入，遂
> 絕響。」公聞而惕然有省。兩公子即僉憲汝海、宮洗汝光。氏時自
> 東魯歸，嘐嘐以正學倡諸里人。公入山，汝海以學嘗公，公喜動于
> 心，歸而陳諸宋儒語錄，堆案盈几，玩而三思焉。……生嘉靖甲辰
> 三月，終萬曆己酉七月，享年六十六。所著有《山居草》、《還山續
> 草》、《大象觀》、《諸儒學案》、《賢弈編》、《六鑑舉要》、《國史舉凡》、
> 《晤語測言》、《思問編》、《何莫編》、《先正義方》、《禮律類要》、《明
> 賢宗解》、《婺江證學》、《大學新編》，行于世。〔註64〕

有關劉元卿之事跡，明尹守衡《明史竊列傳》「羅楊耿夏王鄒劉列傳第五
十五」、明林之盛《皇明應諡名臣備考錄》卷之八「功業名臣」、明過庭訓《明
分省人物考》卷之六十八「江西吉安府六」、清彭定求《明賢蒙正錄》卷下等，
亦有記載，大略相同，可以互參。

2. 《賢弈編》內容介紹

明劉元卿《賢弈編》，《陳眉公家藏祕笈續函》所刻爲四卷本。考察明至
清代之叢書，並未有人收錄刊刻，亦無任何單行本流傳行世。民國以後，僅

〔註63〕　〔清〕黃宗羲撰：《明儒學案》（周駿富輯：《明代傳記叢刊》，臺北：明文書
　　　　局，1991 年 1 月），第一冊，頁 001-528。

〔註64〕　〔明〕焦竑著：《國朝獻徵錄》卷三十五「禮部三」（臺北市：臺灣學生書局，
　　　　1965 年 1 月），第三冊，頁 1464-1465。

上海文明書局《寶顏堂祕笈》石印本與商務《叢書集成初編》、臺北新文豐《叢書集成新編》收錄該部小說。此三家出版該部小說之底本，皆註明採用《寶顏堂祕笈》本。唯本論文採用「明萬曆間繡水沈氏尙白齋刊本」《寶顏堂祕笈》本之《賢弈編》與上海文明書局本、臺北新文豐本，內容亦略有出入；此二版本依據底本究竟爲何？下面單元中，將作進一步探討。茲先以本論文採用之「明萬曆間繡水沈氏尙白齋刊本」之《陳眉公家藏祕笈續函》四卷本作內容簡述。據明劉元卿〈賢弈編敘〉：

> 余性拙，不曉博弈，客至，第相與對坐。又不善勸酒，客或欠伸苦之。因飽食之暇，輯古今人言行可爲法戒者，粗作區目。客至，焚香拭几，取書讀一二品，以代弈棋云爾。讀者因有所觸動，豈獨曰猶賢乎已！類凡十有六。蓋余嘗從田墅間，聞諸長老譚宣正成弘間，民物殷盛，閭閻熙熙，由時一二元宰哲臣，器局宏深，質行方正，故里風朴略，古意盎然。今民舍無不有愁歎聲，而尙習日侈，則士節之不立，士節之不立，則器不足居之，總其本原暗於學，斯所繇不能行古之道也與？述懷古第一。次廉淡、次德器、次方正，繼之以證學。學明而倫修矣，故敘倫次之；倫敘而家正矣，故家閒次之。家閒則官政立，官政立則仁澤遠，仁澤遠則幹局宏，故次官政、廣仁、幹局。執質不才，執心不仁，有其蔽之，政乃弗達，斯孔子所由得之，不得曰有命乎？受之以達命。維儒暨佛，蟬脫塵埃，富貴浮雲，所謂禮失而求之野者，受之以仙釋。豈惟仙釋，夫物則亦有然，明於庶物，君子存之。抑人有言，道在糠秕，是以或罕譬而喻，醒於指陳，或前言戲之，莊於法語，或曲引輪迴，威於斧鉞，故復述觀物、述警喻、述應諧，而以志怪終焉。　時（旹）
> 癸巳端陽，安福劉元卿書于章南館之處仁堂。〔註65〕

從此敘言可知，劉元卿編纂該部小說之緣由：「因飽食之暇，輯古今人言行可爲法戒者，粗作區目。客至，焚香拭几，取書讀一二品，以代弈棋云爾。」即以蒐集古今人物懿行典範、嘉言訓誡，供賓客品讀，以代弈棋之意。至於全書編纂方式，其敘亦有言曰：「類凡十有六，……述懷古第一，次廉淡，次德器，次方正，繼之以證學，學明而倫修矣，故敘倫次之，倫敘而家正矣，……而以

〔註65〕〔明〕劉元卿撰：《賢弈編》（〔明〕陳繼儒輯：《寶顏堂祕笈》，臺北國家圖書館「善本書室」藏，明萬曆間繡水沈氏尙白齋刊本）。

志怪終焉。」編者以類繫事，實與「世說新語」體相似。今存四卷，第一卷「懷古第一」、「廉淡第二」、「德器第三」、「方正第四」、「證學第五」；第二卷「敘倫第六」、「家閑第七」、「官政第八」、「廣仁第九」、「幹局第十」、「達命第十一」；第三卷「仙釋第十二」、「觀物第十三」、「警喻第十四」、「應諧第十五」；第四卷「志怪第十六」。十六類共收錄三百三十二則作品。另有「附錄」，收錄「閒鈔上」、「閒鈔下」。觀其內容，取材多前朝野史筆記，亦有若干作品摘取他書而成。以下從書中內容及每類名稱，大抵可歸納出幾項重要主題：

（1）談論古人道德倫理，足供後人學習效法，如第一卷「懷古第一」、「廉淡第二」、「德器第三」、「方正第四」；第二卷「敘倫第六」、「官政第八」、「廣仁第九」等六類。

（2）描述士大夫居家瑣事，如第一卷「證學第五」；第二卷「家閑第七」等二類。

（3）描寫朝廷官員盡忠職守之事，如第二卷「官政第八」、「幹局第十」等二類。

（4）談論因果天命，詭怪神奇之事，如第二卷「達命第十一」；第三卷「仙釋第十二」；第四卷「志怪第十六」等三類。

（5）寫生活閑事，以啓發人生哲理，如第三卷「警喻第十四」等一類。

（6）從談笑之間，寄寓道理，如第三卷「應諧第十五」等一類。

（7）考辨事物之雜記，如第三卷「觀物第十三」及「附錄」之「閒鈔」等二類。

總之，此書輯錄內容，多半蘊含前人直道而行之舉，足以讓後人奉爲圭臬或引以爲戒，是有一定之影響，故明代江盈科《雪濤諧史》中之《應諧錄》，即採錄該部小說第三卷「應諧第十五」二十則作品，提供閱讀者於詼諧故事中，作爲借鏡目的。另據門人賀應甲〈跋〉云：

> 蓋余劉夫子好友之素宣乎天植哉！有朋自遠來則安之，夫子循循若旨若飴，望廬而至者依依巳巳。又曰：發舒沾滯，蕩漾神情，則標揭禪宗，乃或有不中於旁引曲喻也者，所錄《賢弈編》作焉。博弈猶賢夫，固謂巳之，則博弈賢也，苟得其所以不巳，又豈其博弈也者。是賢乎，將抱槧而誦之，而惟之，而有不類觸心醒，憮然曠然者，眞人情甚相遠耶？言論猷爲，各呈心精；巷說街譚，乃見天則，然後而今知臭腐神奇在所化耳。富哉言乎！以言乎來者之計則備

矣。雖然，弈秋誨弈，致志者得。若猶是二三其德，秋亦末如之何也已。小子固思援繳射鵠者，讀是編而悅之，以告於家大人。家大人曰：「有是哉，盍請梨諸？」爰圖梨之，以明夫子之好友。門人永新賀應甲跋。〔註66〕

大抵，《賢弈編》收錄小說故事情節生動，如第三卷「應諧第十五」〈盲子墜橋〉、〈乍解張皇〉等作品，以詼諧故事寄寓深刻思想，且深具教化功能，誠上述〈跋〉言：「言論猷為，各呈心精；巷說街譚，乃見天則，然後而今知臭腐神奇在所化耳！」。

（二）與同是「明萬曆間繡水沈氏尚白齋刊本」《寶顏堂祕笈》作比較

明劉元卿《賢弈編》，據《叢書子目類編》得知是四卷。〔註67〕明代著名叢書中，僅《陳眉公家藏祕笈續函》收錄，正為四卷本。民國上海文明書局與臺北新文豐《叢書集成新編》刊行者，亦根據《寶顏堂祕笈》本為刊刻之底本；然內容文字則略有出入。復據清黃虞稷《千頃堂書目》卷十二「小說類」記載：

劉元卿《賢弈編》四卷。〔註68〕

以及卷十五「類書類」亦有記載：

陳繼儒《寶顏堂祕笈》二十卷，又《續祕笈》五十卷，又《廣祕笈》五十卷，又《普祕笈》四十六卷，又《彙祕笈》四十一卷。

《續集》……《賢弈編》四卷　劉元卿。〔註69〕

另據清徐乾學《傳是樓書目》「子部・小說家」記載：

劉元卿《賢弈編》四卷　一本。〔註70〕

從上述諸家書目載記，亦能證明該部小說原書內容應為四卷。此單元先探討同是「明萬曆間繡水沈氏尚白齋刊本」《寶顏堂祕笈》四卷本之情形。以下列表將二版本相互比較，期能清楚呈現其差異處。

〔註66〕 同上註。
〔註67〕 同註 15，頁 1069。
〔註68〕 〔清〕黃虞稷撰・瞿鳳起・潘景鄭整理：《千頃堂書目》（上海：上海古籍出版社出版，2001 年 7 月），頁 339。
〔註69〕 同上註，頁 418～419。
〔註70〕 〔清〕徐乾學：《傳是樓書目》（林夕主編：《中國著名藏書家書目匯刊》，北京：商務印書館，2005 年 10 月），頁 214。

叢書名〔註71〕 敘與跋編排位置、分卷與分類收錄情形、校訂閱者、內容文字差異處〔註72〕	《賢弈編》 「明萬曆間繡水沈氏尚白齋刊本」共分六集之《陳眉公家藏祕笈續函》本〔註73〕	《賢弈編》 「明萬曆間繡水沈氏尚白齋刊本」共分三集之《陳眉公家藏祕笈續函》本〔註74〕
敘與跋編排位置	〈賢奕編敘〉：放置該部小說目錄前。 〈賢奕跋〉：放置該部小說內容第四卷結束後。	〈賢奕編敘〉：放置該部小說目錄前。 〈賢奕跋〉：放置該部小說〈賢奕編敘〉後。
分卷與分類收錄情形	第一卷「懷古第一」：〈易服還里〉、〈文公古道〉、〈東山筮仕〉等，二十二則作品。 「廉淡第二」：〈布裙曳柴〉、〈賣犬資盧〉、〈陸公責佞〉等，二十五則作品。 「德器第三」：〈丙吉容吏〉、〈麟士還屨〉、〈壯哉雀鼠〉等，二十四則作品。 「方正第四」：〈常林抗禮〉、〈范鎮不阿〉、〈蕭引持正〉等，十八則作品。 「證學第五」：〈貴學賤思〉、〈子野導君〉、〈文莊芸喻〉等，十一則作品。 共分五類，收錄一百則作品。	第一卷「懷古第一」：〈易服還里〉、〈文公古道〉、〈東山筮仕〉等，二十二則作品。 「廉淡第二」：〈布裙曳柴〉、〈賣犬資盧〉、〈陸公責佞〉等，二十五則作品。 「德器第三」：〈丙吉容吏〉、〈麟士還屨〉、〈壯哉雀鼠〉等，二十四則作品。 「方正第四」：〈常林抗禮〉、〈范鎮不阿〉、〈蕭引持正〉等，十八則作品。 「證學第五」：〈貴學賤思〉、〈子野導君〉、〈文莊芸喻〉等，十一則作品。 共分五類，收錄一百則作品。
	第二卷「敘倫第六」：〈上君畏臣〉、〈任臣不疑〉、〈列精子高〉等，十五則作品。 「家閑第七」：〈石奮勒子〉、〈遺子一經〉、〈柳氏家法〉等，二十則作品。 「官政第八」：〈如入暗室〉、〈卿譜不載〉、〈元之下士〉等，三十二則作品。 「廣仁第九」：〈元振助喪〉、〈鎮江太守〉、〈紫府眞君〉等，十三則作品。 「幹局第十」：〈鎮熊櫃中〉、〈處分謹卒〉、〈三公處變〉等，十五則作品。 「達命第十一」：〈方叔下第〉、〈富陽三古〉、〈誠齋任運〉等，十四則作品。 共分六類，收錄一百○九則作品。	第二卷「敘倫第六」：〈上君畏臣〉、〈任臣不疑〉、〈列精子高〉等，十五則作品。 「家閑第七」：〈石奮勒子〉、〈遺子一經〉、〈柳氏家法〉等，二十則作品。 「官政第八」：〈如入暗室〉、〈卿譜不載〉、〈元之下士〉等，三十二則作品。 「廣仁第九」：〈元振助喪〉、〈鎮江太守〉、〈紫府眞君〉等，十三則作品。 「幹局第十」：〈鎮熊櫃中〉、〈處分謹卒〉、〈三公處變〉等，十五則作品。 「達命第十一」：〈方叔下第〉、〈富陽三古〉、〈誠齋任運〉等，十四則作品。 共分六類，收錄九十五則作品。

〔註71〕「叢書名」部分，爲比較方便，本論文採用之底本《陳眉公家藏祕笈續函》本列爲前者，而另一部「明萬曆間繡水沈氏尚白齋刊本」《陳眉公家藏祕笈續》列於後者。

〔註72〕「收錄卷數與作品數目」與「內容文字差異處」，因《賢弈編》收錄作品無篇名名稱，故首句必會錄出，作爲該則作品之名稱。

〔註73〕〔明〕陳繼儒輯：《寶顏堂祕笈》，「明萬曆間繡水沈氏尚白齋刊本」現藏於台北國家圖書館。該版本共分六集，分別爲「陳眉公訂正祕笈」、「陳眉公家藏祕笈續」、「陳眉公家藏彙祕笈」、「陳眉公家藏廣祕笈」、「陳眉公普祕笈」與「眉公雜著」。亦是本論文採用之底本，統計共收書四百十卷二百四十冊。

〔註74〕〔明〕陳繼儒輯：《寶顏堂祕笈》，國家圖書館善本書室另藏一部「明萬曆間繡水沈氏尚白齋刊本」，記載收藏之書爲一百九十三卷四十八冊。該版本僅存「陳眉公訂正祕笈」、「家藏祕笈續函」、「眉公雜著」等三集。

	第三卷	「仙釋第十二」：〈師惟度我〉、〈玄宗正訣〉、〈囚持杯水〉等，二十四則作品。	第三卷	「仙釋第十二」：〈師惟度我〉、〈玄宗正訣〉、〈囚持杯水〉等，二十四則作品。
		「觀物第十三」：〈高聽嗜殺〉、〈泉海臣魚〉、〈上林慈烏〉等，二十三則作品。		「觀物第十三」：〈高聽嗜殺〉、〈泉海臣魚〉、〈上林慈烏〉等，二十三則作品。
		「警喻第十四」：〈舍糴戶田〉、〈盲子問日〉、〈操舟天幸〉等，二十九則作品。		「警喻第十四」：〈舍糴戶田〉、〈盲子問日〉、〈操舟天幸〉等，二十九則作品。
		「應諧第十五」：〈里尹昧我〉、〈指雁為羹〉、〈道在舟檣〉等，三十八則作品。		「應諧第十五」：〈里尹昧我〉、〈指雁為羹〉、〈道在舟檣〉等，三十八則作品。
		共分四類，收錄一百十四則作品。		共分四類，收錄一百十四則作品。
	第四卷	「志怪第十六」：〈賊殺王蘭〉、〈妙寂復仇〉、〈泗州屠沽〉等，九則作品。共分一類，收錄九則作品。	第四卷	「志怪第十六」：〈賊殺王蘭〉、〈妙寂復仇〉、〈泗州屠沽〉等，九則作品。共分一類，收錄九則作品。
	附錄	「閒鈔上」：收錄二十八則作品。「閒鈔下」：收錄八十一則作品。	附錄	「閒鈔上」：收錄二十八則作品。「閒鈔下」：收錄八十一則作品。
校訂閱者	第一卷	華亭陳繼儒仲醇、長水高承埏寅公	第一卷	華亭陳繼儒仲醇、長水岳元聲石帆
	第二卷	華亭陳繼儒仲醇、長水高承埏寅公	第二卷	華亭陳繼儒仲醇、長水岳和聲石梁
	第三卷	華亭陳繼儒仲醇、長水高承埏寅公	第三卷	華亭陳繼儒仲醇、長水岳駿聲石鐘
	第四卷	華亭陳繼儒仲醇、長水高承埏寅公	第四卷	華亭陳繼儒仲醇、長水岳和聲石梁
內容文字差異處〔註75〕		「異字」部份		「異字」部份
	第一卷	「懷古第一」〈大宰步行〉：「大宰漁石唐公致政家居時，…**呼**浙有楓山，殆猶魯有岱嶽，其遺矩所留，諸公皆率履弗越如此。」	第一卷	「懷古第一」〈大宰步行〉：「大宰漁石唐公致政家居時，……**吁**浙有楓山，殆猶魯有岱嶽，其遺矩所留，諸公皆率履弗越如此。」
	第二卷	「敘倫第六」〈任臣不疑〉：「任登為中牟令，上計言於襄子曰，中牟有**七**日瞻胥，…襄子曰，吾舉登也，已耳而**且**之矣，登所舉也。」	第二卷	「敘倫第六」〈任臣不疑〉：「任登為中牟令，上計言於襄子曰，中牟有**士**日瞻胥，……襄子曰，吾舉登也，已耳而**且**之矣，登所舉也。」
		〈懷肉自誣〉：「浙之長興里人某，…眾客約曰，請急局戶，令人祖搜之，必得乃已。孝子兩手捫**補**中，至羞澀也。」		〈懷肉自誣〉：「浙之長興里人某，……眾客約曰，請急局戶，令人祖搜之，必得乃已。孝子兩手捫**袖**中，至羞澀也。」

〔註75〕 「內容文字差異處」，有四項說明：第一，凡異體字如「于」與「於」或形近「已」「巳」刊刻未注意之字等，皆不列入討論；第二，本表所謂異字、闕字等情形，即反映校勘後二版本差異之處；第三，「附錄」〈閒鈔上〉與〈閒鈔下〉收錄作品無標題名稱，故以《陳眉公家藏祕笈續函》本首句為該則作品名稱；第四，引用作品，僅截錄差異文句。

	「家閑第七」 〈石潭義方〉：「永新石潭劉先生髦，…當時以公卿家婚一富翁，慮供應之難，如村民畏怕官府。然維時瞯然清苦之狀亦可想已，文安公之于石潭先生雅稱**兄**家者哉。」 「官政第八」 〈三公却賄〉：「豐布政公慶，…觀汝貌誠个媿將種，弟汝年少更事少，後當益努力，以承父業。其人神情恍然，若更**坐**云。」 「幹局第十」 〈落簪舟底〉：「丘琥嘗過丹陽買舟行，…乃以其事語人**口**，吾幾誤殺丘公，人服其智。」 「達命第十一」 〈吉凶在人〉：「廖德明朱文公高第也。少時夢懷刺**侯**謁廟廡下，謁者索刺，出諸袖，乃宣教郎廖某。」		「家閑第七」 〈石潭義方〉：「永新石潭劉先生髦，…當時以公卿家婚一富翁，慮供應之難，如村民畏怕官府。然維時瞯然清苦之狀亦可想已，文安公之于石潭先生雅稱**克**家者哉。」 「官政第八」 〈三公却賄〉：「豐布政公慶，…觀汝貌誠个媿將種，弟汝年少更事少，後當益努力，以承父業。其人神情恍然，若更**生**云。」 「幹局第十」 〈落簪舟底〉：「丘琥嘗過丹陽買舟行，…乃以其事語人**旦**，吾幾誤殺丘公，人服其智。」 「達命第十一」 〈吉凶在人〉：「廖德明朱文公高第也。少時夢懷刺**侯**謁廟廡下，謁者索刺，出諸袖，乃宣教郎廖某。」
第三卷	「觀物第十三」 〈乳狗復仇〉：「龜生村民趙五家，…虎由此繫累稍遲，追及斃**刃**下。」 「警喻第十四」 〈荆山麝臍〉：「東南有荆山之麝臍焉，荆山有逐麝者，麝急則抉其臍投諸**奔**，逐者趨焉，麝因得以逸。」 「應諧第十五」 〈習氣難袪〉：「吳中一老，…吁夫囿于習而欲**湔**者難矣。」 〈壯興謫誤〉：「劉**莊**興嘗摘歐陽公五代史之訛誤爲糾繆。」	第三卷	「觀物第十三」 〈乳狗復仇〉：「龜生村民趙五家，…虎由此繫累稍遲，追及斃**外**下。」 「警喻第十四」 〈荆山麝臍〉：「東南有荆山之麝臍焉，荆山有逐麝者，麝急則抉其臍投諸**莽**，逐者趨焉，麝因得以逸。」 「應諧第十五」 〈習氣難袪〉：「吳中一老，…吁夫囿于習而欲**湔**之者難矣。」 〈壯興謫誤〉：「劉**壯**興嘗摘歐陽公五代史之訛誤爲糾繆。」
第四卷	「志怪第十六」 〈非熊前生〉：「顧況喪一子，…年至七歲，其**只**戲批之。忽曰，我是爾兄，何故批我。」	第四卷	「志怪第十六」 〈非熊前生〉：「顧況喪一子，…年至七歲，其**兄**戲批之。忽曰，我是爾兄，何故批我。」
附錄	「閒鈔上」 〈西蜀亂後〉：「西蜀亂後，…張在蜀四年，被召還闕，呼婢父母出貲以嫁，仍是處**女**。」 「閒鈔下」 〈成化間有吏建言時事〉：「成化間有吏建言時事，…此吏亦不能自明，二人蓋未嘗讀**漢**書故也。」	附錄	「閒鈔上」 〈西蜀亂後〉：「西蜀亂後，…張在蜀四年，被召還闕，呼婢父母出貲以嫁，仍是處**子**。」 「閒鈔下」 〈成化間有吏建言時事〉：「成化間有吏建言時事，…此吏亦不能自明，二人蓋未嘗讀**攻**書故也。」
	「闕字」部份		**「闕字」部份**
第二卷	「官政第八」 〈荆門善政〉：「　九淵知荆門，軍民有訴者，無旦暮皆得造于庭。」 〈西山治績〉：「眞德秀知潭州，…凡營中病者，死未葬者，孕　，嫁娶者，贍給有差。」	第二卷	「官政第八」 〈荆門善政〉：「**陸**九淵知荆門，軍民有訴者，無旦暮皆得造于庭。」 〈西山治績〉：「眞德秀知潭州，…凡營中病者，死未葬者，孕**者**，嫁娶者，贍給有差。」

第三卷	「仙釋第十二」 〈道在鼻尖〉:「莫尙書少虛,因官西蜀,謁南堂靜師咨決心,＿堂使其向好處提撕。」 「警喻第十四」 〈官舟多敝〉:「瓠里子自吳歸粵,…瓠里子仰天嘆曰,今＿治政,其亦以民爲官民歟,則愛之者鮮矣,宜其敝也。」 「應諧第十五」 〈拾金自累〉:「有牧豎子,…又燕市一聱**子**,傭爲人作麵,且磨且羅,中夜作苦,浩歌自如。」 〈沈屯多憂〉:「沈屯子偕友入市,…其人益憂,病轉劇。嫺**友**省者,慰曰:『善自寬,病乃愈也。』」	第三卷	「仙釋第十二」 〈道在鼻尖〉:「莫尙書少虛,因官西蜀,謁南堂靜師咨決心,**要**堂使其向好處提撕。」 「警喻第十四」 〈官舟多敝〉:「瓠里子自吳歸粵,…瓠里子仰天嘆曰,今**之**治政,其亦以民爲官民歟,則愛之者鮮矣,宜其敝也。」 「應諧第十五」 〈拾金自累〉:「有牧豎子,…又燕市一聱■,傭爲人作麵,且磨且羅,中夜作苦,浩歌自如。」 〈沈屯多憂〉:「沈屯子偕友入市,…其人益憂,病轉劇。嫺友■省者,慰曰:『善自寬,病乃愈也。』」
附錄	「閒鈔上」 〈鶴林玉露曰〉:「鶴林玉露曰,…有因買地致訟,**棺**未入土,而家已蕭條者。」	附錄	「閒鈔上」 〈鶴林玉露曰〉:「鶴林玉露曰,…有因買地致訟,■未入土,而家已蕭條者。」

　　據上表得知,雖同註明爲「明萬曆間繡水沈氏尙白齋刊本」《寶顏堂祕笈》,然反映出二版本仍有差異性。筆者針對其差異處再作扼要說明。

　　第一,校訂閱者之問題。查考二版本《賢奕編》校訂者中,皆有署名陳繼儒,若有差異則於本文底本另一位校者爲高承埏,而別本另一位校者則爲岳元聲、岳駿聲與岳和聲。筆者認爲有以下幾種可能:

　　其一,同是「明萬曆間繡水沈氏尙白齋刊本」《寶顏堂祕笈》刊刻,有可能「續集」發行二次,此可從版式中斷版處判斷。故二版本出現不同校訂閱者,而高承埏、岳元聲、岳駿聲與岳和聲等人,皆實際有參與校訂審閱《寶顏堂祕笈》之記錄,遂出現若干差異。高承埏〔註76〕、岳元聲〔註77〕、岳和

〔註76〕 高承埏校者論述部分:已於「第二章　《陳眉公家藏秘笈續函》綜合探討」中之「第二節　《陳眉公家藏祕笈續函》綜合探討」註腳58,介紹完畢,此處不再贅述。

〔註77〕 《東林黨籍考》記載「岳元聲」得知:「岳元聲列傳第一百六十四　岳元聲,字予拙,又字之初,號石帆,學者稱潛初先生。……元聲與同官陳道亨,合疏劾忠賢。忠賢銜之,幾陷不測。元聲勿顧,猶作詩弔楊左,徧示賓客自若。縣志五年己丑升左侍郎。患病。會試錄九月削奪,以徐復陽參之也。剝復錄二瑙敗,詔復官,陪推大司寇,元聲病不起矣。元聲里居時,講學天心書院,與鄒元標、趙南星、高攀龍往來。論學大指,以毋自欺爲主,最深易象,旁通鍾律、莊老、佛老之書。有《潛初子集》、《田糧沿革》、《年譜》、《三邑分縣圖籍考》。縣志」其餘有關岳氏之資料,可從清項玉筍《橋往哲續編》、清鄒漪《啓禎野乘》卷

聲〔註78〕等人，皆爲愛好藏書、讀書、著書之知名人士。陳繼儒邀請當時有名人士爲《寶顏堂祕笈》作校閱，一則能助於該套叢書品質提升，二則有提高該套叢書之聲譽。

其二，「明萬曆間繡水沈氏尙白齋刊本」一百九十三卷四十八冊之《陳眉公家藏祕笈續函》本，可能由同是明代私家坊刻盜版翻刻所致。此一推測，雖無直接證據可證明，而從前一部《談苑》之刊刻情形相似，故疑該部小說當時應有被翻刻之可能。

第二，收錄作品內容文字之差異。文字差異部分，主要有二種情況：異字與闕字。「異字」差異部分，共計十三則；「闕字」差異部分，共計八則。《賢奕編》四卷內容及附錄部分，共有四百四十一則作品，僅二十一則作品出現差異，影響甚少。

綜合上述，筆者將二版本「明萬曆間繡水沈氏尙白齋刊本」相互讎校後，出現差異甚少，但亦能窺見二版本之優劣；間接顯露出二本校勘者用心及學養程度。簡言之：

其一「四卷內容」部分，署名陳繼儒與高承埏「明萬曆間繡水沈氏尙白齋刊本」《賢奕編》劣於署名陳繼儒與岳元聲、岳駿聲、岳和聲等人所校之版本。茲以「異字部分」十二則作品差異爲例證，從閱讀上下文意，以及民國上海文明書局、臺北新文豐《叢書集成初編》所收錄之《賢奕編》，署名陳繼儒與岳元聲、岳駿聲、岳和聲等人校訂之版本，有十一則較符合情節之發展，如第三卷「敍倫第六」〈懷肉自誣〉：

> 浙之長興里人某，……眾客約曰，請急扃戶，令人袒撿之，必得乃已。孝子兩手搊袖中，至羞澀也。

六清查繼佐《罪惟錄列傳》卷之十三，以及清朱竹垞《靜志居詩話》卷十九等知其一二。

李棪撰：《東林黨籍考》（周駿富輯：《明代傳記叢刊》學林類⑤，臺北：明文書局，1991年元月），第六冊，頁006-816。

〔註78〕《明詩紀事》卷十七「庚籤」得知「岳和聲」事蹟記載：「和聲字爾律，嘉興人。萬曆壬辰進士，除汝陽知縣，徵授禮部主事，歷員外，出爲慶遠知府，改贛州、東昌，遷福建副使。歷黃西參政，以右僉都御史巡撫順天。天啓中，起補延綏巡撫，有《餐微子集》三十卷。 田按，爾律出守慶遠，效范至能作後驂鸞錄紀遊，頗稱好事。詩強作聲牙語，以翻李、王窠臼。晚起撫延綏，時論薄之，吳次尾南朝剝復錄云云。」

〔清〕陳田撰：《明詩紀事》卷二十一（周駿富輯：《明代傳記叢刊》學林類⑪，臺北：明文書局，1991年元月），第十五冊，頁015-148。

上文爲署名陳繼儒與岳元聲、岳駿聲、岳和聲等人校訂之《陳眉公家藏祕笈續函》版本，其中「孝子兩手捫<u>袖</u>中」之「袖」字，署名陳繼儒與高承埏作「補」字，若從上下文閱讀，謂「衣袖中」，「補中」殊不可解。

其二，「附錄內容」部分，陳繼儒與高承埏「明萬曆間繡水沈氏尙白齋刊本」《賢奕編》略優於岳元聲、岳駿聲與岳和聲所校之版本；唯僅有三則差異，實亦難論斷孰優孰劣也。茲以「異字」與「闕字」三則作品差異爲例證，從閱讀上下文意，以及民國上海文明書局、臺北新文豐《叢書集成初編》所收錄之《賢奕編》，署名陳繼儒與高承埏校之版本，較符合情節之發展，如附錄「閒鈔下」〈成化間有吏建言時事〉：

　　成化間有吏建言時事，…此吏亦不能自明，二人蓋未嘗讀<u>漢</u>書故也。

上文爲署名陳繼儒與高承埏校之《陳眉公家藏祕笈續函》版本，其中「二人蓋未嘗讀<u>漢</u>書故也」之「漢」字，署名陳繼儒與岳元聲、岳駿聲、岳和聲等人校作「攻」字，若從上下文閱讀後，此處應指《漢書》一書，方是正確。

五、明陸深《知命錄》考述

（一）作者與內容介紹

1. 作者生平簡述

陸深生平，已於「第三章　《陳眉公家藏祕笈續函》中志人小說之版本暨內容考述」中「三、明陸深《谿山餘話》考述」之「1.作者生平簡述」介紹完畢，故不再贅述。

2. 《知命錄》內容介紹

陸深《知命錄》，明代叢書中僅《陳眉公家藏祕笈續函》刊刻此書，爲一卷本，且無任何單行本流傳行世。筆者考該部小說，收錄陸深自編《儼山外集》叢書內，亦是一卷本。民國以後，臺北新文豐《叢書集成新編》收錄該部小說，亦是一卷本。《知命錄》從明代至民國刊刻皆是一卷，其內容是否有出入？下面單元中，將作進一步探討。茲先以陸深自編《儼山外集》本〔註79〕作內容簡述。據《四庫全書總目》子部五十三「小說家類存目一」云：

〔註79〕陸深《知命錄》收錄作品無篇名名稱，故以下內容主題介紹採用《儼山外集》本首句爲篇名，作爲該則作品之名稱。
　　　〔明〕陸深編：《儼山外集》（台北：國家圖書館「善本書室」所藏「明嘉靖二十四年雲間陸氏家刊」）。

明陸深撰。蓋亦雜志之類，而所記秦蜀山川名勝爲多。乃深於嘉靖
十三年赴四川左布政使任時途次所編也。其曰知命者，以初授陝藩，
道經揚州蜀岡，異其名問之，則曰由此可通蜀。已而得入蜀之命，
追數先徵，信由前定，因以爲名。〔註80〕

　　從提要之語可知，陸深初授命陝藩，赴任經過揚州蜀岡，深感地名奇「蜀
岡」異而問之，則言由此處可通蜀地。日後朝廷命官於蜀，回想前事，因認
爲凡事皆有命定，故命其書爲「知命」。觀其内容二十則作品中，多記秦蜀山
川名勝，以及參雜生活瑣事。以下分述此二項主題：

　　（1）描述秦蜀山川名勝之景象，如〈漢中形勢絶佳〉、〈益門鎮在渭南二
十里〉、〈洋縣在漢中府東一百二十里〉等則作品。

　　（2）談論雜感異事，如〈廿二日宿張公舖〉、〈蜈蚣畏雞〉、〈都太僕玄敬〉、
〈少師晦菴〉等則作品。

　　大抵，《知命錄》談論可分此二主題外，若干則作品夾雜二者間，如〈洋
縣之俗〉、〈金牛事載蜀記〉、〈寶雞南二十里〉等，實亦難以截然劃分。

（二）與明代其他著名叢書收錄版本比較

　　明陸深《知命錄》，據《叢書子目類編》得知是一卷。〔註81〕明代著名
叢書中，除陸氏收錄於自編《儼山外集》本外，僅有《陳眉公家藏祕笈續函》
本收錄，亦是一卷本。民國臺北藝文印書館《百部叢書集成》與新文豐《叢
書集成新編》刊行者，實根據《寶顏堂祕笈》本爲刊刻之底本。該部小説，
因篇幅短小，故多收錄於叢書中，今日所見，亦無單行本流傳。且書目記載，
多附錄於某部叢書或類書底下，如清黃虞稷《千頃堂書目》卷十五「類書類」
記載：

　　　又《廣説郛》八十卷……十三卷 錄.《逍遙錄》姜南.《傳疑錄》上中
　　　下　《停驂錄》上中下　《知命錄》俱陸深.《屬獷錄》何孟春。〔註82〕

其書卷十五「類書類」亦有記載：

　　　陳繼儒《寶顏堂祕笈》二十卷，又《續祕笈》五十卷，又《廣祕笈》
　　　五十卷，又《普祕笈》四十六卷，又《彙祕笈》四十一卷。

〔註80〕　〔清〕紀昀等人編撰：《四庫全書總目》（臺北：藝文印書館，1997年9月），
　　　　　第四册，頁2820。
〔註81〕　同註15，頁1066。
〔註82〕　同註68，頁406～407。

《續集》……《知命錄》一卷 陸深。〔註83〕

從上述所引得知，該部小說內容應為一卷。茲先列表將《陳眉公家藏祕笈續函》本與《儼山外集》本相互比較，以清楚呈現二者差異處。

叢書名〔註84〕 收錄卷數與作品數目、內容文字差異處〔註85〕	《知命錄》 《陳眉公家藏祕笈續函》本		《知命錄》 《儼山外集》本〔註86〕	
收錄卷數與作品數目	共一卷	共二十則作品。	共一卷	共二十則作品。
內容文字差異處〔註87〕	異字： 「予登華山葢至青柯坪焉，……崔銑子鍾嘗謂余云：劉晦菴少師為庶子時，奉命祭告以六月登絕頂，顧其下白霧漲如大海時，見霧中作烟突狀，高低不一，而仰視赤口。當天同行亦有兩官，下山始知大雷霹靂，驟雨如注。向所見烟突，即雷也。而不聞聲，古云：山頭只作小兒啼，豈謂此耶。凡聲，自上下者也。」 「益門鎮在渭南二十里，……今橋無數處，有一橋才十餘間，而行旅無阻，想漸次開闢矣。」		異字： 「予登華山葢至青柯坪焉，……崔銑子鍾嘗謂余云：劉晦菴少師為庶子時，奉命祭告以六月登絕頂，顧其下白霧漲如大海時，見霧中作烟突狀，高低不一，而仰視赤日。當天同行亦有兩官，下山始知大雷霹靂，驟雨如注。向所見烟突，即雷也。而不聞聲，古云：山頭只作小兒啼，豈謂此耶。凡聲，自上下者也。」 「益門鎮在渭南二十里，……今橋無數處，有一橋才十餘間，而行旅無阻，想漸次開闢矣。」	
	闕文： 「初夏望後行役，既倦趁夕陽登驪山之麓，北望灞滻合流如練。東望則秦始皇之＿＿＿＿隱若山，當時可想矣。」		闕文： 「初夏望後行役，既倦趁夕陽登驪山之麓，北望灞滻合流如練。東望則秦始皇之葬在焉。隱隱若山，當時可想矣。」	

由上表可窺知其差異性。筆者針對其差異處再分項說明之。

第一，收錄篇目數量，二本皆是一卷二十則作品。且收錄作品順序安排，亦是相同。

〔註83〕 同註68，頁417～418。

〔註84〕 「叢書名」部分，為比較方便，《陳眉公家藏祕笈續函》本列為第一，其他叢書則依照刊刻時間排列。

〔註85〕 「收錄卷數與作品數目」與「內容文字差異處」，因《知命錄》收錄作品無篇名名稱，故首句必會錄出，作為該則作品之名稱。

〔註86〕 同註79。

〔註87〕 「內容文字差異處」，有三項說明：第一，凡異體字如「于」與「於」或形近「已」「巳」刊刻未注意之字等，皆不列入討論；第二，該部小說收錄二十則作品無標題名稱，故以《儼山外集》本首句為該則作品名稱；第三，本表所謂異字、闕文等情形，上述「2.《知命錄》內容介紹」已言《儼山外集》本收錄較為完整，故校勘後此表中反映與《陳眉公家藏祕笈續函》本等二種差異。

第二，收錄作品內容文字之差異。《陳眉公家藏祕笈續函》本與《儼山外集》本之差異情形，可細分二種情況：一爲「異字」部分，《陳眉公家藏祕笈續函》本與《儼山外集》本，共二則相異；二爲「闕文」部分，《陳眉公家藏祕笈續函》本與《儼山外集》本，共一則差異。統計結果，該部小說收錄二十則作品，共三則內容文字有出入。而究竟哪一版本之內容比較完整無誤？下一單元，將進一步剖析探究。

綜合上述，筆者將《陳眉公家藏祕笈續函》本與《儼山外集》本，相互讎校後，發現二版本間，雖有差異，實無出入。何以言之？內容文字差異三則，以下一一說明。

第一則「異字」部分，「予登華山薆至青柯坪焉」原文如下：

予登華山薆至青柯坪焉，……崔銑子鍾嘗謂余云：劉晦菴少師爲庶子時，奉命祭告以六月登絕頂，顧其下白霧漲如大海時，見霧中作烟突狀，高低不一，而仰視赤口。當天同行亦有兩官，下山始知大雷霹靂，驟雨如注。向所見烟突，即雷也。而不聞聲，古云：山頭只作小兒啼，豈謂此耶。凡聲，自上下者也。

上文中，橫線處「仰視赤口。」今所見雖彷彿似「口」字，然觀其刻寫字形「口」字宜方方正正，而今書寫上下長，左右短，應是中間一短橫漫漶致誤，故疑原亦是「日」字也；《儼山外集》本作「赤日」。若依照《儼山外集》本作「赤日」，解釋爲紅色太陽，有晴天之意，似乎比較符合上下文描述所見氣候變化之意；旁查另一部同是「寶顏堂」刊行「明萬曆間繡水沈氏尙白齋刊本」之《陳眉公家藏祕笈續函》本，〔註88〕亦作「赤日」。

第二則「異字」部分，「益門鎮在渭南二十里」原文如下：

益門鎮在渭南二十里，……今橋無數處，有一橋才十餘問，而行旅無阻，想漸次開闢矣。

上文中，橫線處「有一橋才十餘問」，《儼山外集》本作「間」。「問」與「間」之差異，從原資料判斷，得知產生之因同上例因漫漶不清而致誤。

〔註88〕〔明〕陳繼儒輯：《寶顏堂祕笈》，國家圖書館善本書室另藏一部「明萬曆間繡水沈氏尙白齋刊本」，記載收藏之書爲一百九十三卷四十八冊。該版本僅存「陳眉公訂正祕笈」、「家藏祕笈續函」、「眉公雜著」等三集。該版本，所收《知命錄》部分與本論文底本之差異，以下簡述之：1.校訂閱者，改爲雲間仲醇陳繼如‧弢之孫光祖；2.內容文字差異處，出入不多，僅五則作品，以一、二異字出入爲最常見；3.收錄作品數量與編排次序，一模一樣。

第三則「闕文」部分，「初夏望後行役」原文如下：

> 初夏望後行役，既倦趍夕陽登驪山之麓，北望灞滻合流如練。東望
> 則秦始皇之＿＿＿＿＿隱若山，當時可想矣。

上文中，橫線處，《儼山外集》本作「葬在焉。隱」。其中之差異，從觀
察原書，隱約有殘存字跡，得知亦是漫漶之故，非眞有闕文。

六、明陸深《玉堂漫筆》考述

（一）作者與內容介紹

1. 作者生平簡述

陸深生平，已於「第三章　《陳眉公家藏祕笈續函》中志人小說之版本
暨內容考述」中「三、明陸深《谿山餘話》考述」之「1.作者生平簡述」介紹
完畢，故不再贅述。

2. 《玉堂漫筆》內容介紹

明陸深《玉堂漫筆》，陸深收錄自編《儼山外集》內，是三卷本。而《陳
眉公家藏祕笈續函》、《廣百川學海》、《說郛續》與《紀錄彙編》刊刻該部小
說，皆是一卷本；且明焦竑《國史經籍志》卷一「制書類·紀注時政」記載：

> 《玉堂漫筆》一卷 陸深。〔註89〕

究竟該部小說，原貌如何？下面單元中，將作進一步探討。茲先以陸深
自編《儼山外集》本，〔註90〕作內容簡述。據《四庫全書總目》子部五十三·
小說家類存目一「《玉堂漫筆》三卷 內府藏本」條下云：

> 明陸深撰。深有《南巡日錄》，已著錄。是書乃在翰林時記其每日所
> 得，而於考核典故爲尤詳。其載楊士奇子稷得罪，爲出於陳循所構
> 陷，亦修史者所未詳也。〔註91〕

從此提要可知，陸深撰寫該部小說內容之特色：「是書乃在翰林時記其每日

〔註89〕〔明〕焦竑撰：《國史經籍志》（《續修四庫全書》編纂委員會編：《續修四庫
全書》，上海：上海古籍出版社），第九百一十六冊，頁286。

〔註90〕陸深《玉堂漫筆》收錄作品無篇名名稱，故以下內容主題介紹採用《儼山外
集》本首句爲篇名，作爲該則作品之名稱。
〔明〕陸深編：《儼山外集》（台北：國家圖書館「善本書室」所藏「明嘉靖
二十四年雲間陸氏家刊」）。

〔註91〕同註80，第四冊，頁2820。

所得，而於考核典故爲尤詳。」觀其內容六十一則作品中，誠多記載朝廷典章制度沿革、談論達官文人雜事，略談地方軼聞瑣事。以下分述此三項主題：

（1）記載朝廷典章制度沿革，如卷上〈虞伯生集題《耕織圖》〉、〈漢制以本官任他職者曰兼〉、〈宋制以翰林學士帶知制誥謂之內制〉；卷中〈國初歲遣監察御史巡按方隅〉、〈丁酉歲〉；卷下〈宋徽宗宣和六年〉等則作品。

（2）談論達官文人雜事，如卷上〈俞貞木〉、〈揚州漕河東岸有墓道〉、〈金陵陳先生遇〉、〈陳束〉、〈國初書法〉；卷中〈相傳永樂初遣胡忠安公巡行天下〉、〈張文潛以水喻作文之法〉、〈蘇丑字叔武〉；卷下〈王文端公抑庵知制誥幾廿年〉、〈予游金陵〉等則作品。

（3）略談地方軼聞瑣事，如卷中〈衡山後生竹最大〉、〈元高德基云〉；卷下〈予游金陵〉等則作品。

大抵，《玉堂漫筆》內容多集中於朝廷典章制度沿革與達官文人雜事，其中不乏可供考證之資，誠如《四庫全書總目》所言「考核典故爲尤詳」。

（二）與明代其他著名叢書收錄版本比較

明陸深《玉堂漫筆》，據《叢書子目類編》得知是有三卷本、一卷本與摘抄一卷本。〔註92〕陸氏收錄於自編《儼山外集》本爲三卷外，明代著名叢書中，亦有《陳眉公家藏祕笈續函》本、《廣百川學海》本、《說郛續》本收錄皆是一卷本，然收錄作品總數仍有差異。至於，《紀錄彙編》已明言收錄該部小說爲摘抄性質，究竟摘抄多少作品？而該部小說多收錄於叢書中，今日所見亦無單行本流傳，且書目記載多附錄於某部叢書或類書底下，據清黃虞稷《千頃堂書目》卷十五「類書類」記載：

> 陳繼儒《寶顏堂祕笈》二十卷，又《續祕笈》五十卷，又《廣祕笈》
>
> 五十卷，又《普祕笈》四十六卷，又《彙祕笈》四十一卷。
>
> 《續集》……《玉堂漫筆》一卷　陸深。〔註93〕

此單元先探討明代叢書各版本之差異，下一單元再分析其他版本之情形。茲先列表將《陳眉公家藏祕笈續函》本與《儼山外集》本、《廣百川學海》本、《說郛續》本、《紀錄彙編》本等四者相互比較，以清楚呈現其中之差異處。

〔註92〕同註15，頁994。
〔註93〕同註68，頁417～418。

叢書名〔註94〕 收錄卷數與作品數目、內容文字差異處〔註95〕	《玉堂漫筆》《陳眉公家藏祕笈續函》本		《玉堂漫筆》《儼山外集》本〔註96〕		《玉堂漫筆》《紀錄彙編》本〔註97〕	《玉堂漫筆》《廣百川學海》本〔註98〕	《玉堂漫筆》《說郛續》本〔註99〕
收錄卷數與作品數目	一卷	分一卷,共收錄四十六則作品。其中缺少《儼山外集》本之作品如下: **「卷上」部分** 「楊文貞公跋《玉海》云」、「聞前輩翰林先生嘗道抑庵先生文端公直爲吏部尙書」、「今制惟翰林列銜」、「石首劉永清」、「儀銘」、「己亥」等,無此六則作品。	卷上	分三卷,共收錄六十一則作品。	摘抄一卷,共收錄三十五則作品。其中缺少《儼山外集》本之作品如下: **「卷上」部分** 「《孟子》塞乎天地之間」、「性字從心從生」、「釋氏之所謂心」、「漢哀帝時」、「天包地外」、「圭齋論風雅取名最有理」、「漢制以本官任他職者曰兼」、「宋制以翰林學士帶知制誥謂之內制」、「宋太祖北征」、「陳束」等,無此十則作品。	分一卷,共收錄四十五則作品。其中缺少《儼山外集》本之作品如下: **「卷上」部分** 「楊文貞公跋《玉海》云」、「聞前輩翰林先生嘗道抑庵先生文端公直爲吏部尙書」、「今制惟翰林列銜」、「石首劉永清」、「儀銘」、「己亥」等,無此六則作品。	分一卷,共收錄四十五則作品。其中缺少《儼山外集》本之作品如下: **「卷上」部分** 「楊文貞公跋《玉海》云」、「聞前輩翰林先生嘗道抑庵先生文端公直爲吏部尙書」、「今制惟翰林列銜」、「石首劉永清」、「儀銘」、「己亥」等,無此六則作品。
		「卷中」部分 「至正十六年」、「靜安寺在縣西北十里」、「永定二年割海鹽鹽官隸海寧郡」、「懷素《自敍帖》近刻石於蘇州」、「張戶侍西磐潤」、	卷中		**「卷中」部分** 「張文潛以水喻作文之法」、「《史記·扁鵲傳》」、「宋高宗南渡」、「靜安寺在縣西北十里」、「永定二年割海鹽鹽官隸海寧郡」、「《永	**「卷中」部分** 「至正十六年」、「靜安寺在縣西北十里」、「永定二年割海鹽鹽官隸海寧郡」、「懷素《自敍帖》近刻石於蘇州」、「張戶侍西磐潤」、	**「卷中」部分** 「至正十六年」、「靜安寺在縣西北十里」、「永定二年割海鹽鹽官隸海寧郡」、「懷素《自敍帖》近刻石於蘇州」、「張戶侍西磐潤」、「全椒

〔註94〕 「叢書名」部分,爲比較方便,《陳眉公家藏祕笈續函》本列爲第一,其他叢書則依照刊刻時間排列。

〔註95〕 「收錄卷數與作品數目」與「內容文字差異處」,因《玉堂漫筆》收錄作品無篇名名稱,故首句必會錄出,作爲該則作品之名稱。

〔註96〕 同註90。

〔註97〕 〔明〕沈節甫輯:《紀錄彙編》(台北:國家圖書館「善本書室」所藏「明萬曆丁巳江西巡按陳于庭刊本」)。

〔註98〕 〔明〕馮可賓編:《廣百川學海》「乙集」(台北:國家圖書館「善本書室」所藏「明末刊本」)。

〔註99〕 〔元〕陶宗儀輯‧〔明〕陶珽重校:《說郛續》卷第十二(台北:國家圖書館「善本書室」所藏「清順治丁亥兩浙督學李際期刊本」)。

	「全椒樂韶鳳」、《永州府舊志》、「國朝進士科始於洪武四年」等，無此八則作品。 **「卷下」部分**「王文端公抑庵知制誥幾廿年」等，無此一則作品。	卷下	州府舊志》、「衡山後生竹最大」、「世傳《七賢過關圖》」、「元高德基云」等，無此九則作品。 **「卷下」部分**「富韓公嚴重」、「世言《大藏經》五千四十八卷」、「《襄陽大堤曲》」、「文章貴簡明」、「宋徽宗宣和六年」、「晉悼公入告群臣之詞」、「古之言天者三家」、「古言之天者三家」等，無此八則作品。	「全椒樂韶鳳」、《永州府舊志》、「國朝進士科始於洪武四年」等，無此八則作品。 **「卷下」部分**「王文端公抑庵知制誥幾廿年」、「古言之天者三家」等，無此二則作品。	樂韶鳳」、《永州府舊志》、「國朝進士科始於洪武四年」等，無此八則作品。 **「卷下」部分**「王文端公抑庵知制誥幾廿年」、「古言之天者三家」等，無此二則作品。
內容文字差異處〔註100〕	異字： 卷中 「國初歲遣監察御史巡按方隅。……正統末，南北兵興，於是**南**省邊隅編置巡撫官矣。」 「丁酉歲，……復至東閣畫會，一時**令**局爲之振作。時見左順門陳御座，設黃幄於上，將朝廷欲修午朝故事耶。因讀《惠安新集》，**傳**記於此。」 卷下 「周天三百六十五度四分度之一。……天道左旋，**上**政右轉。」	異字： 卷中 「國初歲遣監察御史巡按方隅。……正統末，南北兵興，於是**內**省邊隅編置巡撫官矣。」 「丁酉歲，……復至東閣畫會，一時**令**局爲之振作。時見左順門陳御座，設黃幄於上，將朝廷欲修朝故事耶。因讀《惠安新集》，**備**記於此。」 卷下 「周天三百六十五度四分度之一。……天道左旋，**七**政右轉。」	異字： 卷中 「國初歲遣監察御史巡按方隅。……正統末，南北兵興，於是**內**省邊隅編置巡撫官矣。」 「丁酉歲，……復至東閣畫會，一時**冷**局爲之振作。時見左順門陳御座，設黃幄於上，將朝廷欲**脩**午朝故事耶。因讀《惠安新集》，**備**記於此。」 卷下 無收錄「周天三百六十五度四分度之一」此則作品。	異字： 卷中 「國初歲遣監察御史巡按方隅。……正統末，南北兵興，於是**南**省邊隅編置巡撫官矣。」 「丁酉歲，……復至東閣畫會，一時**冷**局爲之振作。時見左順門陳御座，設黃幄於上，將朝廷欲修午朝故事耶。因讀《惠安新集》，**備**記於此。」 卷下 無收錄「周天三百六十五度四分度之一」此則作品。	異字： 卷中 「國初歲遣監察御史巡按方隅。……正統末，南北兵興，於是**南**省邊隅編置巡撫官矣。」 「丁酉歲，……復至東閣畫會，一時**冷**局爲之振作。時見左順門陳御座，設黃幄於上，將朝廷欲修午朝故事耶。因讀《惠安新集》，**備**記於此。」 卷下 無收錄「周天三百六十五度四分度之一」此則作品。

〔註100〕「內容文字差異處」，有五項說明：第一，僅相互讎校《陳眉公家藏祕笈續函》本收錄之四十七則作品；第二，几異體字如「于」與「於」或形近「已」「己」刊刻未注意之字等，皆不列入討論；第三，該部小說收錄六十一則作品無標題名稱，故以《儼山外集》本首句爲該則作品名稱；第四，本表所謂異字、闕字、闕文、衍字等情形，上述「2.《玉堂漫筆》」「內容介紹」已言《儼山外集》本收錄較爲完整，故校勘後此表中反映與《陳眉公家藏祕笈續函》本、《紀錄彙編》本、《廣百川學海》本、《說郛續》本等四種差異；第五，引用作品，僅截錄差異文句。

闕字： 卷上 「予登乙丑科，……戶部右侍郎三峰高公，出辦糧帅，亦給關防以行。順天府尹則石峰邵公云。」 卷中 「相傳永樂初遣胡忠安公巡行天下，南陽張朝用嘗記三丰遺跡云：『三丰，陝西寶雞人。……』」	闕字： 卷上 「予登乙丑科，……戶部右侍郎三峰高公，出辦糧草，亦給關防以行。順天府尹則石峰邵公云。」 卷中 「相傳永樂初遣胡忠安公巡行天下，南陽張朝用嘗記三丰遺跡_：『三丰，陝西寶雞人。……』」	闕字： 卷上 「予登乙丑科，……戶部右侍郎三峰高公，出辦糧草，亦給關防以行。順天府尹則石峰邵公云。」 卷中 「相傳永樂初遣胡忠安公巡行天下，南陽張朝用嘗記三丰遺跡云：『三丰，陝西寶雞人。……』」	闕字： 卷上 「予登乙丑科，……戶部右侍郎三峰高公，出辦糧草，亦給關防以行。順天府尹則石峰邵公_。」 卷中 「相傳永樂初遣胡忠安公巡行天下，南陽張朝用嘗記三丰遺跡_：『三丰，陝西寶雞人。……』」	闕字： 卷上 「予登乙丑科，……戶部右侍郎三峰高公，出辦糧草，亦給關防以行。順天府尹則石峰邵公_。」 卷中 「相傳永樂初遣胡忠安公巡行天下，南陽張朝用嘗記三丰遺跡_：『三丰，陝西寶雞人。……』」
闕文： 卷上 「漢制以本官任他職者曰兼，……宋___品爲守，下二等爲試。」	闕文： 卷上 「漢制以本官任他職者曰兼，……宋制則高一品爲行，下一品爲守，下二等爲試。」	闕文： 卷上 無收錄「漢制以本官任他職者曰兼」此則作品。	闕文： 卷上 「漢制以本官任他職者曰兼，……宋制則高一品爲行，下一品爲守，下二等爲試。」	闕文： 卷上 「漢制以本官任他職者曰兼，……宋制則高一品爲行，下一品爲守，下二等爲試。」
衍字： 卷上 「虞伯生集題《耕織圖》，……憲司以耕桑之事上大司農，至郡縣大門兩壁，皆畫耕織圖。」	衍字： 卷上 「虞伯生集題《耕織圖》，……憲司以耕桑之事上大司農，至郡縣大門兩壁，皆畫耕織圖。」	衍字： 卷上 「虞伯生集題《耕織圖》，……憲司以耕桑之事上大司農，至郡縣大門兩壁，皆畫耕織圖。」	衍字： 卷上 「虞伯生集題《耕織圖》，……憲司以耕桑之事上大司農，至郡縣大門兩壁，皆畫耕織圖。」	衍字： 卷上 「虞伯生集題《耕織圖》，……憲司以耕桑之事上大司農，至郡縣大門兩壁，皆畫耕織桑圖。」

由上表可窺知其差異性。筆者針對其差異處再分項說明之。

第一，收錄篇目數量之問題。可見四種情況：一，陸深家刻《儼山外集》本，共收錄六十一則作品；二，《陳眉公家藏祕笈續函》本，共收四十六則作品。乃是明代叢書中，現存收錄篇目較多之版本；三，《廣百川學海》本與《說郛續》本相同，共收四十五則作品；四，《紀錄彙編》本，已言摘抄，共摘錄三十五則作品。據清周中孚《鄭堂讀書記》卷六十五「子部十二之三・小說家類三・雜事下元至　國朝」記載「《玉堂漫筆》二卷，《儼山外集》本」條下云：

明陸深撰。〔深仕履見雜史類。〕　《四庫全書》存目，焦氏《經籍志》〔制書類。〕作一卷，蓋據未分卷之本也。是編乃其官翰林時所作，故以「玉堂」爲名。凡六十一條，皆記當代軼事，并作舊聞雜說，頗爲詳瞻，兼可以補史闕。儼山諸雜記中，此其尚有可采者。《說郛續》，僅節錄一卷云。〔註101〕

從鄭氏所言，《儼山外集》本之《玉堂漫筆》分二卷，所存內容爲六十一

〔註101〕《鄭堂讀書記》卷六十五「子部十二之三・小說家類三・雜事下元至　國朝」。同註24，第十四冊，頁376～377。

條，其分卷與臺北國家圖書館「善本書室」所藏「明嘉靖二十四年雲間陸氏家刊」《儼山外集》本，其分卷有所不同。筆者考察後，認爲《鄭堂讀書記》言：「《玉堂漫筆》二卷，《儼山外集》」與「是編乃其官翰林時所作，故以『玉堂』爲名。凡六十一條」，應與臺北國家圖書館「善本書室」所藏「明嘉靖二十四年雲間陸氏家刊」相同。其判斷之條件，可從收錄作品總數得到印證。然從今日上海古籍出版社編《明代筆記小說大觀》「《玉堂漫筆》校點說明」：

> 此次校點以上海圖書館館藏《儼山外集》本爲底本，參校《文淵閣四庫全書》本、《叢書集成初編》文學類《景印元明善本叢書十種・紀錄匯編》本以及其他重要類書所引相關條目，於分段、文字，斟酌比較，擇善而從。〔註102〕

從以上引文，雖言採用《儼山外集》本爲底本，然收錄作品總數卻是六十二則，一則之差，問題何在？乃於卷上中「宋制以翰林學士帶知制誥謂之內制」一則作品。其原文如下：

> 宋制以翰林學士帶知制誥謂之內制，以他職帶知制誥謂之外制。今制惟翰林列銜，散官署於職事之下，未聞所據，獨楊文貞公以爲故事。南京太學碑文學士宋公訥奉敕撰，散官書於職事之上。〔註103〕

《鄭堂讀書記》所言六十一則與筆者所見臺北國家圖書館「善本書室」所藏「明嘉靖二十四年雲間陸氏家刊」《儼山外集》本，該則作品內容係分成以下二則：

> 宋制以翰林學士帶知制誥謂之內制，以他職帶知制誥謂之外制。
> 〔註104〕
> 今制惟翰林列銜，散官署於職事之下，未聞所據，獨楊文貞公以爲故事。南京太學碑文學士宋公訥奉敕撰，散官書於職事之上。〔註105〕

此則差異，筆者認爲乃刻印版式造成誤解，然從上下文閱讀後，合爲一則比較妥當。至於，爲何卷數分法有二卷、三卷之別，應是古人分卷方式不同，亦或是《鄭堂讀書記》刊刻時所產生之誤。究竟《儼山外集》本收錄《玉堂漫筆》原貌與《陳眉公家藏祕笈續函》本、《紀錄彙編》本、《廣百川學海》

〔註102〕上海古籍出版社編：《明代筆記小說大觀》（上海：上海古籍出版社，2005年4月），第一冊，頁593～594。
〔註103〕同上註，頁599。
〔註104〕同註90。
〔註105〕同註90。

本與《說郛續》本，差異程度為何？待下一單元，將進一部分析探究。

　　第二，收錄作品內容文字之差異。《陳眉公家藏祕笈續函》本四十六則作品中，與《儼山外集》本、《紀錄彙編》本、《廣百川學海》本、《說郛續》本之差異情形，可細分四種情況：一為「異字」部分，《陳眉公家藏祕笈續函》本與其餘各版本，共三則相異；二為「闕字」部分，《陳眉公家藏祕笈續函》本與其餘各版本，共二則差異；三為「闕文」部分，《陳眉公家藏祕笈續函》本與其餘各版本，共一則差異；四為「衍字」部分，《陳眉公家藏祕笈續函》本與其餘各版本，共一則差異。統計結果，《陳眉公家藏祕笈續函》本收錄四十七則，共七則內容文字有出入。究竟《陳眉公家藏祕笈續函》本除無完整收錄《玉堂漫筆》作品之外，其內容文字是否同樣亦有缺失？下一單元，將進一步剖析探究。

　　綜合上述，筆者將《陳眉公家藏祕笈續函》本與與《儼山外集》本、《紀錄彙編》本、《廣百川學海》本、《說郛續》本，相互讎校後，發現各版本間，亦有優劣之別。間接顯露明代編輯叢書者校勘用心及鑑別版本學養程度。《陳眉公家藏祕笈續函》本之《玉堂漫筆》雖優於《紀錄彙編》本、《廣百川學海》本、《說郛續》本，然與陸深家刻《儼山外集》本，收錄作品實有相當大之出入；至於，另一部同是「寶顏堂」刊行「明萬曆間繡水沈氏尚白齋刊本」之《陳眉公家藏祕笈續函》〔註106〕本《玉堂漫筆》所收錄作品，仍是四十六則，亦是一部不完整之版本。從收錄作數量完整與否，乃是該部小說最嚴重問題。故《陳眉公家藏祕笈續函》本收四十六則作品，內容雖比其他明代叢書完整，然缺少十五則作品中，不少作品寓意深刻，且具有勸誡涵義。如「王文端公抑庵知制誥幾廿年」，原文如下：

　　　王文端公抑庵知制誥幾廿年，其出也，楊文貞公為之也。初，文端與
　　　文貞同閈里且聯姻，文貞雅重，其人欲留以代己。文貞之子稷惡狀已
　　　盈，中朝士大夫皆知而不敢言，於是慫恿文端言。文貞直諒人也，遂
　　　言於文貞。文貞甚德之，嘆謝以為非君不能聞。文貞不久遂有省墓之
　　　行，實欲制其子也。稷之狡猾，已陰得文端之言而為之備，驛遞中皆

　　　　　　　　　　　　　　　　　　　　　　　　　　　　　　　　

〔註106〕〔明〕陳繼儒輯：《寶顏堂祕笈》，國家圖書館善本書室另藏一部「明萬曆間
　　　繡水沈氏尚白齋刊本」，記載收藏之書為一百九十三卷四十八冊。該版本僅存
　　　「陳眉公訂正祕笈」、「家藏祕笈續函」、「眉公雜著」等三集。該版本，所收
　　　《玉堂漫筆》部分與本論文底本之差異，以下簡述之：1.校訂閱者，改為雲
　　　間仲醇陳繼儒‧檇李緯章王國體；2.內容文字差異處，出入不多，僅四則作
　　　品，以一、二字異字出入為最常見；3.收錄作品數量與編排次序，一模一樣。

先置所親，譽稷之賢。復揚言曰：「人皆忌其功名之盛，故謗稷耳。」
反以是中文端，文貞歷數處皆然。稷復逆於數百里外，氈帽、蠟油靴、
舊青衫，樸訥循理，儼然謹愿人也。家中惟圖書蕭然，爲惡之具悉屏
去。而親戚皆畏稷，交譽之。文貞遂不信文端之言，并以疑其嫉己。
及還朝，遂出之於吏部。初仁廟時官爵最不輕授，陳德遵循以狀元滿
三考，仁廟最愛之，欲升侍講學士。文貞以爲太驟，止與侍講。仁廟
面諭德遵以故，猶以許之，德遵遂銜文貞。未幾仁廟賓天，德遵已失
遭逢之會，遂鬱鬱。移疾還，日夜喉其鄉人告稷惡狀，鄉人皆畏其宰
相之子，不敢發。會建安楊文敏公既卒，鄉人訴其子於朝。中官王振
持其奏言於閣下曰：「楊先生肉未寒而遂受誣若此，何以處之！」初，
文敏與文貞同事，頗不相能。及是，遂曰：「既然，須與別其是非。」
中官曰：「當下撫按耳。」文貞以爲不可使宰相之子而入於撫按之手，
須錦衣官校提來，實欲辱之也。既來，白其辜，坐告人以罪，朝廷與
其子爲尚寶官而去。德遵聞之，遂言於鄉人曰：「汝以爲宰相之子朝
廷務姑息之，文敏故事處之。逮來獄成，議置重典。初，仁廟與三楊
君俱泣曰：「汝必輔朕子孫，朕亦貸汝子孫死。」故三楊子孫皆有敕，
稷之敢於爲惡，亦有所恃也。稷既繫獄，文貞得疾，猶欲援敕以贖稷
死，命次子道檢敕。道密秘之，托以稷先持去，遂弗及救。余聞之丹
徒靳宮諭云。〔註107〕

　　此則作品，若從上下文解讀文意，楊文貞（士奇）被其子稷蒙蔽，從一
位令人雅重之人，成爲一位是非不明之人。尤其描述誤解，原本文貞、王文
端（直）交友甚篤，進而認爲王氏說其子稷乃因見其功名之盛而誨謗之。其
中清楚傳達楊文貞、鄉人之姑息養奸，終讓楊文貞失去清譽、失去摯友與失
去其子等諸多憾事。今查《陳眉公家藏祕笈續函》本、《廣百川學海》本、《說
郛續》本，皆無此則作品，實在可惜。

七、明陸深《願豐堂漫書》考述

（一）作者與內容介紹

1. 作者生平簡述

〔註107〕同註90。

陸深生平，已於「第三章　《陳眉公家藏祕笈續函》中志人小說之版本
暨內容考述」中「三、明陸深《谿山餘話》考述」之「1.作者生平簡述」介紹
完畢，故不再贅述。

2. 《願豐堂漫書》內容介紹

明陸深《願豐堂漫書》，陸深收錄自編《儼山外集》內，係一卷本，共有
七則作品。而《陳眉公家藏祕笈續函》、《廣百川學海》與《說郛續》刊刻該
部小說，皆是一卷、七則；且清高宗敕撰《續文獻通考·經籍考》卷三十九
「子·小說上」記載：

> 陸深《玉堂漫筆》三卷　《金臺紀聞》二卷　《春風堂隨筆》一卷
> 《知命錄》一卷　《谿山餘話》一卷　《願豐堂漫書》一卷。〔註108〕

復據《四庫全書總目》子部五十三·小說家類存目一「《願豐堂漫書》一
卷編修勵守謙家藏本」條下云：

> 明陸深撰。深年譜載所著有《願豐堂稿》，乃正德己巳成於家。今此
> 卷末載正德壬申過蘭谿謁章懋一事，與年譜歲月不符。蓋《願豐堂
> 稿》乃其詩文，此則所著說部也。其書亦雜記故事，僅及七條，疑
> 非完本。〔註109〕

大抵明代叢書收錄該部小說，初步判斷與《儼山外集》本相符。究竟該
部小說是否為陸深未完成之作？而明代叢書刊刻該部小說，是否有優劣之
分？下面單元中將作進一步探討。茲先以陸深自編《儼山外集》本，〔註110〕
作內容簡述。陸深撰寫該部小說內容之特色據《四庫全書總目》子部五十三·
小說家類存目一「《願豐堂漫書》一卷編修勵守謙家藏本」條下云：「雜記故事。」
觀其所錄七則作品，誠多記載談論達官文人軼聞瑣事、略述婦女之事等。以
下分述此二項主題：

（1）談論達官文人雜事，如〈南畿辛酉鄉試〉、〈凡圖畫雷形〉、〈周文襄
公忱巡撫江南日〉、〈楊髡發宋諸陵〉、〈正德壬申秋〉等五則作品。

〔註108〕〔清〕高宗敕撰：《續文獻通考·經籍考》卷三十九「子·小說上」（《國學基
本叢書》。台北：新興書局，1958年，10月），頁4245。

〔註109〕同註80，第四冊，頁2820。

〔註110〕陸深《願豐堂漫書》收錄作品無篇名名稱，故以下內容主題介紹採用《儼山
外集》本首句為篇名，作為該則作品之名稱。
　　〔明〕陸深編：《儼山外集》（台北：國家圖書館「善本書室」所藏「明嘉靖
二十四年雲間陸氏家刊」）。

（2）略述婦女之事，如〈張莊懿公鋻仲子早卒〉、〈婦人手飾以髮爲之者〉等二則作品。

《願豐堂漫書》內容僅七則，且多集中於達官文人軼聞瑣事，是否可供考證閱讀之資，「第三節　《陳眉公家藏祕笈續函》雜俎小說內容綜合論考」再作探討。

（二）與明代其他著名叢書收錄版本比較

明陸深《願豐堂漫書》，據《叢書子目類編》得知傳世僅有一卷本。〔註111〕陸氏收錄於自編《儼山外集》爲一卷本，而明代著名叢書中，如《陳眉公家藏祕笈續函》本、《廣百川學海》本、《說郛續》本，收錄亦皆是一卷本，然收錄作品內容文字稍有差異。該部小說篇幅短小，坊間刊刻皆收錄於叢書中，即今日所見，亦無單行本流傳。且書目記載多附錄於某部叢書或類書之下，據清黃虞稷《千頃堂書目》卷十五「類書類」記載：

> 陳繼儒《寶顏堂祕笈》二十卷，又《續祕笈》五十卷，又《廣祕笈》
>
> 五十卷，又《普祕笈》四十六卷，又《彙祕笈》四十一卷。
>
> 《續集》……《願豐堂漫書》一卷　陸深。〔註112〕

此單元先探討明代叢書各版本之差異，下一單元再分析其他版本之情形。茲先列表將《陳眉公家藏祕笈續函》本與《儼山外集》本、《廣百川學海》本、《說郛續》本等三者相互比較，以清楚呈現其中之差異。

叢書名〔註113〕收錄卷數與作品數目、內容文字差異處〔註114〕	《願豐堂漫書》《陳眉公家藏祕笈續函》本	《願豐堂漫書》《儼山外集》本〔註115〕	《願豐堂漫書》《廣百川學海》本〔註116〕	《願豐堂漫書》《說郛續》本〔註117〕
收錄卷數與作品數目	共分一卷，共收錄七則作品。	共分一卷，共收錄七則作品。	共分一卷，共收錄七則作品。	共分一卷，共收錄七則作品。

〔註111〕同註15，頁995。

〔註112〕同註68，頁417～418。

〔註113〕「叢書名」部分，爲比較方便，《陳眉公家藏祕笈續函》本列爲第一，其他叢書則依照刊刻時間排列。

〔註114〕「收錄卷數與作品數目」與「內容文字差異處」，因《願豐堂漫書》收錄作品無篇名名稱，故首句必會錄出，作爲該則作品之名稱。

〔註115〕同註110。

〔註116〕〔明〕馮可賓編：《廣百川學海》「乙集」（台北：國家圖書館「善本書室」所藏「明末刊本」）。

〔註117〕〔元〕陶宗儀輯・〔明〕陶珽重校：《說郛續》卷第二十（台北：國家圖書館「善本書室」所藏「清順治丁亥兩浙督學李際期刊本」）。

內容文字差異處〔註118〕	異字：「周文襄公忱巡撫江南日，……時振新作居第，今之京衛武學是已，公**預**令人度其齋閣，使松江作剪靫毯遺之。」	異字：「周文襄公忱巡撫江南日，……時振新作居第，今之京衛武學是已，公**預**令人度其齋閣，使松江作剪靫毯遺之。」	異字：「周文襄公忱巡撫江南日，……時振新作居第，今之京衛武學是已，公**乃**令人度其齋閣，使松江作剪靫毯遺之。」	異字：「周文襄公忱巡撫江南日，……時振新作居第，今之京衛武學是已，公**乃**令人度其齋閣，使松江作剪靫毯遺之。」
	異文：「正德壬申秋，……其子從作，屬聲曰：『秀才恁地懶惰，只**如此**何到伊川門，又如何到孟子門下。』」	異文：「正德壬申秋，……其子從作，屬聲曰：『秀才恁地懶惰，只**此如**何到伊川門，又如何到孟子門下。』」	異文：「正德壬申秋，……其子從作，屬聲曰：『秀才恁地懶惰，只**如此**何到伊川門，又如何到孟子門下。』」	異文：「正德壬申秋，……其子從作，屬聲曰：『秀才恁地懶惰，只**如此**何到伊川門，又如何到孟子門下。』」

由上表可窺知其差異性。筆者針對其差異處再分項說明之。

第一，收錄篇目數量之問題。皆是一卷本，據清周中孚《鄭堂讀書記》卷六十五「子部十二之三・小說家類三・雜事下元至　國朝」記載「《願豐堂漫書》一卷，《儼山外集》本」條下云：

> 明陸深撰。《四庫全書》存目，凡七條，皆雜記所聞見瑣事。惟「楊髡發宋諸陵」一條爲論古事，大多與《春風堂隨筆》相類，乃其未成之書也。〔註119〕

周氏所言，明確指出《四庫全書》本謂該部小說僅存七則，乃未成書之結果。明代叢書《陳眉公家藏祕笈續函》、《廣百川學海》本、《說郛續》本，皆是依據《儼山外集》本所刻之一卷、七則作品。究竟此七則作品，能否成爲一書？是否值得閱讀？下一單元將進一步分析探究。

第二，收錄作品內容文字之差異。《陳眉公家藏祕笈續函》本七則作品中，與《儼山外集》本、《廣百川學海》本、《說郛續》本之差異情形，可細分二種情況：一爲「異字」部分，《陳眉公家藏祕笈續函》本與其餘各版本，僅有一則相異；二爲「異聞」部分，《陳眉公家藏祕笈續函》本與其餘各版

〔註118〕「內容文字差異處」，有五項說明：第一，凡異體字如「于」與「於」或形近「已」「巳」刊刻未注意之字等，皆不列入討論；第二，該部小說收錄七則作品無標題名稱，故以《儼山外集》本首句爲該則作品名稱；第三，本表所謂異字、異文等情形，上述「2.《願豐堂漫書》「內容介紹」已言《儼山外集》本收錄較爲完整，故校勘後此表中反映與《陳眉公家藏祕笈續函》本、《廣百川學海》本、《說郛續》本等三種差異；第四，引用作品，僅截錄差異文句。

〔註119〕《鄭堂讀書記》卷六十五「子部十二之三・小說家類三・雜事下元至　國朝」。同註24，第十四冊，頁379。

本，僅有一則差異。從此差異二則作品分析，「異字」一則《陳眉公家藏祕笈續函》本與《儼山外集》本相同；「異文」一則應是《儼山外集》本刊刻時顛倒其文所誤。

綜合上述，筆者將《陳眉公家藏祕笈續函》本與《儼山外集》本、《廣百川學海》本、《說郛續》本，相互讎校後，發現各版本間，出入不多，卻能檢視明代編輯叢書者校勘用心及鑑別版本學養程度。《陳眉公家藏祕笈續函》本之《願豐堂漫書》之內容文字比《廣百川學海》本、《說郛續》本，更接近陸深家刻《儼山外集》本，舉「異字」差異一則作分析：

〈周文襄公忱巡撫江南日〉：

周文襄公忱巡撫江南日，巨璫王振當郭，慮其異己也。時振新作居第，今之京衛武學是已。公預令人度其齋閣，使松江作剪絨毯遺之，覆地不失尺寸。振極喜，以爲有才。公在江南凡上利便事，振悉從中贊之；宋秦檜格天閣成，鄭仲爲蜀宣撫，遺錦地衣一鋪。檜命鋪閣上，廣袤無尺寸差。檜默然不樂，鄭竟得罪。二事極相類，一以見疑，一以見厚，豈其心術之微有不同耶。〔註120〕

上文橫文處，《廣百川學海》本、《說郛續》本作「乃」，其義爲「乃是」；《陳眉公家藏祕笈續函》本與《儼山外集》本作「預」，其義爲「事先」。觀其上下文，應作「預」字較能呈現王振爲官之高傲。至於，另一部同是「寶顏堂」刊行「明萬曆間繡水沈氏尚白齋刊本」之《陳眉公家藏祕笈續函》〔註121〕本《願豐堂漫書》所收錄作品，仍是七則。從作品數量判斷，雖叢書收錄作品皆爲篇幅短小，然考查《陳眉公家藏祕笈續函》本收錄其他四部陸深小說作品《谿山餘話》至少亦有十九則，該部小說僅有七則，是否值得收錄！應可間接反映明代叢書家選書能力。

〔註120〕同註110，頁3。

〔註121〕〔明〕陳繼儒輯：《寶顏堂祕笈》，國家圖書館善本書室另藏一部「明萬曆間繡水沈氏尚白齋刊本」，記載收藏之書爲一百九十三卷四十八冊。該版本僅存「陳眉公訂正祕笈」、「家藏祕笈續函」、「眉公雜著」等三集。該版本，所收《願豐堂漫書》部分與本論文底本之差異，以下簡述之：1. 校訂閱者，改爲雲間仲醇陳繼儒‧檇李緯章王體國；2. 內容文字差異處，出入不多，僅四則作品，以一、二字異字出入爲最常見；3. 收錄作品數量與編排次序，一模一樣。

第二節 《陳眉公家藏祕笈續函》雜俎小說文獻學問題綜合論考

此單元論述考證，以「文獻學」層面爲主。欲得知《陳眉公家藏祕笈續函》收錄雜俎小說版本之優劣價值，除上單元「（二）與同是「寶顏堂」刊刻之版本相互讎校」或「（二）與明代其他著名叢書收錄版本比較」外，此單元將進一步考查該部小說清代流傳之版本或今日校勘之善本，分析其中差異之後，方能允當論斷《陳眉公家藏祕笈續函》刊刻版本爲精善或粗劣。

一、內容卷數問題

（一）保留原書卷數

《陳眉公家藏祕笈續函》七部雜俎小說收錄作品，與上單元「（二）與同是「寶顏堂」刊刻之版本相互讎校」或「（二）與明代其他著名叢書收錄版本比較」比較後，「保留原書卷數」者有《尚書故實》、《談苑》、《賢奕編》、《知命錄》、《願豐堂漫書》等五部作品，茲分別論述如下：

1. 唐李綽《尚書故實》

《陳眉公家藏祕笈續函》所刻爲一卷本，據前文「（二）與明代其他著名叢書收錄版本比較」，知內容卷數一樣。然細數收錄作品數量，《陳眉公家藏祕笈續函》本與明末刊本重編《百川學海》、明末葉坊刊本重編《百川學海》、《五朝小說》本、《重編說郛》本，仍有二則出入。究竟唐李綽《尚書故實》原書作品眞象爲何？筆者再以清代《畿輔叢書》本與《陳眉公家藏祕笈續函》本所刻一卷本再作比較；茲先列表如下：

版本名稱 分卷情況收錄作品數量差異、內容文字差異情形	《尚書故實》 《陳眉公家藏祕笈續函》本	《尚書故實》 《畿輔叢書》本 〔註122〕
分卷情況	共一卷	共一卷
收錄作品數量差異	收錄作品總數：八十則作品。	**收錄作品總數：七十八則作品。** **闕少篇目名稱：**「又說漢武帝時」與「盧元公鈞奉道」二則作品。

〔註122〕〔清〕王灝編：《畿輔叢書》（台北：國家圖書館「善本書室」所藏「清光緒五年定州王士謙德堂刊本」）。

內容文字差異情形〔註123〕	異字部分：與《畿輔叢書》本差異，十二則作品。
	異文部分：與《畿輔叢書》本差異，四則作品。
	闕字部分：與《畿輔叢書》本差異，四則作品。
	闕文部分：與《畿輔叢書》本差異，七則作品。
	衍文部分：與《畿輔叢書》本差異，五則作品。

　　從上表清楚可知，《陳眉公家藏祕笈續函》本與清代《畿輔叢書》本，內容卷數皆是「一卷本」。雖無法得知宋代私家藏書目錄，如晁公武《郡齋讀書志》、陳振孫《直齋書錄解題》與尤袤《遂初堂書目》等所記載一卷本內容情形，但從五套明代叢書存錄狀況佐證，可證該部小說應屬一卷篇幅短小之作。

　　至於該部小說實際收錄作品，《陳眉公家藏祕笈續函》本與清代《畿輔叢書》本，能知有二種情形：一為八十則，另一為七十八則。筆者再從明叢書明末刊本重編《百川學海》、明末葉坊刊本重編《百川學海》、《五朝小說》本、《重編說郛》本所短闕二篇作品與「闕文」部分，進一步與清代《畿輔叢書》本核對。核對後有二項結論：

　　第一種結論，《陳眉公家藏祕笈續函》本與明末刊本重編《百川學海》，皆為八十則，且作品內容較相近。如「盧元公好道」：

　　　　盧元公好道，重方士，有王谷者得黃白術，變瓦礫泥土立成黃金。
　　　　賓護時在相國大梁幕中，皆目睹之。谷一日死於淮陰，賓護見范陽
　　　　公敍言，公曰：『王十五兄不死。』後果有人於湘潭間見之，已變姓
　　　　名矣。賓護既徙知廣陵，常亦話於崔魏公。公因說他日有王修能變
　　　　竹葉為黃金，某所目擊也。

　　該則作品《陳眉公家藏祕笈續函》本與明末刊本重編《百川學海》原文共一百十一字，而明末葉坊刊本重編《百川學海》、《五朝小說》本、《重編說郛》本與清代《畿輔叢書》本皆僅存：「盧元公好道，重方士，有王谷者得黃白術，變瓦礫泥土立成黃金。」等二十五字；可謂十分簡陋。進一步，檢視《陳眉公家藏祕笈續函》本與明末刊本重編《百川學海》七則「闕文」部分，明末刊本重編《百川學海》有「天冊府弧矢尺度」、「宣平太傅相國盧公」、「陶

〔註123〕「內容文字差異情形」部分，有二項說明：第一，凡異體字如「于」與「於」
　　　　或形近「已」「巳」刊刻未注意之字等，皆不列入討論；第二，此欄位差異處
　　　　異字、異文、闕字、闕文、衍字等五情形，則是校勘後反映《陳眉公家藏祕
　　　　笈續函》「明萬曆間繡水沈氏尚白齋刊本」內容文字與清代《畿輔叢書》差異
　　　　之情形。

貞白所著《太清經》」、「又說洛中頃年有僧得數粒所謂舍利者」等四則作品內容仍有不完整，故《陳眉公家藏祕笈續函》本略勝一籌。

第二種結論，明末葉坊刊本重編《百川學海》、《五朝小說》本、《重編說郛》本與清代《畿輔叢書》本，皆爲七十八則，且作品內容較相近。若干作品有並排小字有輔助內容情節之文字，此四版本刪節完全相同。如「《清夜遊西園圖》」：

> 《清夜遊西園圖》，顧長康畫，有梁朝諸王跋尾處云，圖上若干人，
> 並實天廚。_{語出諸子書，檢尋未得。}

明末葉坊刊本重編《百川學海》、《五朝小說》本、《重編說郛》本與清代《畿輔叢書》本等四家版本，一律無刊刻「語出諸子書，檢尋未得。」九字，而反觀《陳眉公家藏祕笈續函》本與明末刊本重編《百川學海》則有此段與考證出處有關之文字。

此外，前一節提及周中孚《鄭堂讀書記》所言《重編說郛》本之《尚書故實》內容七十九則之說法，今佐以前述各家版本異文異字、闕文闕字相同情況，周氏所記應爲有誤矣。

至於，《陳眉公家藏祕笈續函》本內容是否完整？從《太平廣記》存錄四十四條〔註124〕作品，比對得知卷第一百六十五‧廉儉（含嗇附）「天寶中，有書生旅次宋州。」與卷第二百八‧書三「唐太宗貞觀十四年」爲《陳眉公家藏祕笈續函》本所無。復據《紺珠集》存入該部小說作品七則，亦有一則「牛矚詩」爲《陳眉公家藏祕笈續函》本所闕，故至少該部小說原有內容見於《陳眉公家藏祕笈續函》本已短闕三則。唯從明、清二代叢書收錄該部小說內容

〔註124〕《尚書故實》存錄於《太平廣記》共四十四條，其考證方式乃根據中華書局出版《太平廣記》之「引書索引」而來，故《太平廣記》應存錄四十四條《尚書故實》作品。然依照中華書局出版《太平廣記》之「引書索引」查得《尚書譚錄》、《尚書故實》與《尚書故事》，僅有四十三條作品：《尚書譚錄》名下，有李勉、雜編、郭承嘏等三條；《尚書故實》名下，有韋卿材、張景藏、李約、柳芳、溫庭筠、黃生、歷五院、東方朔、楊敬之、顧況、李師誨、楊秀、李勉、汲冢書、荀與、蕭子雲、僧智永、唐太宗、鄭廣文、王廙、潞州盧、桓玄、蘭亭真跡、八體、曹不興、顧愷之、顧況、雜編、陶貞白、元載、杜牧、章仇兼瓊、張文規、碧蓮花、虎頭骨、縈龍者、戲場蝟、李抱貞、陸暢等三十九條；《尚書故事》名下，有士子吞舍利等一條。筆者，在翻查檢閱時，發現「引書索引」漏註卷第四〇九‧草木四「敘牡丹」一條作品。
同註256，「引書索引」，頁123。

而言，《陳眉公家藏祕笈續函》本雖非完帙，仍可稱爲最完整者；周中孚《鄭堂讀書記》不以《陳眉公家藏祕笈續函》本爲著錄對象，疑與陳繼儒《寶顏堂祕笈》不受美評有關，吾人不宜隨之簡單判定優劣。

2. 宋孔平仲《談苑》

《陳眉公家藏祕笈續函》所刻爲四卷本，據前文「（二）與同是「寶顏堂」刊刻之版本相互讎校」，知內容卷數實相差不大。然《郡齋讀書志》書目與《藝海珠塵》本，皆言「《孔氏談苑》五卷」，究竟宋孔平仲《談苑》原書卷數眞象爲何？筆者以清代吳省蘭輯《藝海珠塵》五卷本，與《陳眉公家藏祕笈續函》所刻四卷本再作比較，茲先列表如下：

版本名稱 分卷情況、 收錄作品數量 差異、作品編排方式	《談苑》 《陳眉公家藏祕笈續函》本		《孔氏談苑》 《藝海珠塵》本 〔註125〕	
分卷情況	卷一	共四十八則作品	卷一	共四十六則作品
	卷二	共五十四則作品	卷二	共四十一則作品
	卷三	共六十九則作品	卷三	共五十五則作品
	卷四	共七十九則作品	卷四	共五十則作品
			卷五	共五十五則作品
收錄作品數量差異	**收錄作品總數**：二百五十則作品。 **多出篇目名稱**：三篇，爲「卷四」最後三則內容。		**收錄作品總數**：二百四十七則作品。 **闕少篇目名稱**：三篇，爲「卷五」最後三則，是〈作詩貴圓熟〉、〈鳩車竹馬之戲〉、〈壺郎金柝之稱〉。〔註126〕	
作品編排方式	**篇名名稱**：無，僅一則一則呈現。 **每卷收錄作品總數**：多少不一，但內容作品總數與《藝海珠塵》本相差僅三則而已。		**篇名名稱**：有，每一則皆有篇名名稱。 **每卷收錄作品總數**：多少不一，但內容作品總數與《寶顏堂秘笈》本相差僅三則而已。	

〔註125〕〔清〕吳省蘭輯：《藝海珠塵》（台北：國家圖書館「善本書室」所藏「清嘉慶間（1796～1820）南匯吳氏聽□堂刊本」）。
〔註126〕〈作詩貴圓熟〉、〈鳩車竹馬之戲〉、〈壺郎金柝之稱〉此三則篇目名稱，是根據新文豐出版《叢書集成新編》之《藝海珠塵》本而得知。

內容文字差異情形〔註127〕	卷一	闕文（包括闕字）：三則作品。 異文（包括異字）：二十二則作品。 脫文（包括脫字）：六則作品。 衍文（包括衍字）：五則作品。
	卷二	闕文（包括闕字）：一則作品。 異文（包括異字）：三十二則作品。 脫文（包括脫字）：七則作品。 衍文（包括衍字）：五則作品。
	卷三	闕文（包括闕字）：一則作品。 異文（包括異字）：三十二則作品。 脫文（包括脫字）：九則作品。 衍文（包括衍字）：十則作品。
	卷四	闕文（包括闕字）：二則作品。 異文（包括異字）：四十則作品。 脫文（包括脫字）：七則作品。 衍文（包括衍字）：十八則作品。

　　從上表清楚可知《陳眉公家藏祕笈續函》本刊刻該部小說卷數，雖無法直接證明是否爲《郡齋讀書志》所言「五卷本」，但以《藝海珠塵》本相互校讎後，兩者收錄作品數量相差不大，且陳眉公家藏反多出三則作品，故能佐證《陳眉公家藏祕笈續函》本刊刻該部小說存留卷數，應是明代較完整者。復據《中國古籍善本書目》有二條記載：「目十八子部雜家類　談苑五卷　題宋孔平仲撰　明穴硯齋抄本」、「目十八　談苑五卷　題宋孔平仲撰　明抄本　清黃廷鑑跋」〔註128〕可知存世者另有「明穴硯齋抄本」〔註129〕、「明抄本」〔註130〕二版本，皆言五卷本，唯藏於北京圖書館，惜臺灣未有收藏，故無法詳考。

〔註127〕「內容文字差異情形」部分，因二版本分卷方式不同，且《藝海珠塵》本校勘較完善，故此欄位差異處僅是反映《陳眉公家藏祕笈續函》「明萬歷間繡水沈氏尚白齋刊本」內容文字異於《藝海珠塵》本之情形。

〔註128〕中國古籍善本書目編輯委員會編：《中國古籍善本書目》（上海：上海古籍出版社出版，1996 年 12 月），頁 527。

〔註129〕《談苑》「明穴硯齋抄本」：據傅增湘《藏園訂補邵亭知見傳本書目》卷十上「子部十上・雜家類上・雜説」記載：「《談苑》五卷宋孔平仲撰。○明穴硯齋寫本，十二行二十字。翁斌孫藏。」
同註 16，第二冊，頁 77。

〔註130〕《談苑》「明抄本」黃廷鑑跋：查證黃氏《第六鉉溪文鈔》中收錄對他書之書跋，並無該書籍之記載。另從黃氏曾受聘張金吾、陳揆二家校讀，筆者亦考查張、陳二位藏書家之書目《愛日精廬書志》與《稽瑞書目》，亦無《談苑》記載，故此一版本內容眞象待考。臺灣目前能見最早之版本，亦是明萬曆間繡水沈氏尚白齋刊本《寶顏堂祕笈》本。

　　至於為何分卷不同及作品篇名問題等，筆者認為宋孔平仲《談苑》刊刻時，每則作品應無篇名名稱或標題。因全書作品達二百五十則之多，後人為讀者閱讀方便而冠以各則名稱，由是遂有《藝海珠塵》本此種版式刊行於世。

3. 明劉元卿《賢奕編》

　　《陳眉公家藏祕笈續函》所刻為四卷本，據前文「（二）與同是「明萬曆間繡水沈氏尚白齋刊本」《寶顏堂祕笈》作比較」，知兩刊本內容文字實相差不大。唯今日所見該部小說，僅見《寶顏堂祕笈》本，究竟今日根據此底本之明劉元卿《賢奕編》原貌為何？筆者且以民國十一年三月上海文明書局及臺北新文豐《叢書集成新編》四卷本，與《陳眉公家藏祕笈續函》所刻四卷本再作比較，茲先列表如下：

版本名稱 敘與跋編排位置、分卷與分類收錄情形、校訂閱者、內容文字差異情形	《賢奕編》 《陳眉公家藏祕笈續函》本		《賢奕編》 民國十一年三月上海文明書局《寶顏堂秘笈》本〔註131〕		《賢奕編》 臺北新文豐《叢書集成新編》本〔註132〕
敘與跋編排位置	〈賢奕編敘〉：放置該部小說目錄前。 〈賢奕跋〉：放置該部小說內容第四卷結束後。		〈賢奕編敘〉：放置該部小說目錄前。 〈賢奕跋〉：放置該部小說內容第四卷結束後。		〈賢奕編序〉：放置該部小說目錄前。 〈賢奕後跋〉：放置該部小說內容第四卷結束後。
分卷與分類收錄情形	第一卷	「懷古第一」、「廉淡第二」、「德器第三」、「方正第四」、「證學第五」等五類，收錄一百則作品。	第一卷	「懷古第一」、「廉淡第二」、「德器第三」、「方正第四」、「證學第五」等五類，收錄一百則作品。	第一卷　「懷古第一」、「廉淡第二」、「德器第三」、「方正第四」、「證學第五」等五類，收錄一百則作品。
	第二卷	「敘倫第六」、「家閑第七」、「官政第八」、「廣仁第九」、「幹局第十」、「達命第十一」等六類，收錄一百〇九則作品。	第二卷	「敘倫第六」、「家閑第七」、「官政第八」、「廣仁第九」、「幹局第十」、「達命第十一」等六類，收錄一百〇九則作品。	第二卷　「敘倫第六」、「家閑第七」、「官政第八」、「廣仁第九」、「幹局第十」、「達命第十一」等六類，收錄一百〇九則作品。
	第三卷	「仙釋第十二」、「觀物第十三」、「警喻第十四」、「應諧第十五」等四類，收錄一百一十四則作品。	第三卷	「仙釋第十二」、「觀物第十三」、「警喻第十四」、「應諧第十五」等四類，收錄一百一十四則作品。	第三卷　「仙釋第十二」、「觀物第十三」、「警喻第十四」、「應諧第十五」等四類，收錄一百一十四則作品。

〔註131〕上海文明書局：《寶顏堂祕笈》（台北：國家圖書館「善本書室」所藏「民國十一年三月上海文明書局石印本《寶顏堂祕笈》」）。該版本係普通線裝書。

〔註132〕臺北新文豐：《叢書集成新編》（台北：東吳大學圖書館所藏「《賢奕編》根據《寶顏堂祕祕笈》本印行」）。

	第四卷	「志怪第十六」等一類，收錄九則作品。	第四卷	「志怪第十六」等一類，收錄九則作品。	第四卷	「志怪第十六」等一類，收錄九則作品。
	附錄	分「閒鈔上」、「閒鈔下」二部分，共收錄一百○九則作品。	附錄	分「閒鈔上」、「閒鈔下」二部分，共收錄一百○九則作品。	附錄	分「閒鈔上」、「閒鈔下」二部分，共收錄一百○九則作品。
校訂閱者	第一卷	華亭陳繼儒仲醇 長水高承埏寓公	第一卷	華亭陳繼儒仲醇 長水高承埏寓公	第一卷	無
	第二卷	華亭陳繼儒仲醇 長水高承埏寓公	第二卷	華亭陳繼儒仲醇 長水高承埏寓公	第二卷	無
	第三卷	華亭陳繼儒仲醇 長水高承埏寓公	第三卷	華亭陳繼儒仲醇 長水高承埏寓公	第三卷	無
	第四卷	華亭陳繼儒仲醇 長水高承埏寓公	第四卷	華亭陳繼儒仲醇 長水高承埏寓公	第四卷	無

內容文字差異情形〔註133〕	第一卷	異字部分： 「懷古第一」 　與上海文明書局本差異，四則作品；與臺北新文豐差異，二則作品。 「廉淡第二」 　與上海文明書局本差異，一則作品；與臺北新文豐差異，無。 「德器第三」 　與上海文明書局本差異，三則作品；與臺北新文豐差異，三則作品。 「方正第四」 　與上海文明書局本差異，一則作品；與臺北新文豐差異，無。 「證學第五」 　與上海文明書局本差異，二則作品；與臺北新文豐差異，一則作品。 異文部分： 「懷古第一」 　與上海文明書局本差異，一則作品；與臺北新文豐差異，無。 闕字部分： 「懷古第一」 　與上海文明書局本差異，一則作品；與臺北新文豐差異，無。
	第二卷	異字部分： 「敘倫第六」 　與上海文明書局本差異，五則作品；與臺北新文豐差異，五則作品。 「家閑第七」 　與上海文明書局本差異，二則作品；與臺北新文豐差異，一則作品。 「官政第八」 　與上海文明書局本差異，四則作品；與臺北新文豐差異，四則作品。 「廣仁第九」 　與上海文明書局本差異，二則作品；與臺北新文豐差異，二則作品。

〔註133〕「內容文字差異情形」部分，有二項說明：第一，凡異體字如「于」與「於」或形近「已」「巳」刊刻未注意之字等，皆不列入討論；第二，此欄位差異處異字、異文、闕字等三情形，則是校勘後反映《陳眉公家藏祕笈續函》「明萬曆間繡水沈氏尚白齋刊本」內容文字與民國上海文明書局《寶顏堂祕笈》本與臺北新文豐《叢書集成新編》之《賢奕編》差異情形。

		「幹局第十」 　　與上海文明書局本差異，三則作品；與臺北新文豐差異，一則作品。 「達命第十一」 　　與上海文明書局本差異，一則作品；與臺北新文豐差異，一則作品。 **異文部分：** 「官政第八」 　　與上海文明書局本差異，一則作品；與臺北新文豐差異，一則作品。 **闕字部分：** 「懷古第一」 　　與上海文明書局本差異，一則作品；與臺北新文豐差異，一則作品。 「官政第八」 　　與上海文明書局本差異，一則作品；與臺北新文豐差異，一則作品。 「廣仁第九」 　　與上海文明書局本差異，一則作品；與臺北新文豐差異，一則作品。
	第三卷	**異字部分：** 「仙釋第十二」 　　與上海文明書局本差異，四則作品；與臺北新文豐差異，二則作品。 「觀物第十三」 　　與上海文明書局本差異，四則作品；與臺北新文豐差異，三則作品。 「警喻第十四」 　　與上海文明書局本差異，五則作品；與臺北新文豐差異，五則作品。 「應諧第十五」 　　與上海文明書局本差異，五則作品；與臺北新文豐差異，四則作品。 **異文部分：** 「仙釋第十二」 　　與上海文明書局本差異，一則作品；與臺北新文豐差異，一則作品。 「警喻第十四」 　　與上海文明書局本差異，一則作品；與臺北新文豐差異，一則作品。 **闕字部分：** 「仙釋第十二」 　　與上海文明書局本差異，一則作品；與臺北新文豐差異，一則作品。
	第四卷	**異字部分：** 「志怪第十六」 　　與上海文明書局本差異，二則作品；與臺北新文豐差異，二則作品。 「閒鈔上」 　　與上海文明書局本差異，六則作品；與臺北新文豐差異，六則作品。 「閒鈔下」 　　與上海文明書局本差異，三則作品；與臺北新文豐差異，三則作品。

　　從上表清楚可知，《陳眉公家藏祕笈續函》與二套根據《寶顏堂祕笈》為底本之民國上海文明書局與臺北新文豐《叢書集成新編》本，內容卷數同是「四卷本」。筆者雖無法得知清黃虞稷《千頃堂書目》所記載四卷本內容情形，但從上述二版本存錄狀況佐證，可證該部小說原貌應屬四卷之作品。

　　至於，二套以《寶顏堂祕笈》為底本之民國上海文明書局本與臺北新文豐《叢書集成新編》本，根據前文「（二）與同是「明萬曆間繡水沈氏尚白齋刊本」《寶顏堂祕笈》作比較」，究竟依何部版本為內容？進一步與民國上海文明書局與臺北新文豐《叢書集成新編》本核對；商務《叢書集成初編》本與新文豐《叢書集成新編》本收錄之《賢弈編》內容相同，故僅以比較新文豐《叢書集成新編》本。核對後有二項結論：

　　第一，版式與《陳眉公家藏祕笈續函》本不同。民國上海文明書局本與商務《叢書集成初編》本、臺北新文豐《叢書集成新編》本，雖皆根據《陳眉公家藏祕笈續函》本作為底本，然前者以石印方式刊行，且刊行之版式亦由單欄改成雙欄、一頁八行十八字改成十八行三十六字，非依照原書原貌印行；至於，臺北新文豐《叢書集成新編》本則完全改成鉛字排版，與《陳眉公家藏祕笈續函》本原貌版式差異甚多。

　　第二，刊刻內容與《陳眉公家藏祕笈續函》本亦有若干出入。首先，每卷署名校者姓名，可判斷民國上海文明書局本應是根據《陳眉公家藏祕笈續函》本；至於，臺北新文豐《叢書集成新編》本每卷校者姓名已省略，故僅能從前面目錄得知刊刻根據之底本。其次，內容文字差異情形。民國上海文明書局本與臺北新文豐《叢書集成新編》本，二者雖皆根據《陳眉公家藏祕笈續函》本作為底本，然內容文字仍與《陳眉公家藏祕笈續函》本有若干出入。「異字」部分，《陳眉公家藏祕笈續函》本三百三十二則中，民國上海文明書局本有五十七則作品出現差異，而臺北新文豐《叢書集成新編》本則有四十五則不同；「異文」部分，《陳眉公家藏祕笈續函》本三百三十二則中，民國上海文明書局本有四則作品出現差異，而臺北新文豐《叢書集成新編》本則有三則不同；「闕字」部分，《陳眉公家藏祕笈續函》本三百三十二則中，民國上海文明書局本有五則作品出現差異，而臺北新文豐《叢書集成新編》本則有四則不同。以下舉「異字」部分一二則作品，以觀其異同。如第三卷「觀物第十三」〈乳狗復仇〉：

　　　　龜生村民趙五家，犬生子方兩月。後隨母行，忽為虎噬。五呼鄰里數
　　　　壯夫持矛逐之，虎捷馳不可及。稚犬奔啣虎尾，虎帶之以走。稚犬為
　　　　棘刺掛胃，皮毛殆盡，終不肯脫。虎由此繫累稍遲，追及斃刃下。

　　《陳眉公家藏祕笈續函》本與臺北新文豐《叢書集成新編》本皆言：「五呼鄰里數壯夫持矛逐之，虎捷馳不可及。」而民國上海文明書局本則將「逐」

改成「遂」字。另第三卷「應諧第十四」〈夸父名貓〉：

> 齊奄家畜一貓，自奇之，號于人曰虎貓。客說之曰，虎誠猛，不如
> 龍之神也，請更名曰龍貓。……又客說之曰：雲靄蔽天，風倏散之，
> 雲<u>故</u>不敵風也，請更名曰風。

《陳眉公家藏祕笈續函》本內容：「又客說之曰，雲靄蔽天，風倏散之，雲<u>故</u>不敵風也，請更名曰風。」而民國上海文明書局本與臺北新文豐《叢書集成新編》本則將「故」改成「固」字。再以明江盈科《雪濤諧史》收錄《應諧錄》佐證，則亦刊刻爲「故」字。筆者認爲，「故」與「固」二字皆能言之成義，惟若依照原書刊刻，較能保留原書內容。

大抵，民國上海文明書局本與臺北新文豐《叢書集成新編》本所刊刻之《賢奕編》無論於版式、內容文字，皆已非《陳眉公家藏祕笈續函》本之原貌。尤以內容文字部分，能將形近或異體字作修正，當有助讀者閱讀。至於更動文字部分，應是參考另藏一部「明萬曆間繡水沈氏尙白齋刊本」，記載收藏之書爲一百九十三卷四十八冊之《陳眉公家藏祕笈續函》本，其內容情節較符合文意，惜未作能校勘記。

4. 明陸深《知命錄》

《陳眉公家藏祕笈續函》所刻爲一卷本，據前文「（二）與明代其他著名叢書收錄版本比較」，知內容文字實相差不大。究竟明陸深《知命錄》原書卷數眞象爲何？筆者以民國叢書嚴一萍輯《百部叢書集成》本、新文豐《叢書集成新編》本皆是一卷本，與《陳眉公家藏祕笈續函》所刻一卷本再作比較，茲先列表如下：

版本名稱 分卷情況、收錄作品數量差異、作品編排方式	《知命錄》《陳眉公家藏祕笈續函》本	《知命錄》《百部叢書集成》本〔註 134〕	《知命錄》《叢書集成新編》本〔註 135〕
分卷情況	共一卷	共一卷，後附《四庫全書總目》之《知命錄》「提要」一則。	共一卷，後附《四庫全書總目》之《知命錄》「提要」一則。
收錄作品數量差異	收錄作品總數，共二十則作品。	收錄作品總數，共二十則作品。	收錄作品總數，共二十則作品。
內容文字差異情形	無	無	無

〔註 134〕〔明〕陸深：《知命錄》（嚴一萍輯：《百部叢書集成》，台北：藝文印書館）。
〔註 135〕〔明〕陸深：《知命錄》（《叢書集成新編》，台北：新文豐出版公司印行）。

從上表清楚可知，《陳眉公家藏祕笈續函》與二套根據《寶顏堂祕笈》為底本之臺北藝文印書館《百部叢書集成》本與新文豐《叢書集成新編》本，內容卷數同是「一卷本」。復據《鄭堂讀書記》卷六十五「子部十二之三・小說家類三・雜事下　元至　國朝」記載「《知命錄》一卷，《儼山外集》本」條下云：

> 明陸深撰。　《四庫全書》存目。乃其於嘉靖乙未赴四川布政使任時，塗次所作，凡二十條。多記秦蜀山川名勝，間及雜說。大抵與前人遊記類頗殊，故入之小說。〔註136〕

可證該部小說原貌應屬一卷之作品，且內容僅有二十則。至於，二套以《寶顏堂祕笈》為底本之臺北藝文印書館《百部叢書集成》本與臺北新文豐《叢書集成新編》本，根據前文「（二）明代其他著名叢書收錄版本比較」，可推之《百部叢書集成》本根據本論文使用之《陳眉公家藏祕笈續函》為底本，而後自行增附《四庫全書總目》之《知命錄》「提要」一則。至於，臺北新文豐《叢書集成新編》本則依據臺北藝文印書館《百部叢書集成》本縮小影印而成。

5. 明陸深《願豐堂漫書》

　　《陳眉公家藏祕笈續函》所刻為一卷本，據前文「（二）與明代其他著名叢書收錄版本比較」，知內容文字實相差不大。究竟明陸深《願豐堂漫書》是否原書僅一卷、七則作品？筆者以民國叢書嚴一萍輯《百部叢書集成》本、新文豐《叢書集成新編》本皆是一卷本，與《陳眉公家藏祕笈續函》所刻一卷本再作比較，茲先列表如下：

版本名稱 分卷情況、收錄作品數量差異、作品編排方式	《願豐堂漫書》 《陳眉公家藏祕笈續函》本	《願豐堂漫書》 《百部叢書集成》本〔註137〕	《願豐堂漫書》 《叢書集成新編》本〔註138〕
分卷情況	共一卷。	共一卷，後附《四庫全書總目》之《願豐堂漫書》「提要」一則。	共一卷。
收錄作品數量差異	收錄作品總數，共七則作品。	收錄作品總數，共七則作品。	收錄作品總數，共七則作品。
內容文字差異情形	無	無	無

〔註136〕《鄭堂讀書記》卷六十五「子部十二之三・小說家類三・雜事下　元至　國朝」。同註23，第十四冊，頁378。

〔註137〕〔明〕陸深：《願豐堂漫書》（嚴一萍輯：《百部叢書集成》，台北：藝文印書館）。

〔註138〕〔明〕陸深：《願豐堂漫書》（《叢書集成新編》，台北：新文豐出版公司印行）。

　　從上表清楚可知，《陳眉公家藏祕笈續函》本與二套根據《寶顏堂祕笈》
為底本之臺北藝文印書館《百部叢書集成》本與新文豐《叢書集成新編》本，
內容卷數同是「一卷本」。查考《四庫全書總目》子部五十三・小說家類存目
一「《願豐堂漫書》一卷編修勵守謙家藏本」條下云：

　　　　明陸深撰。……蓋《願豐堂稿》乃其詩文，此則所著說部也，其書
　　　　亦雜記故事，僅及七條，疑非完本。〔註139〕

　　從上表清楚可知，《陳眉公家藏祕笈續函》本與二套根據《寶顏堂祕笈》
為底本之臺北藝文印書館《百部叢書集成》本與新文豐《叢書集成新編》本，
內容卷數同是「一卷本」。查考《四庫全書總目》子部五十三・小說家類存目
一「《願豐堂漫書》一卷編修勵守謙家藏本」條下云：

　　　　明陸深撰。……蓋《願豐堂稿》乃其詩文，此則所著說部也，其書
　　　　亦雜記故事，僅及七條，疑非完本。〔註140〕

　　清周中孚《鄭堂讀書記》卷六十五「子部十二之三・小說家類三・雜事
下元至　國朝」記載「《願豐堂漫書》一卷，《儼山外集》本」條下云：

　　　　明陸深撰。《四庫全書》存目，凡七條，……乃其未成之書也。〔註141〕

　　再再指出該部小說僅有七則作品，應是一部未完成之書。至於，二套以
《寶顏堂祕笈》為底本之臺北藝文印書館《百部叢書集成》本與臺北新文豐
《叢書集成新編》本，根據前文「（二）明代其他著名叢書收錄版本比較」，
可推之《百部叢書集成》本根據本論文使用之《陳眉公家藏祕笈續函》為底
本，而後自行增附《四庫全書總目》之《願豐堂漫書》「提要」一則。至於，
臺北新文豐《叢書集成新編》本則依據《陳眉公家藏祕笈續函》本，加以標
點，且縮小影印而成；上海商務《叢書集成初編》本與臺北新文豐《叢書集
成新編》本情形一樣，故不列表重複說明。

（二）刪減原書卷數

　　《陳眉公家藏祕笈續函》七部雜俎小說收錄作品，與上單元「（二）與同
是「寶顏堂」刊刻之版本相互讎校」或「（二）與明代其他著名叢書收錄版本
比較」比較後，「刪減原書卷數」者有《玉堂漫筆》　部作品：

〔註139〕同註80，第四冊，頁2820。
〔註140〕同註80，第四冊，頁2820。
〔註141〕《鄭堂讀書記》卷六十五「子部十二之三・小說家類三・雜事下元至　國朝」。
　　　　同註24，第十四冊，頁379。

　　明陸深《玉堂漫筆》，《陳眉公家藏祕笈續函》所刻爲一卷本，據前文「（二）與明代其他著名叢書收錄版本比較」，知內容文字、卷數與收錄作品數量差距甚多。究竟明陸深《玉堂漫筆》原書卷數眞象爲何？筆者以民國叢書嚴一萍輯《百部叢書集成》本、新文豐《叢書集成新編》本以及上海古籍出版社《明代筆記小說大觀》，與《陳眉公家藏祕笈續函》本再作比較，茲先列表示之如下：

版本名稱 分卷情況、收錄作品數量差異、作品編排方式	《玉堂漫筆》《陳眉公家藏祕笈續函》本	《玉堂漫筆》《百部叢書集成》本〔註142〕	《玉堂漫筆》《叢書集成新編》本〔註143〕	《玉堂漫筆》《明代筆記小說大觀》本〔註144〕
分卷情況	共一卷	共一卷，後附《四庫全書總目》之《玉堂漫筆》「提要」一則。	共一卷。	共三卷。
收錄作品數量差異	**收錄作品總數**：四十六則作品。 **闕少作品之名稱**：缺十五則，其作品名稱如下── 「楊文貞公跋《玉海》云」 「聞前輩翰林先生嘗道抑庵先生文端公直爲吏部尚書」 「今制惟翰林列銜」 「石首劉永清」 「儀銘」 「己亥」 「至正十六年」 「靜安寺在縣西北十里」 「永定二年割海鹽鹽官隸海寧郡」 「懷素《自敘帖》近刻石於蘇州」 「張戶侍西磐潤」 「全椒樂韶鳳」 「《永州府舊志》」 「國朝進士科始於洪武四年」 「王文端公抑庵知制誥幾廿年」	**收錄作品總數**：四十六則作品。 **闕少作品之名稱**：缺十五則，其作品名稱如下── 「楊文貞公跋《玉海》云」 「聞前輩翰林先生嘗道抑庵先生文端公直爲吏部尚書」 「今制惟翰林列銜」 「石首劉永清」 「儀銘」 「己亥」 「至正十六年」 「靜安寺在縣西北十里」 「永定二年割海鹽鹽官隸海寧郡」 「懷素《自敘帖》近刻石於蘇州」 「張戶侍西磐潤」 「全椒樂韶鳳」 「《永州府舊志》」 「國朝進士科始於洪武四年」 「王文端公抑庵知制誥幾廿年」	**收錄作品總數**：四十六則作品。 **闕少作品之名稱**：缺十五則，其作品名稱如下── 「楊文貞公跋《玉海》云」 「聞前輩翰林先生嘗道抑庵先生文端公直爲吏部尚書」 「今制惟翰林列銜」 「石首劉永清」 「儀銘」 「己亥」 「至正十六年」 「靜安寺在縣西北十里」 「永定二年割海鹽鹽官隸海寧郡」 「懷素《自敘帖》近刻石於蘇州」 「張戶侍西磐潤」 「全椒樂韶鳳」 「《永州府舊志》」 「國朝進士科始於洪武四年」 「王文端公抑庵知制誥幾廿年」	**收錄作品總數**：七十三則作品。 該版本「校點說明」已言：「以上海圖書館藏《儼山外集》本爲底本。」然《儼山外集》本依照版刻樣式，該本小說收錄作品總數應六十一則。其中十一則之差異，在於「卷下」中最後一則「古言之天者三家」中，實際可分爲十二小則作品。故上海古籍出版社編《明代筆記小說大觀》收錄作品內容，與《儼山外集》本，一模一樣。

〔註142〕　〔明〕陸深：《玉堂漫筆》（嚴一萍輯：《百部叢書集成》，台北：藝文印書館）。
〔註143〕　〔明〕陸深：《玉堂漫筆》（《叢書集成新編》，台北：新文豐出版公司印行）。
〔註144〕　〔明〕陸深：《玉堂漫筆》（上海古籍出版社編：《明代筆記小說大觀》，上海：上海古籍出版社，2005年4月），第一冊。

內容文字差異情形〔註145〕	異字部分： 卷上「《孟子》塞乎天地之間」、「本朝開科」、「揚州漕河東岸有墓道」等，三則作品。 卷中「相傳永樂初遣胡忠安公巡天下」、「國初歲遣監察御史巡按方隅」、「丁酉歲」、「元高德基云」等，四則作品。 卷下「天道左旋」等，共一則作品。 闕字部分： 卷中「相傳永樂初遣胡忠安公巡天下」等，共一則作品。 闕文部分： 卷上「漢制以本官任他職者曰兼」，共一則作品。

　　從上表清楚可知，《陳眉公家藏祕笈續函》本與其他版本差異情形。復查校勘較精善今日上海古籍出版社編《明代筆記小說大觀》收錄作品內容，實與《儼山外集》本，如出一轍。至於，上海古籍出版社編《明代筆記小說大觀》與《陳眉公家藏祕笈續函》本最大差異，仍在於分卷不同與收錄作品數量。至於，內容文字有共九則差異，唯僅一、二異字，實相差不多。另外，與二套根據《寶顏堂祕笈》為底本之臺北藝文印書館《百部叢書集成》本與新文豐《叢書集成新編》本，收錄作品卷數與分卷方式皆相同。值得一提，臺北藝文印書館《百部叢書集成》本嚴一萍先生，實已得知採用《寶顏堂祕笈》本為不完整之版本，其在「總目・《玉堂漫筆》說明」條下言：

> 所選《百部叢書》中，《紀錄彙編》並有此書，兩本皆為摘鈔，互有
> 同異，故兩存之。〔註146〕

　　嚴氏已知《寶顏堂祕笈》為不完整之版本，欲藉由《紀錄彙編》加以補其缺少作品。然《紀錄彙編》摘鈔中，收錄《玉堂漫筆》作品雖可補足《寶顏堂祕笈》不存者，但其中亦有重複作品，亦有短收之作。考察《儼山外集》本中，可知仍缺少「卷中」之「靜安寺在縣西北十里」、「永定二年割海鹽鹽官隸海寧郡」與「《永州府舊志》」等三則作品。而此一情況，臺北新文豐《叢書集成新編》本亦是如此。故二套以《寶顏堂祕笈》為底本之臺北藝文印書館《百部叢書集成》本與臺北新文豐《叢書集成新編》本，實無法正確無誤反映《玉堂漫筆》該部小說三卷、六十一則作品真原貌。

〔註145〕「內容文字差異情形」部分，因四版本分卷方式不同，且《明代筆記小說大觀》本校勘較完善，故此欄位差異處僅是反映《陳眉公家藏祕笈續函》「明萬曆間繡水沈氏尚白齋刊本」四十七則內容文字異於《明代筆記小說大觀》本之情形；至於，嚴一萍輯《百部叢書集成》與新文豐出版《叢書集成新編》因已言《玉堂漫筆》小說之底本乃根據《寶顏堂祕笈》版本影印，故此欄位「內容文字差異情況」不再重複讎校比對。

〔註146〕嚴一萍輯：《百部叢書集成》（台北：藝文印書館），「總目」，頁5。

（三）更動原書卷數

《陳眉公家藏祕笈續函》七部雜俎小說收錄作品，與上單元「（二）與同是「寶顏堂」刊刻之版本相互讎校」或「（二）與明代其他著名叢書收錄版本比較」比較後，「更動原書卷數」者有《後山談叢》一部作品：

《陳眉公家藏祕笈續函》所刻宋陳師道《後山談叢》爲四卷本，據前單元「與明代著名叢書收錄版本比較」清楚得知，其收錄卷數優於《唐宋叢書》、《說郛》二版本。然考諸最早刊刻《後山先生集》之明弘治馬暾刊本，顯見與《陳眉公家藏祕笈續函》本，內容卷數分法實有差異。此小節，再以素以採輯善本著名張鈞衡《適園叢書》本之《後山先生集》與《陳眉公家藏祕笈續函》本之《後山談叢》作比較，以下先列表示之：

版本名稱 分卷情況、作品收錄總數、作品內容分法差異、作品收錄次序差異〔註 147〕		《後山談叢》 《陳眉公家藏祕笈續函》本		《後山先生集》 《適園叢書》本〔註 148〕
作品卷數安排	卷一	共三十七則作品	卷一	共十七則作品
	卷二	共七十八則作品	卷二	共四十四則作品
	卷三	共五十九則作品	卷三	共五十則作品
	卷四	共六十六則作品	卷四	共三十三則作品
			卷五	共四十六則作品
			卷六	共四十五則作品
作品收錄總數	共分四卷	收錄作品總數：二百四十則。	共分六卷	收錄作品總數：二百三十五則。
作品內容分法差異	卷一	「王荊公改科舉」與「王無咎、黎宗孟皆爲王氏學」二作品，合成同一則。	卷一	「王荊公改科舉」與「王無咎、黎宗孟皆爲王氏學」二作品，分成二則。
		「蘇、黃兩公皆善書」與「善書不擇紙筆」二作品，分成二則。	卷二	「蘇、黃兩公皆善書」與「善書不擇紙筆」二作品，合成同一則。
		「余與貴人語」與「張長史見擔夫爭道而得筆法」二作品，分成二則。		「余與貴人語」與「張長史見擔夫爭道而得筆法」二作品，合成同一則。
		「龍圖燕學士蕭悟木理」與「蜀人王晃」二作品，分成二則。		「龍圖燕學士蕭悟木理」與「蜀人王晃」二作品，合成同一則。

〔註 147〕「作品內容分法差異」與「作品收錄次序差異」，因《後山談叢》收錄作品無篇名名稱，故以首句作爲該則作品之標示。

〔註 148〕〔宋〕陳師道撰：《後山先生集》（〔清〕張鈞衡：《適園叢書》，台北：國家圖書館「善本書室」所藏「民國三年烏程張氏刊本」）。

	卷二	「秦少游有李廷珪墨半丸」此作品，分成二則。		「秦少游有李廷珪墨半丸」此作品，分成一則。
		「余於丹徒高氏見楊行密節度淮南補將校牒紙」與「開封常得劇盜」二作品，分成二則。		「余於丹徒高氏見楊行密節度淮南補將校牒紙」與「開封常得劇盜」二作品，分成二則。
		「熙寧中」此作品，分成一則。	卷三	「熙寧中」此作品，分成一則。
		「趙元考云」與「霍山日」二作品，分成二則。		「趙元考云」與「霍山日」二作品，分成二則。
	卷三	「駕以一馬夾轅」此作品，分成二則。	卷四	「駕以一馬夾轅」此作品，分成一則。
		「元祐八年九月六日」內容參雜「青楊生好畫」，合成同一則。		「元祐八年九月六日」內容全與「青楊生好畫」，分成二則。
		「外大父莊敏公爲鄜延招討使」內容參雜「元祐八年九月六日」，合成同一則。		「外大父莊敏公爲鄜延招討使」內容與「元祐八年九月六日」，分成二則。
		「外大父莊敏公爲鄜延招討使」此作品，分成二則。		「外大父莊敏公爲鄜延招討使」此作品，分成一則。
		「潘美爲并師」與「故事」二作品，分成二則。		「潘美爲并師」與「故事」二作品，合成同一則。
		「承矩於雄州北築愛景臺」與「自五代來」二作品，分成二則。		「承矩於雄州北築愛景臺」與「自五代來」二作品，合成同一則。
		「予爲汝陰學官」與「蔡州壺公觀有大木」二作品，分成二則。		「予爲汝陰學官」與「蔡州壺公觀有大木」二作品，合成同一則。
		「太祖爲太原鎮將」此作品，分成一則。	卷五	「太祖爲太原鎮將」此作品，分成二則。
		「司馬溫公云」此作品，分成二則。		「司馬溫公云」此作品，分成一則。
	卷四	「張詠守蜀」與「乾德四年」二作品，分成二則。	卷六	「張詠守蜀」與「乾德四年」二作品，合成同一則。
		「巖頭、雪峰、欽山同行」與「徐之南山崇勝院主崇璟」二作品，合成同一則。		「巖頭、雪峰、欽山同行」與「徐之南山崇勝院主崇璟」二作品，分成二則。
		「习學士約喜交結」此作品，分成一則。		「习學士約喜交結」此作品，分成一則。
作品收錄次序差異	卷三	「元祐八年九月六日」 「乖崖在陳」 「乖崖自成都召爲參知政事」 「外大父莊敏公爲鄜延招討使」 「耒浮百物」 「秘書監劉几好音」 「世傳張長史學吳畫不成而爲草」 「朝廷，則兵可罷」	卷四	「元祐八年九月六日」 「耒浮百物」 「秘書監劉几好音」 「世傳張長史學吳畫不成而爲草」 「青楊生好畫」 「乖崖在陳」 「乖崖自成都召爲參知政事」 「外大父莊敏公爲鄜延招討使」

內容文字差異情形〔註149〕	卷一	脫文、衍文（包括脫字、衍字）：十一則作品
	卷二	脫文、衍文（包括脫字、衍字）：十九則作品
	卷三	脫文、衍文（包括脫字、衍字）：十則作品
	卷四	脫文、衍文（包括脫字、衍字）：九則作品

　　據上表清楚可知，二部版本無論作品卷數安排、作品內容分法、作品收錄次序與內容文字差異等方面，皆有出入。筆者再旁查「明弘治十二年潞安知府馬暾刊本」《後山先生集》與《適園叢書》二版本，除作品內容分法、內容文字稍有差異外，作品卷數安排、作品收錄次序等二方面皆相同。故《適園叢書》本收錄之《後山談叢》應比《陳眉公家藏祕笈續函》本更接近原貌。至於，內容文字「脫衍」情形而言，《陳眉公家藏祕笈續函》與《適園叢書》二版本共有四十九則之差異，如卷二「諺曰」：

　　　諺曰：『甘中先生則麥熟，^{苦艸生則}黃蒿也。』又曰：『杏熟當年麥，棗熟當年禾。』又曰：『棗不濟儉。』謂^{棗熟則歲豐也}。諺曰：『行得春風有夏雨。』蓋春之風數為夏之雨數，小大急緩亦如之。

　　查考《適園叢書》本，此則作品全文如下：

　　　諺曰：『甘草先生則麥熟，苦草先生則人疫。』甘草，薺；苦草，黃蒿也。又曰：『杏熟當年麥，棗熟當年禾。』又曰：『棗不濟儉。』謂棗熟則歲豐也。諺曰：『行得春風有夏雨。』蓋春之風數為夏之雨數，小大急緩亦如之。

　　詳閱此則作品內容，應是農作之諺語。從上下文觀之，《適園叢書》本能清楚道出諺語全文及所指植物：「甘草，薺；苦草，黃蒿也。」再查證明弘治馬暾刊本與《適園叢書》本之內容情節，一模一樣。《陳眉公家藏祕笈續函》本雖只脫衍八字，卻足以影響閱讀及瞭解諺語涵義。

　　大抵，《陳眉公家藏祕笈續函》之《後山談叢》為明代叢書較精善之版本。然更動原書卷數安排、收錄次序，相較於保留原貌刊行之「明弘治十二年潞安

〔註149〕「內容文字差異情形」部分，因二種版本分卷方式不同，內容文字亦有若干出入，據傅增湘《藏園群書題記》集部三‧宋別集類一「弘治本後山先生集跋」條下云：「昔何義門於康熙己丑得嘉靖以前鈔本，對校明刻，刊誤補佚，是正良多，嘗憤言錯本誤人，有不如不刻知歎。其手校原本，今藏靜嘉堂文庫，錢唐丁氏亦有傳錄之帙。」而《適園叢書》本之《後山集》即經由何焯手校，故內容較為完善。故此欄位差異處，主要是反映《陳眉公家藏祕笈續函》「明萬曆間繡水沈氏尚白齋刊本」內容文字異於《適園叢書》本之情形。

知府馬曒刊本」《後山先生集》與清代張均衡《適園叢書》本，實在稍遜一籌。

二、版本流傳問題

　　《陳眉公家藏祕笈續函》七部雜俎小說收錄作品，與明代著名叢書收錄版本比較，再找尋其他版本作為佐證，以進一步判斷該部叢書之版本價值。其中《尚書故實》與《後山談叢》之《陳眉公家藏祕笈續函》本，依實際情形論定其價值有正負二層面，故分別論述之。

（一）海內孤本（或較早刊行之版本；或依照原貌刊行之版本）

　　《陳眉公家藏祕笈續函》七部雜俎小說收錄作品，屬於「較早刊行之版本（或較早刊行單行本）」者，有《談苑》、《後山談叢》、《賢奕編》等三部作品，茲分別論述如下：

1. 宋孔平仲《談苑》

據蕭相愷《中國文言小說家評傳》記載「孔平仲」：

> 《孔氏談苑》與《孔氏雜說》，宋人趙希弁的《讀書雜志》稱其為『記錄之文』。今見《孔氏談苑》有四卷本和五卷本，……朱熹言清江張元德藏有手稿。《談苑》在南宋時已脫誤很多，不存足本，經後人幾番增補，收入《藝海珠塵》等叢書中。〔註150〕

　　從上述引文，可知《談苑》於南宋時所存已不完整。而明代《陳眉公家藏祕笈續函》所刻為四卷本，應是明代著名叢書中唯一刊刻之本，亦是該部小說現存最早之版本。進一步與《藝海珠塵》本相比較，其內容文字亦有不少異文脫衍，筆者具體統計結果，內容共二百五十則，差異作品數高達一百五十六則之多。舉例「明萬曆間繡水沈氏尚百齋刊木」之《陳眉公家藏祕笈續函》本闕文處，《藝海珠塵》本皆有補闕，如卷一〈曹太皇至慈〉：

> 禁中近清明時節，神宗侍曹太皇。因語自來卻無人做珠子鞍彎，雖云太華，然亦好也。太皇聞此語，已密令人描樣矣。〔註151〕

　　文中下標橫線者，為「明萬曆間繡水沈氏尚百齋刊本」之《陳眉公家藏祕笈續函》本所收《談苑》漫漶之闕文。另舉《陳眉公家藏祕笈續函》本卷

〔註150〕蕭相愷主編：《中國文言小說家評傳》（鄭州市：中州古籍出版社，2004年4月），頁312。

〔註151〕同註125。

四〈稚子〉一則內容：

> 老杜詩曰：『笋根稚子無人見。』唐人《食笋》詩云：『稚子脫錦棚，駢頭玉香滑。』則稚子爲笋明矣，故一名曰稚子。

而《藝海珠塵》本卷五〈稚子〉一則內容：

> 老杜詩曰：『竹根稚子無人見。』唐人《食筍》詩云：『稚子脫錦棚，駢頭玉香滑。』則稚子爲筍明矣。贊寧雜記曰：『竹根有鼠，大如貓，色類竹，名竹豚。一名稚子。』〔註152〕

文中下標橫線處爲《陳眉公家藏祕笈續函》本所無之文字，雖無法妨文意，然閱讀《藝海珠塵》卷所錄更能知曉全文義涵；語譯：「老杜詩中說：『竹根稚子無人見。』唐人《食筍》詩說：『稚子脫錦棚，駢頭玉香滑。』那麼稚子是竹筍很明白了。贊寧雜記說：『竹子根部有像老鼠形狀的東西，大得像貓，色類竹子，名叫竹豬。』一名說是稚子。」筆者認爲脫闕〈贊寧雜記〉云云十八字，足以影響「作品文學內涵」層面有二：其一，無法見出作者求眞、求實之筆法；其二，無法傳達該則作品情、理、奇之意境。

總之，宋孔平仲《談苑》，今日版本流傳首先見於《陳眉公家藏祕笈續函》四卷本，但每則作品無標題名稱。後刊之《藝海珠塵》五卷本，每則作品有新增標題名稱，且內容校勘較爲完善。故使用《陳眉公家藏祕笈續函》本《談苑》閱讀與研究時，雖謂其先行刊刻，而內容文字出現不少訛誤、脫漏情形，引用尤須小心謹愼。後世對陳繼儒校勘不予高度評價，從此二例亦可爲證。

2. 宋陳師道《後山談叢》

傅增湘《藏園群書題記》集部三・宋別集類一「弘治本後山先生集跋」條下云：

> 又按：世傳吳荷屋方伯藏宋刊本，繆藝風晚年曾語及之，而訪尋踪跡，竟未知歸於何氏。余昔年游吳門，於潘世兄博山家遍觀藏書，得見宋刊大字本，正二十卷。字大如錢，氣息樸厚，每半葉九行，行十五字，版心刻工有眉州某某刊字。前有紹興二年五月十日汝南謝克家序，蓋南渡初蜀中刊版，與《蘇文忠集》、《蘇文定集》並行，故字體行格宛然如一，因知魏衍所編，詩文之外不附《談叢》各種者，正是此本。卷末有翁蘇齋題詩，蓋即荷屋舊藏。披玩再三，驚

〔註152〕同註125。

喜出於意表，蓋不特爲海內孤行之帙，亦實爲後山集傳世最早之編。
〔註153〕

又據《嘉業堂藏書志》卷四集部「後山先生集三十卷　明弘治刻本」條下云：

> 題：彭城陳師道履常著，茶陵陳仁子同備編校，後學南陽王鴻儒懋學重校，後學彭城馬暾廷震繡梓。……是集爲其門人彭城魏衍所編，前有衍撰《陳先生集記》，又元城王雲、天社任淵題首，有弘治己未王鴻儒序。按衍所編，詩離爲六卷，文類爲十四卷，合爲二十卷。《詩話》、《叢談》各自爲集。此本凡詩十二卷，雜文八卷，加以《談叢》六卷，《理究》一卷，《詩話》二卷，《長短句》一卷，共三十卷。……按《後山集》，《宋史·藝文志》作《陳師道集》十四卷，又《語業》一卷。晁公武《郡齋讀書志》作二十卷，乃詩文合梓，宋時蜀刊，蓋即此本。陳振孫《直齋書錄解題》作《後山集》十四卷，《外集》六卷，《談叢》六卷，《理究》一卷，《詩話》一卷，《長短句》二卷，共三十卷，爲門人魏衍所離析者，明指十四卷止於文，外集詩二百餘篇正集所無云云，可以推知其原第。〔註154〕

從上述兩處引文，得知《後山談叢》之刊刻大致有三種情形：其一，同是《後山先生集》，吳荷屋（榮光）藏宋刊本無收錄《後山談叢》，而明弘治馬暾刻本有收錄《後山談叢》，故後世所傳《後山談叢》應以明弘治馬暾刻本之《後山先生集》爲最早之版本。其二，《後山談叢》於陳師道門人魏衍纂編時，雖與詩文、詩話各自爲集，但未說明幾卷，若從宋陳振孫《直齋書錄解題》載錄情形，得知爲六卷本。而《陳眉公家藏祕笈續函》本所刻爲四卷本，應是陳繼儒加以更動後之結果。其三，從宋至明代，雖有魏衍離析各自爲集之記錄，及陳振孫、馬端臨所謂單刻六卷本。然現今皆未見《後山先生集》中之《後山談叢》有獨立刊刻之本，故現存《陳眉公家藏祕笈續函》本應是最早、最完整之明代單行本。

3. 明劉元卿《賢奕編》

李富軒《中國古代寓言史》記載「劉元卿」：

〔註153〕同註30，頁695～696。
〔註154〕繆荃孫·吳昌綬·董康撰：《嘉業堂藏書志》（上海：復旦大學出版社出版，1997年12月），頁538。

> 劉元卿，生於公元一五四四年（明世宗嘉靖二十三年），卒於公元一
> 六〇九年（明神宗萬曆三十七年），字調父，江西安福南溪人，曾任
> 國子博士、禮部主事。主要著作有《諸儒學案》等，《賢奕編》是他
> 收集歷代小故事三三三則，分爲十六類的筆記小說，其中「觀物」、
> 「警喻」、「應諧」等收錄了不少好的寓言。〔註155〕

從上述引文，可知《賢奕編》於今日所見或明代所存，皆是十六類三百
多則作品。雖李富軒云：「《賢奕編》是他收集歷代小故事三三三則」，比筆者
所見《陳眉公家藏祕笈續函》本多出一則，此應是算法出現差錯所致，故影
響不大。而明代《陳眉公家藏祕笈續函》所刻爲四卷本，應是現存明代著名
叢書中唯一刊刻之本，亦是該部小說現存最早之版本。進一步查證黃虞稷《千
頃堂書目》與徐乾學《傳是樓書目》，記載亦爲四卷。其次，再與民國文明書
局《寶顏堂祕笈》本、新文豐《叢書集成新編》相互校讎，內容文字僅有少
數異字、異文與闕字等現象。且該部小說，第三卷「警喻第十四」、「應諧第
十五」兩類，其中若干作品頗受明代及今人喜愛，每見收錄於寓言故事或笑
話選集中。誠如吳秋林《中國寓言史》之言：

> 劉元卿，字調父，……《賢奕編》乃作者分類編纂的一部筆記小說，
> 共分十六類。內中『警喻』、『應諧』兩類收錄的寓言最多。劉元卿
> 的寓言多在他的筆記小說，如果說趙南星的寓言是『笑話集』中的
> 佼佼者，那劉元卿的寓言則是明筆記小說中的代表。〔註156〕

從以上引文，可知該部小說受歡迎程度。明江盈科《雪濤諧史》中，擇其
《賢奕編》「應諧第十五」三十八則作品中之二十則，命名曰《應諧錄》；王利
器《歷代笑話集》、楊家駱《中國笑話書》擇其《賢奕編》「應諧第十五」三十
八則作品中之十八則，命名爲《應諧錄》。復值得一提者，《賢奕編》「明萬曆間
繡水沈氏尚百齋刊本」之《陳眉公家藏祕笈續函》本，每類收錄作品於目錄中
皆有篇名，然刊刻內容中卻不見該則作品之篇名，故明代至今日選錄《賢奕編》
其中若干作品者，往往自行爲該則作品命名，如卷三「應諧第十五」〈兩瞽相觸〉：

> 新市有齊瞽者，性躁急，行乞衢中，人弗避道，輒恣罵曰：『汝眼瞎

〔註155〕李富軒・李燕撰：《中國古代寓言史》（新店市：漢威出版社，1998 年 8 月），
頁 354。

〔註156〕吳秋林撰：《中國寓言史》（福州市：福建教育出版社出版發行，1999 年 3 月），
頁 254。

耶？』市人以其瞽，多不較。嗣有梁瞽者，性尤戾，亦行乞衢中，遭之，相觸而躓，梁瞽故不知彼亦瞽也，乃起亦忿罵曰：『汝眼亦瞎耶？』兩瞽閧然相詬，市子姍笑。噫！以迷導迷，詰難無已者，何以異於是？〔註157〕

上文爲「明萬歷間繡水沈氏尚百齋刊本」之《陳眉公家藏祕笈續函》本該則作品内容，唯查考明江盈科《雪濤諧史》名爲〈兩瞽〉，民國楊家駱《中國笑話書》名爲〈兩瞽〉，民國陳維禮·郭俊峰主編《中國歷代笑話集成》名爲〈兩瞽〉，民國楊曉明編著《中國歷代笑話大觀》名爲〈瞎子相遇〉，張萬鈞主編《中國寓言庫》名爲〈兩瞽相撞〉等，同一則作品且皆言出於《賢奕編》，然篇名卻各自命名，導致同一則作品而有多種異名之怪現象。

（二）刪減更動之版本

《陳眉公家藏祕笈續函》七部雜俎小說收錄作品，屬於「依照原貌刊行之版本（或接近原貌内容刊行之版本）」者，有《尚書故實》、《知命錄》、《願豐堂漫書》等三部作品，茲分別論述如下：

1. 唐李綽《尚書故實》

從宋代私家藏書目錄，如晁公武《郡齋讀書志》、陳振孫《直齋書錄解題》與尤袤《遂初堂書目》等所記載一卷本内容情形，復從五套明代叢書存錄狀況得知，可證《尚書故實》應屬一卷篇幅短小之作。然該部小說實際收錄作品，有二種情形：其一，爲《陳眉公家藏祕笈續函》本與明末刊本重編《百川學海》之八十則情形；其二，爲明末葉坊刊本重編《百川學海》、《五朝小說》本、《重編說郛》本與清代《畿輔叢書》本之七十八則情形。前者收錄作品數量，較近《尚書故實》於原貌内容。

進一步，針對《陳眉公家藏祕笈續函》本與明末刊本重編《百川學海》闕文部分比較，後一版本將若干作品有並排小字之輔助内容情節文字刪去。如「又說洛中頃年有僧得數粒所謂舍利者」：

> 又說洛中頃年有僧得數粒所謂舍利者，…俄頃洩痢，以盆盎盛貯灌
> 而收之。　此一事，東都儲隱說，後即江表詩人路豹所爲。豹非苟於利者，
> 乃剛正之性，以懲無良。豹與張祜、崔涯三人，爲文酒之侶也。

而明末刊本重編《百川學海》，無刊刻「此一事，東都儲隱說，後即江表詩人路豹所爲。豹非苟於利者，乃剛正之性，以懲無良。豹與張祜、崔涯三

〔註157〕同註65。

人，爲文酒之侶也。」四十七字，反觀《陳眉公家藏祕笈續函》本有此段與考證出處相關之文字。

大抵，《尚書故實》因篇幅短小，故直至今日僅見以「叢書」形式流傳。流傳版本內容，今日所見有二種：一爲明末刊本《百川學海》本與《陳眉公家藏祕笈續函》本之八十則；二爲，明末葉坊刊本重編《百川學海》、《五朝小說》本與《重編說郛》本之七十八則，甚至清光緒五年定州王士謙德堂刊本《畿輔叢書》本亦是如此。前者之版本，雖從《太平廣記》與《紺珠集》類書佐證，應非足本《尚書故實》，但內容較完整；後者之版本，今日雖較常見，然實比前一版本闕漏更多。

2. 明陸深《知命錄》

清周中孚《鄭堂讀書記》卷六十五「子部十二之三‧小說家類三‧雜事下　元至　國朝」記載「《知命錄》一卷　儼山外集本」條下云：

> 明陸深撰。……當其初授陝西布政使時，道經揚州蜀岡，人謂由此可通蜀。已而得入蜀之命，故以名書云。《續祕笈》，亦收入之。〔註158〕

復據《中國文言小說書目》記載「《知命錄》一卷存」條下言：

> 見《欽定續通考》、《四庫全書總目》小說家類。
>
> 收錄《儼山外集》內。《寶顏堂祕笈》本〔註159〕

從上述引文，可知除陸深將該部小說收錄於自編叢書《儼山外集》外，《陳眉公家藏祕笈續函》本應是現存明代著名叢書中唯一刊刻之本。其次，再與民國藝文印書館《百部叢書集成》本、新文豐《叢書集成新編》本相互校讎後，其內容文字、版刻樣式，皆如出一轍。而爲何民國以後叢書刊刻《知命錄》時，不擇陸深自編叢書《儼山外集》本，筆者認爲應是陳繼儒《寶顏堂祕笈》名聲較大之故。

3. 明陸深《願豐堂漫書》

清周中孚《鄭堂讀書記》卷六十五「子部十二之三‧小說家類三‧雜事下　元至　國朝」記載「《願豐堂漫書》一卷　儼山外集本」。復據《中國文言小說書目》記載「《願豐堂漫書》一卷存」條下言：

〔註158〕《鄭堂讀書記》卷六十五「子部十二之三‧小說家類三‧雜事下　元至　國朝」。同註24，第十三冊，頁378～379。

〔註159〕袁行霈‧侯忠義編：《中國文言小說書目》（北京：北京大學出版社出版，1981年11月），頁241。

見《欽定續通考》、《四庫全書總目》小說家類。

收錄《儼山外集》內。《廣百川學海》本、《寶顏堂祕笈》本、《續說郛》本、《叢書集成初編》本。〔註160〕

從上述引文，可知除陸深將該部小說收錄於自編叢書《儼山外集》外，《陳眉公家藏祕笈續函》本應是依照該版本刊刻而成。其次，再與民國藝文印書館《百部叢書集成》本、商務《叢書集成初編》本、新文豐《叢書集成新編》相互校讎後，且此三版本之記錄皆根據《陳眉公家藏祕笈續函》本而來。而為何民國以後叢書刊刻《知命錄》時，不擇陸深自編叢書《儼山外集》本，筆者認為應是陳繼儒《寶顏堂祕笈》名聲較大之故。

（三）殘缺不全之版本

《陳眉公家藏祕笈續函》七部雜俎小說收錄作品，屬於「刪減更動之版本」者，有《後山談叢》、《玉堂漫筆》二部作品：

1. 宋陳師道《後山談叢》

明弘治馬暾刊本之《後山集》始收入《後山談叢》後，應是該部小說現存最早之版本。而陳繼儒編纂《陳眉公家藏祕笈續函》本之四卷本，則是該部小說最早刊行之單行本。究竟此二版本是否亦是最完善者？據清張金吾《愛日精廬藏書志》「《後山先生集》三十卷明嘉靖刊本　何氏義門從舊抄本首校」一條記載：

> 宋彭城陳師道履常著，茶陵陳仁子同備編校。　卷十三送邢居實序脫後半，章善序脫前半，凡一頁。卷二十光祿曾公神道碑約脫二十行，其脫一二行至十數行者，不可枚舉。……。
>
> 何氏手跋曰：此卷宏治間刻本，送邢居實序脫後半，章善序脫前半，凡二十行。己丑七月，得嘉靖以前舊抄對校，因為補寫。錢牧齋蓄書，非得宋刻名抄，則云無有。真細心讀書者之言。如浙之某某輩，徒取盈卷帙，全不契勘。雖可汗牛馬，其實謂之無一紙可也。煒記。
>
> 又曰：康熙己丑秋日，從吳興鬻書人購得舊抄《後山集》殘本，中闕三四五六，凡四卷。勘校一過，改正脫誤處甚多，庶幾粗為可讀。而明人錯本誤人，真有不如不刻之歎也。煒記。〔註161〕

〔註160〕同上註，頁241。

〔註161〕〔清〕張金吾：《愛日精廬藏書志》（台北：文史哲出版社，1989年3年），

從何焯所言，得知弘治間《後山先生集》刻本訛誤闕脫極爲嚴重，故閱讀「明弘治馬曒刊本」收錄之《後山談叢》亦必須留意此項問題。至於，陳氏編纂《陳眉公家藏祕笈續函》本，筆者針對內容文字進行校刊，發現訛誤脫衍情形，亦是相當嚴重。除此之外，內容分則亦有混淆不清之狀況，如《陳眉公家藏祕笈續函》本卷三中有一段文字云：

> 元祐八年九月六日，奉太皇太后遺詔，實以三日。青楊生好畫，而患其不能別也，釋從有畫名，而從之學。有以畫來，必召楊而教之：此其所以爲能，此其所以爲不能也。楊有得焉，而謂楊曰：『盡子所知，才得其半，何則？以子之不能畫也。』

筆者考查清代張鈞衡《適園叢書》本，得知該則內容應分屬兩則作品，原文內容如下：

> 第一則「元祐八年九月六日」原文：
> 元祐八年九月六日，奉太皇太后遺詔，實以三日崩。知州事龍圖閣待制韓川，公服金帶，肩輿而出，以聽遺詔。既成服，又欲改服以治事，寮佐諫之而止。余爲兒時，聞徐父老說莊獻上仙，李文定公爲守，兩吏持箱奉遺誥，公步從以哭，自便坐至門外。嘉祐末，先人爲冀州度支使，知州事、皇城副使王易經用乾興故事，遺詔既至，王召見先人，便服持遺制，哭以示先人，遂下髮衫帽，勒帛以聽宣制，是日成服。元豐末，余客南都，留守龍圖王學士益柔，擇日而成服。士大夫家居者皆會，哭於府庭。張文定公方平致仕於家，舉哀於近寺。宦者李堯輔言：『上散髮解帶，韈而不履。』

> 第二則「青楊生好畫」原文：
> 青楊生好畫，而患其不能別也。釋從有畫名，而從之學。有以畫來，必召楊而教之：此其所以爲能，此其所以爲不能也。楊有得焉，而謂楊曰：『盡子所知，才得其半，何則？以子之不能畫也。』

而《適園叢書》本第一則「元祐八年九月六日」原文，再查考《陳眉公家藏祕笈續函》本卷之三，發現竟與「外大父莊敏公爲鄜延招討使」此則作品相混。其內容迻錄如下：

> 外大父莊敏公爲鄜延招討使，元昊效順，公召李誠之問其信否，

頁 951～953。

誠之曰：『元昊數欺中國，故疑之，今則可信也。元昊向得歲賜而不用，積年而後叛，今用兵數歲，雖戰屢勝，而所攻不克，田里所掠，不辦一日之費，向來之積費<u>也</u>盡矣，故罷兵耳。然公母以爲功，歸之。<u>元祐八年九月六日，奉太皇太后遺詔，實以三日崩。知州事龍圖閣待制韓川，公服金帶，肩輿而出，以聽遺詔。既成服，又欲改服以治事，寮佐諫之而止。余爲兒時，聞徐父老說莊獻上仙，李文定公爲守，兩吏持箱奉遺誥，公步從以哭，自便坐至門外。嘉祐末，先人爲冀州度支使，知州事、皇城副使王易經用乾興故事，遺詔既至，王召見先人，便服持遺制，哭以示先人，遂留守龍圖王學士益柔，擇日而成服。士大夫家居者皆會哭於府庭，張文定公方平致仕於家，舉哀於近寺。宦者李堯輔言：『上散髮解帶，襪而不履。』</u>下髮衫帽，勒帛以聽宣制，是日成服。元豐末，余客南都。

上述引文自「外人父莊敏公至歸之」四行，係《適園叢書》本「龐籍服元昊」前半之事；自「崩。知州事龍圖閣」以下至末尾，係《適園叢書》本「駕崩外官舉哀之制」一則故事，又闕「元祐八年」共十九字，而內容文字亦先後錯亂倒置。大抵，陳氏編纂《陳眉公家藏祕笈續函》本，雖刊行此部小說使之得以傳世，然此草率刊刻作法，終令行家詬病，故而此一版本實不足讓後人取資矣。

2. 明陸深《玉堂漫筆》

明陸深《玉談漫筆》，收錄自編之《儼山外集》中，並自行刊刻。陸氏前文「作者介紹」已言，其人仕途功名顯赫、藏書豐富，更以文學著名於當世。該部小說，亦受到時人歡迎，可從陳繼儒編纂《陳眉公家藏祕笈續函》本、沈節甫《紀錄彙編》、馮可賓編《廣百川學海》與明陶珽《說郛續》等明代叢書刊刻熱絡情形證之。然明代叢書刊刻熱絡，確同時反映此時代最被後人所詬刪減之弊病，誠如葉德輝《書林清話》卷五「明人刻書之精品」云：

元和吳元恭刻《爾雅注》三卷，見顧廣圻《思適齋集》^{顧有翻刻}，此皆刻書有根據，不啻爲宋槧作千萬化身者也。其餘叢刻書，以顧元慶《四十家文房小說》爲最精，胡維新《兩京遺編》次之，程榮《漢魏叢書》又次之。……至晚季胡文煥《格致叢書》、陳繼儒《秘笈》之類，割

裂首尾、改換頭面，直得謂之焚書，不得謂之刻書矣。〔註162〕

葉氏所言，即可從刊刻《玉堂漫筆》幾部明代叢書刪減該書原貌，略窺一二。以《陳眉公家藏祕笈續函》本刪減十五則作品中，不乏可供後人考證之資，如卷上「楊文貞公跋《玉海》云」、「聞前輩翰林先生嘗道抑庵先生文端公直爲吏部尙書」；卷中「懷素《自敘帖》近刻石於蘇州」、「國朝進士科始於洪武四年」等；卷下「王文端公抑庵知制誥幾廿年」等，並無此作品。以下但舉「《永州府舊志》」一例：

> 《永州府舊志》：李應宗，零陵人，洪武五年進士；蔣獎，洪武八年進士。亦零陵人；道州李克遜，洪武丁卯科進士，丁卯爲十九年，皆不開科，當有誤。唐福領永樂乙酉科進士。永樂有丙戌，亦無乙酉科。〔註163〕

此則內容可提供《永州府舊志》地方志記載錯誤之處。大抵，《玉堂漫筆》已由作者本身自行刊刻，實在足以傳世。而陳氏編纂《陳眉公家藏祕笈續函》本，若認爲該部小説值得收錄於該部叢書中，實應保留此部小説完整原貌，否則誠如上述葉德輝《書林清話》之感慨：「割裂首尾、改換頭面，直得謂之焚書，不得謂之刻書矣。」

（四）殘缺不全之版本

《陳眉公家藏祕笈續函》七部雜俎小説收錄作品，屬於「殘缺不全之版本」者，有《尙書故實》一部作品。

從宋代晁公武《郡齋讀書志》、陳振孫《直齋書錄解題》與尤袤《遂初堂書目》，至明葉盛《菉竹堂書目》、錢謙益《絳雲樓書目》與清周中孚《鄭堂讀書記》等記載情形，顯示唐李綽《尙書故實》於當時頗受藏書家所重視。而《鄭堂讀書記》言該部小説收錄七十九條內容，惜未針對一卷本之內容作詳細說明，孤證故未能採信。

筆者以現今最早刊行之明末葉坊刊本重編《百川學海》與明末刊本重編《百川學海》存錄狀況加以條析縷分，判斷陳繼儒編纂《陳眉公家藏祕笈續函》本所根據之底本，應與明末刊本重編《百川學海》相同；雖內容文字略有出入，但從最爲關鍵二則短關作品以及異字闕文部分，可加以證明。至於，陳繼儒編纂《陳眉公家藏祕笈續函》本之一卷內容，前已言及並非完帙之本，

〔註162〕〔清〕葉德輝：《書林清話》（臺北：文史哲出版社，1998年），頁262。
〔註163〕同註90。

其殘缺不全部分，可從兩方面作探究：首先，就收錄作品數量而言，至少闕錄三則，此可從宋李昉編《太平廣記》與宋朱勝非撰《紺珠集》證之。其次，就內容文字而言，已經後人增補而非原貌。如《太平廣記》卷二百一十・畫一「清夜遊西園圖」一條原文如下：

> 《清夜遊西園圖》，顧長康畫。有梁朝諸王跋尾處云，圖上若干人並食天廚。貞觀中，褚河南諸賢題處具在。本張惟素家收得，至相國張公弘靖。元和中，宣惟素并鍾元常寫《道德經》，同進入內。後中貴人崔譚峻自禁中將出，復流傳人間。惟素子周封前涇州從事在京，一日有人將此圖求售，周封驚異之，遽以絹數疋易得。經年，忽聞款門甚急。問之，見數人同稱，仇中尉願以三百素絹，易公《清夜圖》。周封憚其迫脅，遽以圖授之。明日，果齎絹至。後方知詐偽，乃是一豪士求江淮大監院。時王涯判鹽鐵，酷好書畫，謂此人曰：『爲余訪得此圖，然遂公所請。』因爲計取耳。及王家事起，復流一粉鋪家。郭侍郎承嘏閽者以錢三百市得。郭公卒，又流傳至令狐家。宣宗嘗問相國有何名畫，相國其以圖對。後進入內。〔註164〕

而陳氏編纂《陳眉公家藏祕笈續函》本，「清夜遊西園圖」一條原文如下：

> 《清夜遊西園圖》，顧長康畫。有梁朝諸王跋尾處云，圖上若干人並食天廚。（語出諸子書，檢尋未得。）貞觀中，褚河南裝背題處具在。本張維素家收得，（維素，從申之子。）傳至相國張公弘靖。元和中，（准宣索）并鍾元常寫《道德經》，同進入內。（時張公鎮并州，進圖表，李太尉衛公作也。）後中貴人崔譚峻自禁中將出，復流傳人間。維素子周封前涇州從事在京，一日有人將此圖求售，周封驚異之，遽以絹數疋贖得。經年，忽聞款關甚急。問之，見數人同稱，仇中尉傳語評事，知《清夜圖》在宅，計閑居家貧，請以絹三百疋易之。周封憚其迫脅，遽以圖授使人。明日，果齎絹至。後方知詐偽，乃是一力足人求江淮大鹽院。時王庶人涯判鹽鐵，酷好書畫，謂此人曰：『爲余訪得此圖，然遂公所請。』因爲計取耳。及十二家事起，復落在一粉鋪內。郭侍郎承嘏閽者以錢二百買得獻郭。郭公又流傳至令狐家。宣宗嘗問相國有何名畫，相國具以圖對。復進入內。（賓護親見相國說。）

上述原文「＿」者，表《太平廣記》本所無之文字；「．．」者，表與《太

〔註164〕《太平廣記》卷二百一十・畫一。同註26，第五冊，頁1609。

平廣記》本文字出入之處。第一種情形，筆者認爲《陳眉公家藏祕笈續函》本多出《太平廣記》本所無之文字，影響該則作品最深，如「語出諸子書，檢尋未得」、「維素，從申之子」、「時張公鎮并州，進圖表，李太尉衛公作也」、「賓護親見相國說。」等四處，實有助於讀者閱讀之瞭解與提供研究者資料之線索。第二種情形，文字出入之處，《太平廣記》本內容情節較簡潔有力，如「問之，見數人同稱，仇中尉願以三百素絹，易公《清夜圖》。」此段文字說明，仇中尉願以三百素絹，換取《清夜圖》之事。再閱讀《陳眉公家藏祕笈續函》本：「問之，見數人同稱，仇中尉傳語評事，知《清夜圖》在宅，計閑居家貧，請以絹三百疋易之。」此段文字多出收購者欲以高價收購此幅圖畫。二者孰優孰劣，誠難判定，實亦不宜簡單論斷優劣。

綜述以上二種情形，爲找尋較近於《尚書故實》原貌內容，再以宋郭若虛《圖畫見聞誌》卷五「故事拾遺」中所著錄〈西園圖〉一文，進行比較，得知文字內容皆與《太平廣記》本相同。筆者認爲《尚書故實》流傳至明代，應已殘缺不全，而明代叢書家不斷增補內容，故今日所見該部小說版本已非原貌。至於，《太平廣記》本存錄《尚書故實》作品，筆者認爲仍非該部小說原貌。如若干作品有並排小字解說內容情節文字，而存闕情形亦有所差異，《太平廣記》卷第二百六十三・無賴一「唐洛中」原文內容如下：

> 唐洛中，頃年有僧，以<small>以字原空闕，據黃本補。</small>數粒所謂舍利者，貯於琉璃器中，晝夜香火。檀越之禮，日無虛焉。有士子迫於寒餒，因請僧，願得舍利，掌而觀之<small>之字原空闕，據黃本補。</small>僧遂出瓶授與，即吞之。僧惶駭如狂，復慮聞之於外。士子曰：『與吾幾錢，當服藥出之。』僧喜聞，遂贈二百縉。乃服巴豆。僧下瀉<small>僧字瀉字原空闕，據黃本補。</small>取濯而收之。出《尚書故實》。〔註165〕

而核對《陳眉公家藏祕笈續函》本「又說洛中頃年有僧得數粒所謂舍利者」原文內容如下：

> 又說洛中頃年有僧得數粒，所謂舍利者，貯於琉璃器中，晝夜香燈，檀施之利，日無虛焉。有士子迫於寒餒，因請僧，願得舍利，掌而觀瞻。僧遂出瓶授與，遽即吞之。僧惶駭如狂，復慮聞之於外。士子曰：『與吾幾錢，當服藥出之。』僧喜聞，遂贈二百縉，仍取萬病

〔註165〕《太平廣記》卷第二百六。同註26，第六冊，頁2060～2061。

丸與喫。俄頃洩痢，以盆盎盛貯，濯而收之。　此一事，東都儲隱說，後即江
利者，乃剛正之性，以懲無良。豹與　　　　　表詩人路豹所爲。豹非苟於
張祐、崔涯三人，爲文酒之侶也。

故知今見《太平廣記》本，實非完本，引文中已明言該部小說內容文字有闕如情形；「以字原空闕，據黃本補。」「之字原空闕，據黃本補。」「僧字、瀉字原空闕，據黃本補。」凡三處，已明言校勘者有所增補，實能間接證明《尚書故實》底本應有所殘闕。此則作品再參照《陳眉公家藏祕笈續函》本，內容實比《太平廣記》多出不少文字，此應是根據宋代以後版本所增補或根據明末刊本重編《百川學海》本而成。

　　大抵，《陳眉公家藏祕笈續函》本之《尚書故實》雖爲明代較完整版本，然收錄作品總數與文字內容已非足本原貌，故難脫被批評殘缺不全之指責。

第三節　《陳眉公家藏祕笈續函》雜俎小說內容綜合論考

　　一般讀者閱讀小說作品時，多半不留意或不注重作者筆下功夫，只作爲消遣抒懷，殊不知文字運用爲作者思想、情感之呈現。故此單元論述考證，以「內容」層面爲主。《陳眉公家藏祕笈續函》收錄七部雜俎小說內容綜合論考，或從「量」去觀察內容完整性，或從「質」去評論作品文學性。一方面檢驗陳繼儒校書精善與否，另一方面檢驗陳繼儒選書鑑別能力眼光爲何。

一、收錄作品內容文字比較

　　此單元，進一步將上一節「（二）與明代其他著名叢書收錄版本比較」之七部雜俎小說，針對其內容文字部分作一綜合論考，期能從校書精善與否之無偏無頗方式，評斷《陳眉公家藏祕笈續函》本收錄七部雜俎小說究竟於明代叢書地位爲何？且間接略窺明代著名叢書之間品質優劣。

（一）與明代叢書內容文字差異作比較

叢書名稱　　雜俎小說書名	明代叢書	內　容　文　字　比　較　說　明
《尚書故實》	《陳眉公家藏祕笈續函》本	內容文字差異情形： 主要收錄內容有二種情況，其中以內容完整性與否，已影響該部小說最深。一爲存錄七十八則作品，如明末葉坊刊重編《百
	明末刊本重編	

	《百川學海》本	川學海》本、《五朝小說》本與《重編說郛》本；另一爲存錄八
	明末葉坊刊重編《百川學海》本	十則作品，如《陳眉公家藏祕笈續函》本與明末刊本重編《百
	《五朝小說》本	川學海》本。從二則短闕作品考查《太平廣記》爲佐證，明末
		刊本重編《百川學海》本與《陳眉公家藏祕笈續函》應是較
	《重編說郛》本	能反映該部小說之較佳版本。 比對內容後，主要有五種文字差異情況，異字、異文、闕字、闕文、衍字，其中以「闕文」七則作品影響該部小說最深。故核對七十八則作品中，與明末葉坊刊重編《百川學海》本、《五朝小說》本、《重編說郛》本有七則差異；與明末刊本重編《百川學海》有三則差異，而明萬曆間繡水沈氏尙白齋刊本《寶顏堂祕笈》七則作品未刪減考證、出處等解說文字，故較詳實。 **與明代著名叢書收錄版本比較優劣情形：** 《陳眉公家藏祕笈續函》本，比較精善。
《談苑》	《陳眉公家藏祕笈續函》本	**內容文字差異情形：** 主要有四種文字差異情況，異字、異文、闕字、闕文，其中以「異字」影響該部小說最深。故二十一則「異字」中，明萬曆間繡水沈氏尙白齋刊本《寶顏堂祕笈》內容文字較符合者，有
	明刊《寶顏堂祕笈》本	以下十三則作品，卷一「蘇軾以吟詩有譏仙」；卷二「寶元中」、「石中立」、「朝士趙昶有兩婢」；卷三「夏守恩作殿帥」、「陳靖爲吏部員外郎」；卷四「太祖大燕」、「太祖以神武定天下」、「眞宗詔種放至闕」、「昆吾山有獸如兔」、「歐公嘗曰」、「官銜之名」、「齊李崇爲袞州刺史」等。而明刊本《寶顏堂祕笈》內容文字較符合者，僅有六則作品。其餘二則作品卷一「禁中近清明節」與卷四「眞宗次澶淵」，明萬曆間繡水沈氏尙白齋刊本與明刊本，內容文字皆不符合。 **同是「寶顏堂」刊刻之版本優劣情形：** 明萬曆間繡水沈氏尙白齋刊本《寶顏堂祕笈》，比較精善。
《後山談叢》	《陳眉公家藏祕笈續函》本	**內容文字差異情形：** 主要有二種內容差異情況，其中以內容完整與否影響該部小說
	《唐宋叢書》本	最深，一則爲刪減本，如《唐宋叢書》本、《重編說郛》本；另
	《重編說郛》本	一則爲完整本，如《陳眉公家藏祕笈續函》本。《陳眉公家藏祕笈續函》本，內容共收錄二百四十則作品，再旁查明弘治馬暾刊本之《後山先生集》收錄作品總數相差不多。反觀《唐宋叢書》本與《重編說郛》本，內容僅收錄四十七則作品，爲完整本內容五分之一而已，故難以反映該部小說全貌。 **與明代著名叢書收錄版本比較優劣情形：** 《陳眉公家藏祕笈續函》本，比較精善。
《賢弈編》	「明萬曆間繡水沈氏尙白齋刊本」共分六集之《陳眉公家藏祕笈續函》本	**內容文字差異情形：** 主要有二種文字差異情況： 其一，三百三十二則「異字」有十二則出現差異，「四卷內容」部分，「明萬曆間繡水沈氏尙白齋刊本」共分三集之《陳眉公家藏祕笈續函》本內容文字有十一則較符合；「附錄內容」部分，三百三十二則「異字」有一則出現差異，「明萬曆間繡水沈氏尙白齋刊本」
	「明萬曆間繡水沈氏尙白齋刊本」共分三集之《陳眉公家藏祕笈續函》本	共分六集之《陳眉公家藏祕笈續函》本內容文字較符合。 其二，三百三十二則「闕字」有六則出現差異，「四卷內容」部分，「明萬曆間繡水沈氏尙白齋刊本」共分三集之《陳眉公家藏祕笈續函》本內容文字有四則較符合；「附錄內容」部分，三百三十二則「異字」有二則出現差異，「明萬曆間繡水沈氏尙白齋

		刊本」共分六集之《陳眉公家藏祕笈續函》本內容文字較符合。
		同是「寶顏堂」刊刻之版本優劣情形： 明萬曆間繡水沈氏尙白齋刊本共分三集之《寶顏堂祕笈》，比較精善。
《知命錄》	《陳眉公家藏祕笈續函》本	**內容文字差異情形：** 比對內容後，主要有二種文字差異情況，異字與闕文。故核對二十則作品中，《陳眉公家藏祕笈續函》本三則作品異字與闕文處，旁查另一部同是「寶顏堂」刊行「明萬曆間繡水沈氏尙白齋刊本」之《陳眉公家藏祕笈續函》本，〔註166〕皆與《儼山外集》本相同。故《儼山外集》本，較爲詳實。
	《儼山外集》本	**與明代著名叢書收錄版本比較優劣情形：** 《儼山外集》本，保留自身著作，較爲無誤。
《玉堂漫筆》	《陳眉公家藏祕笈續函》本	**內容文字差異情形：** 主要收錄內容有四種情況，其中以內容完整性與否，已影響該部小說最深。一爲存錄六十一則作品，如《儼山外集》本；二爲存錄四十六則作品，如《陳眉公家藏祕笈續函》本；三爲存錄四十五則作品，如《廣百川學海》本、《說郛續》本；四爲存錄三十四則作品，如《紀錄彙編》本。從上述《四庫全書總目》、《鄭堂讀書記》等資料佐證，陸深自編《儼山外集》本應是較能反映該部小說之較佳版本。
	《儼山外集》本	
	《紀錄彙編》本	比對內容後，主要有四種文字差異情況，異字、闕字、闕文與衍字。故核對四十六則作品中，《陳眉公家藏祕笈續函》本七則作品與其他叢書核對結果，確實有誤。故《儼山外集》本，較爲詳實。
	《廣百川學海》本	
	《說郛續》本	**與明代著名叢書收錄版本比較優劣情形：** 《儼山外集》本，保留自身著作，較爲無誤。
《願豐堂漫書》	《陳眉公家藏祕笈續函》本	**內容文字差異情形：** 比對內容後，主要有二種文字差異情況，一爲「異字」，各版本僅有一則之差，《陳眉公家藏祕笈續函》本與《儼山外集》本相同。二文「異文」，應是《儼山外集》本刊刻時顚倒其文誤刻所致，故核對七則作品中，《陳眉公家藏祕笈續函》本與《儼山外集》本，較爲詳實。
	《儼山外集》本	
	《廣百川學海》本	**與明代著名叢書收錄版本比較優劣情形：**
	《說郛續》本	《陳眉公家藏祕笈續函》本，根據《儼山外集》本刊刻，且經校讎，故較無誤；《儼山外集》本，保留自身著作，較爲無誤。

1. 《陳眉公家藏祕笈續函》本內容文字比較精善之雜俎小說

　　七部雜俎小說收錄作品，內容文字比較精善除表格所呈現外，復從收錄作品數量觀察其「內容比較完整」而作探討。

　　《陳眉公家藏祕笈續函》七部雜俎小說，屬於「內容比較完整」者，有

〔註166〕同註88。

《尚書故實》、《後山談叢》、《願豐堂漫書》等三部作品：

（1）唐李綽《尚書故實》

唐李綽《尚書故實》之《陳眉公家藏祕笈續函》本，現存八十則作品，雖非該部小說之完本，但仍比明末刊重編《百川學海》本、明末葉坊刊重編《百川學海》本、《五朝小說》本、《重編說郛》本略勝一籌。明末葉坊刊重編《百川學海》本、《五朝小說》本與《重編說郛》本雖僅短闕二則，然短闕處關係重大。如其中一則「盧元公鈞奉道」《陳眉公家藏祕笈續函》本有存錄，而《五朝小說》本、《重編說郛》本則無。此一則作品，描述盧元公喜談談神仙之事，故事云：

> 盧元公鈞奉道。暇日與賓友話言，必及神仙之事，云，某有表弟韋卿材，大和中，選授江淮縣宰，赴任出京日，親朋相送，離瀬滻時，已曛暮矣。行一二十里外，覺道路漸異，非常日經過處。既而望中，有燈燭熒煌之狀，林木葱蒨，似非人間。頃之，有謁於馬前者，如州縣候吏，問韋曰：『自何至此？此非俗世。』俄頃，復有一人至前，謂謁者曰：『既至矣，則須速報上公。』韋問曰：『上公何品秩也？』吏亦不對，却走而去。逡巡，遽聲連呼曰：『上公屈！』韋下馬，趨走入門。則峻宇雕墙，重廊複閣，侍衛嚴肅，擬於王侯。見一人年僅四十戴，平上幘，衣素服，遙謂韋曰：『上階。』韋拜而上。命坐，慰勞久之，亦無肴酒湯果之設。徐謂韋曰：『某因世亂，百家相糺，竄避於此，推某為長，強謂之上公。爾來四百年，無教令約束，但任之自然而已。公得至此，塵俗之幸也。不可久留，當宜速去。』命取綃十足贈之。韋出門上馬，却尋舊路，迴望亦無所見矣。半夜朧月，信馬而行，至明，則已在官路，逆旅暫歇。詢之於人，且無能知者。取綃視之，光白可鑒。韋遂驟却入關，詣相國，具述其事，因以炎炎分遺親愛。相國得綃，亦裁製自服。韋云：『約其處，乃在驪山藍田之間，蓋地仙也。』〔註167〕

此則作品頗能闡揚《尚書故實》撰寫之旨意，誠如「小序」所言：「賓護尚書河東張公……。叨遂迎塵，每容侍話。凡聆徵引，必異尋常。足廣後生，可貽好事。遂纂集尤異者，兼雜以詼諧十數節，作《尚書故實》云耳。」

〔註167〕同註2。

〔註168〕而明代叢書不錄可惜，其影響之遠，可以概見。

（2）宋陳師道《後山談叢》

從宋陳師道《後山談叢》之《陳眉公家藏祕笈續函》本，所存二百四十則作品，應是該部小說全部內容，其中有教化、感人之作，如卷四「仁宗每私宴」：

> 仁宗每私宴，十閤分獻熟食。是歲秋初，蛤蜊初至都，或以爲獻，仁宗問曰：『安得已有此邪！其價幾何？』曰：『每枚千錢，一獻凡二十八枚。』上不樂，曰『我常戒爾輩勿爲侈靡，今一下著費二十八千，吾不堪也。』遂不食。〔註169〕

此則作品道出仁宗以身作則，告誡賓客勿奢華之重要性。再舉卷四「華陰呂君舉進士」：

> 華陰呂君舉進士，娉里中女，未行，既中第，婦家言曰：『吾女故無疾，既娉而後盲，敢辭。』呂君曰：『既娉而後盲，君不爲欺，又何辭！』遂娶之。生五男子，皆中進士第，其一人丞相汲公是也。〔註170〕

此則作品道出呂君不因中舉，而拋棄已婚訂之盲妻，後生五子皆是將才，意味呂君是位才德兼備之人。以上二則作品，《唐宋叢書》本與《重編說郛》本皆無存之，故無法顯露一位有德君王及有才臣子之風範。

（3）明陸深《願豐堂漫書》

從明陸深《願豐堂漫書》之《陳眉公家藏祕笈續函》本，所存七則作品，應是該部小說全部內容，其中有「楊髡發宋諸陵」，乃論古事，原文如下：

> 楊髡發宋諸陵，有哀其骨葬之者。陶九成《輟耕錄》所載，以爲唐義士珏；瞿宗吉《歸田詩話》所載，以爲林義士塾；周公謹《癸辛雜志》，則以爲宋陵使羅銑者，蓋中官云。〔註171〕

此則作品論楊髡發宋諸陵骨葬之事，眾說紛紜，可見其被重視程度，實爲該部小說可讀之處；《陳眉公家藏祕笈續函》本有收錄。其餘作品，如〈凡

〔註168〕同註2。

〔註169〕〔唐〕李綽撰：《後山談叢》（〔明〕陳繼儒輯：《寶顏堂祕笈》，臺北國家圖書館「善本書室」藏，明萬曆間繡水沈氏尚白齋刊本）。

〔註170〕同上註。

〔註171〕〔明〕陸深撰：《願豐堂漫書》（〔明〕陳繼儒輯：《寶顏堂祕笈》，「明萬曆間繡水沈氏尚白齋刊本」），頁3～4。

圖畫雷形〉、〈張莊懿公鋟仲子早卒〉、〈婦人首飾以髮爲之者〉等，雜記婦人事，較無可觀，誠如清周中孚《鄭堂讀書記》卷六十五「子部十二之三・小說家類三・雜事下元至　國朝」記載「《願豐堂漫書》一卷，《儼山外集》本」條下云：

> 明陸深撰。……惟「楊髡發宋諸陵」一條爲論古事，大多與《春風堂隨筆》相類，乃其未成之書也。〔註172〕

大抵言之，無論有無可觀者，《陳眉公家藏祕笈續函》本仍依照原書內容完整刊刻。

2. 明代其他叢書本內容文字比較精善之雜俎小說

七部雜俎小說收錄作品，明代其他叢書本內容文字比較精善，即反映出《陳眉公家藏祕笈續函》本之缺點，故分別依照「異動文字，竄改之嫌」與「脫闕文句，校勘不精」再作探討。

（1）異動文字，竄改之嫌

《陳眉公家藏祕笈續函》七部雜俎小說，屬於「異動文字，竄改之嫌」者，有《玉堂漫筆》一部作品：

從陸深《玉堂漫筆》，僅收錄四十六則作品情形分析，刪減其中之十五則作品，實有竄改該部小說之嫌。筆者認爲《陳眉公家藏祕笈續函》刪其十五則作品，實無正當理由，因考查十五則中不少側重《四庫全書總目》所言「考核典故爲尤詳」之作品；前已引述，此部分不再贅言，僅補舉一例說明，如「己亥八月當六年考察」原文如下：

> 己亥八月當六年考察，予循例自陳，俟命閒居。少宰張先生甫川以《革朝遺忠錄》見貽，題其緘曰：「及謝客時一覽。」予閉關讀之，義例蕪雜，似是稿草。前有三序，文不知誰所爲，觀其引用，亦近日之作也。予嘗有意整齊其事，在國子時嘗作編年未就，今日就衰退，恐無成矣。〔註173〕

此則作品，從上下文閱讀，能清楚明白作者於任命朝廷時，考察少宰張先生甫川《革朝遺忠錄》作品，然未整理完全，尤其提起該部書籍應是少宰草稿，非正式之作。此部分，可供學者閱讀《革朝遺忠錄》參考。

〔註172〕《鄭堂讀書記》卷六十五「子部十二之三・小說家類三・雜事下元至　國朝」。同註24，第十四冊，頁379。

〔註173〕同註90。

（2）脫闕文句，校勘不精

《陳眉公家藏祕笈續函》七部雜俎小說，屬於「脫闕文句，校勘不精」者，無作品。

至於，除上述幾部雜俎類小說外，宋孔平仲《談苑》與劉元卿《賢奕編》因同是陳繼儒刊刻，筆者認爲因二版本出入不多，比較無意義可言。另外，明陸深《知命錄》前已言「（二）與明代其他著名叢書收錄版本比較」中已論述，因漫漶造成致誤，故版本間並無差異。

（二）與清代、民國以後其他版本內容文字差異作比較

版本名稱 雜俎小說書名	其他版本	內 容 文 字 比 較 說 明
《尙書故實》	《陳眉公家藏祕笈續函》本	**內容文字差異情形：** 主要收錄內容有二種情況，其中以內容完整性與否，已影響該部小說最深。一爲存錄七十八則作品，如《畿輔叢書》本；另一爲存錄八十則作品，如《陳眉公家藏祕笈續函》本。從二則短闕作品考查明末刊本重編《百川學海》與《太平廣記》爲佐證，《陳眉公家藏祕笈續函》本應是較能反映該部小說之較佳版本。 比對內容後，主要有五種文字差異情況，異字、異文、闕字、闕文、衍字，其中以「闕文」七則作品影響該部小說最深。故核對七十八則作品中，與《畿輔叢書》本有七則差異，而明萬曆間繡水沈氏尙白齋刊本《寶顏堂祕笈》七則作品未刪減考證、出處等解說文字，故較詳實。 **《陳眉公家藏祕笈續函》本與其他版本刊刻之版本孰優孰劣情形：** 《陳眉公家藏祕笈續函》本，比較精善。
	《畿輔叢書》本	
《談苑》（一名孔氏談苑）	《陳眉公家藏祕笈續函》本	**內容文字差異情形：** 主要有四種文字情況，闕文、異文、脫文、衍文，其中以「脫文」與「衍字」影響該部小說最深。故二十九則「脫文」與三十則「衍文」，清吳省蘭輯《藝海珠塵》本內容文字較完整者。 **《陳眉公家藏祕笈續函》本與其他版本刊刻之版本孰優孰劣情形：** 《藝海珠塵》本，比較精善。
	《藝海珠塵》本	
《後山談叢》	《陳眉公家藏祕笈續函》本	**內容文字差異情形：** 主要收錄作品卷數安排、作品內容分法有差異情形，已影響該部小說原貌內容。一爲全書共分四卷，二百四十則作品，如《陳眉公家藏祕笈續函》本；另一全書共分六卷，二百三十五則作品，如張鈞衡《適園叢書》本。從明弘治馬暾刊本《後山先生集》爲佐證，《適園叢書》本，應是較能反映該部小說之較佳版本。 主要內容文字差異情況，影響該部小說最深有二種情形：一則爲作品內容分法，共有二十二則不同；二則爲文字脫衍之情形，共有四十九則。而《陳眉公家藏祕笈續函》本，內容文字訛誤脫衍實在不少，反觀經何焯手校之張鈞衡《適園叢書》本校堪精審程度相比，差異甚多。 **《陳眉公家藏祕笈續函》本與其他版本刊刻之版本孰優孰劣情形：** 《適園叢書》本，比較精善。
	《適園叢書》本	

		內容文字差異情形：
《賢弈編》	《陳眉公家藏祕笈續函》本	主要有三種文字情況，異字、異文、闕字，其中以民國十一年三月上海文明書局《寶顏堂秘笈》本五十七則「異字」差異最多；而臺北新文豐《叢書集成新編》本，亦有四十五則差異。故三百三十二則作品，異字、異文、闕字民國十一年三月上海文明書局《寶顏堂秘笈》本有五十七則，雖與《陳眉公家藏祕笈續函》本相差六十六則，但內容文意較妥當。
	民國十一年三月上海文明書局《寶顏堂秘笈》本	
	臺北新文豐《叢書集成新編》本	**《陳眉公家藏祕笈續函》本與其他版本刊刻之版本孰優孰劣情形：** 民國十一年三月上海文明書局《寶顏堂秘笈》本，比較精善。
《知命錄》	《陳眉公家藏祕笈續函》本	內容文字差異情形： 臺北藝文印書館《百部叢書集成》本與新文豐《叢書集成新編》本，根據《陳眉公家藏祕笈續函》本作為底本。《陳眉公家藏祕笈續函》本與《儼山外集》本差異部分，顯然為《陳眉公家藏祕笈續函》本刊刻時校勘不精所導致，然臺北藝文印書館《百部叢書集成》本與新文豐《叢書集成新編》本，依樣畫葫蘆。此外，臺北藝文印書館《百部叢書集成》本自行增加《四庫全書總目》之《知命錄》「提要」部分，而新文豐《叢書集成新編》本則根據此本刊刻，非該部小說之原貌。
	臺北藝文印書館《百部叢書集成》本	
	臺北新文豐《叢書集成新編》本	**《陳眉公家藏祕笈續函》本與其他版本刊刻之版本孰優孰劣情形：** 皆屬校勘不精之版本。
《玉堂漫筆》	《陳眉公家藏祕笈續函》本	內容文字差異情形： 主要收錄內容有二種情況，其中以內容完整性與否，已影響該部小說最深。一為存錄原貌六十一則作品，如《明代筆記小說大觀》本；二為僅存錄四十六則作品，如《陳眉公家藏祕笈續函》本、臺北藝文印書館《百部叢書集成》本與新文豐《叢書集成新編》本。從刪減十五則作品考查陸深家刻《儼山外集》本為佐證，今日上海古籍出版社《明代筆記小說大觀》本應是較能反映該部小說之較佳版本，亦是影響該部小說最深。
	臺北藝文印書館《百部叢書集成》本	
	臺北新文豐《叢書集成新編》本	比對內容後，主要有三種文字差異情況，異字、闕字、闕文，其中以「異字」為最常見。故核對僅收錄四十七則作品中，就有八則差異，但出入僅一、二文字。
	《明代筆記小說大觀》本	**《陳眉公家藏祕笈續函》本與其他版本刊刻之版本孰優孰劣情形：** 《明代筆記小說大觀》本，比較精善。
《願豐堂漫書》	《陳眉公家藏祕笈續函》本	內容文字差異情形： 臺北藝文印書館《百部叢書集成》本與新文豐《叢書集成新編》本，根據《陳眉公家藏祕笈續函》本作為底本，故無差異。此外，臺北藝文印書館《百部叢書集成》本自行增加《四庫全書總目》之《願豐堂漫書》「提要」部分。
	臺北藝文印書館《百部叢書集成》本	
	臺北新文豐《叢書集成新編》本	**《陳眉公家藏祕笈續函》本與其他版本刊刻之版本孰優孰劣情形：** 《陳眉公家藏祕笈續函》本，較早刊刻。

1. 《陳眉公家藏祕笈續函》本內容文字比較精善之雜俎小說

七部雜俎小說收錄作品，內容文字比較精善係除表格所呈現外，復從收錄作品數量觀察其「內容比較完整」而作探討。

　　《陳眉公家藏祕笈續函》七部雜俎小說，屬於「內容比較完整」者，有《尚書故實》、《願豐堂漫書》等二部作品。

（1）唐李綽《尚書故實》

　　內容比較完整，可從二方面證之：一方面，《陳眉公家藏祕笈續函》本內容說解文字較完全。此部分可從其他版本刊刻之版本為證，如《畿輔叢書》本中所收錄該部小說「陶貞白所著《太清經》」原文如下：

> 陶貞白所著《太清經》，一名《劍經》，凡學道術者，皆須有好劍鏡隨身。又說干將、莫耶劍，皆以銅鑄，非鐵也。

　　而《陳眉公家藏祕笈續函》本，「陶貞白所著《太清經》」原文內容如下：

> 陶貞白所著《太清經》，一名《劍經》，凡學道術者，皆須有好劍鏡隨身。又說干將、莫耶劍，皆以銅鑄，非鐵也。按隱居《古今刀劍錄》云：自古好刀劍，多投伊水中，以襄陝人之妖。蓋伊水中有怪異似人，陝脛已下至腳，有首鼻口耳手足，常損害人矣。

　　從上文橫線處，係《陳眉公家藏祕笈續函》本所多出之並排小字，筆者依照文中所提及《古今刀劍錄》加以考證：

> 章帝炟在位十三年，以建初八年鑄一金劍，令投於伊水中，以厭人漆之怪。弘景按《水經》云：伊水有一物如人，膝頭有爪，人浴輒沒，不復出。〔註174〕

　　《陳眉公家藏祕笈續函》本所言：「按隱居《古今刀劍錄》云：自古好刀劍，多投伊水中，以襄陝人之妖。蓋伊水中有怪異似人，陝脛已下至腳，有首鼻口耳手足，常損害人矣。」佐證上引《古今刀劍錄》內容，雖未與原文字字相同，而皆指學道術者為何攜帶寶劍之緣由，故有助於強化故事張力。

　　另一方面，《陳眉公家藏祕笈續函》本內容情節較為完整。如《陳眉公家藏祕笈續函》本，「太宗酷好法書」原文內容如下：

> 太宗酷好法書。有大王真蹟三千六百紙，率以一丈二尺為一軸。寶惜者獨《蘭亭》為最，置於座側，朝夕觀覽。嘗一日，附耳語高宗曰：『吾千秋萬歲後，與吾《蘭亭》將去也。』及奉諱之日，用玉匣貯之，藏於昭陵。

　　茲以宋李昉《太平廣記》加以佐證，所錄「太宗酷學書」原文如下：

〔註174〕〔梁〕陶弘景撰：《古今刀劍錄》（景印《文淵閣四庫全書》「子部九・譜錄類一　器物之屬」。臺北：臺灣商務印書館發行），第八四〇冊，頁840-4。

太宗酷學書法。有大王眞跡三千六百紙，率以一丈二尺爲一軸。寶
惜者獨《蘭亭》爲最，置於座側，朝夕觀覽。嘗一日，附耳語高宗
曰：『吾千秋萬歲後，與吾《蘭亭》將去也。』及奉諱之日，用玉匣
貯之，藏於昭陵。出《尚書故實》。〔註175〕

此則作品談論唐太宗獨鍾王羲之書法作品《蘭亭集序》，期望死後能以此
作爲葬品之經過。從《太平廣記》所引可證，《陳眉公家藏祕笈續函》本較能
清楚完整表現出。大抵，陳氏編纂《陳眉公家藏祕笈續函》本，刊行此部小
說雖非完本，但該部小說因篇幅短小而必須藉由叢書方式得以傳世，乃能讓
後人方便取資，故仍有保留文獻之功。

（2）明陸深《願豐堂漫書》

陸深《願豐堂漫書》，除陸深自刻《儼山外集》可從清代《四庫全書總目》、
《續文獻通考‧經籍考》與《鄭堂讀書記》等諸書目之記載得到間接印證，
應僅一卷、七則。以《陳眉公家藏祕笈續函》爲底本之臺北藝文印書館《百
部叢書集成》本與新文豐《叢書集成新編》本，雖未能採用陸深自刻《儼山
外集》本爲底本，但亦能呈現該部小說完整內容。

2. 清代、民國以後其他版本內容文字比較精善之雜俎小說

七部雜俎小說收錄作品，其他版本內容文字比較精善，即反映出《陳眉
公家藏祕笈續函》本之缺點，故分別依照「異動文字，竄改之嫌」與「脫闕
文句，校勘不精」作探討。

（1）異動文字，竄改之嫌

《陳眉公家藏祕笈續函》七部雜俎小說，屬於「異動文字，竄改之嫌」
者，有《玉堂漫筆》一部作品。

陸深《玉堂漫筆》，除陸深自刻《儼山外集》可直接證明今日所見上海古
籍出版社《明代筆記小說大觀》中之《玉堂漫筆》內容應是完整外，亦可從
若干目錄書中之記載得到間接印證，如《四庫全書總目》、《鄭堂讀書記》等。
然以《陳眉公家藏祕笈續函》本爲底本之臺北藝文印書館《百部叢書集成》
本與新文豐《叢書集成新編》本，顯然已得知採用底本爲刪減之本，故以《紀
錄彙編》本加以補闕，但此舉仍無法完整呈現原貌三卷，各則作品分屬何卷
之情形外。從補闕之本合計之，仍短收二則作品，故無法補齊《陳眉公家藏

〔註175〕《太平廣記》卷第二百六。同註26，第五冊，頁1601。

祕笈續函》本刪減之十五則作品全部內容。

（2）脫闕文句，校勘不精

《陳眉公家藏祕笈續函》七部雜俎小說，屬於「脫闕文句，校勘不精」者，有《談苑》、《後山談叢》、《賢奕編》、《知命錄》等四部作品。

Ⅰ、宋孔平仲《談苑》

從孔平仲《談苑》之《藝海珠塵》本二十九則中，《陳眉公家藏祕笈續函》本「脫文」內容文字，如《藝海珠塵》本卷三〈鐵鏡相船法〉：

> 造屋主人不恤匠者，則匠者以法厭主人，木上銳下壯，乃削大就小倒植之，如是者凶。兩莖之端合置斗處，以釘釘斗中，如是者凶。
> 以皂角木作門關，如是者凶。〔註176〕

上文橫線處係《陳眉公家藏祕笈續函》本「脫文」內容文字，筆者疑刊刻時因前後適有相同文字者「如是者凶」而致誤，陳繼儒未能精審校勘，故無法顯示此則作品之完整內容。其餘如卷一〈竦議五路進討〉、卷二〈李憲專理西方之事〉等，亦是有如此情形。

Ⅱ、宋陳師道《後山談叢》

宋陳師道《後山談叢》，從作品內容分法層面而論，《陳眉公家藏祕笈續函》本共有二十二則分法不夠清楚，故讓該則作品旨意模糊不清。如《陳眉公家藏祕笈續函》本卷一「王荊公改科舉」：

> 王荊公改科舉，暮年乃覺其失，曰：『欲變學究為秀才，不謂變秀才為學究也。』蓋舉子專誦王氏章句，而不解義，正如學究誦註疏爾。
> 教坊雜戲，亦曰：『學《詩》於陸農師，學《易》以鼓切於冀古勇切深之』，蓋譏士之寡聞也。王無咎、黎宗孟皆為王氏學，世謂黎為『模畫手』，一點一畫不出前人；王為『轉般倉』，致無贏餘，但有所欠。以其因人成能，無自得也。

而查考《適園叢書》本卷一，內容分為二則：

> 第一則「王荊公改科舉」原文：
> 王荊公改科舉，暮年乃覺其失，曰：『欲變學究為秀才，不謂變秀才為學究也。』蓋舉子專誦王氏章句，而不解義，正如學究誦注疏爾。
> 教坊雜戲，亦曰：『學《詩》於陸農師，學《易》以鼓切於冀古勇切深

〔註176〕同註125。

之』，蓋識士之寡聞也。

第二則「王無咎、黎宗孟皆爲王氏學」原文

王無咎、黎宗孟皆爲王氏學，世謂黎爲『模畫手』，一點畫不出前人，謂王爲『轉般倉』，致無贏餘，但有所欠。以其因人成能，無自得也。

從上文內容觀之，筆者認爲《適園叢書》本將其分爲二則作品，比較合理妥當。蓋前者談論王安石晚年對科舉決策疏忽，而造成士子讀書只會刻舟求劍而已，頗爲慨歎。後者道出王氏二位門生王無咎、黎宗孟，無法有自樹一幟之見解。另外，從文字脫衍層面而論，《陳眉公家藏祕笈續函》本共有四十九則，少者脫衍一至二字，多者脫衍至十字以上，如卷一「契丹犯澶淵」、卷二「建業文房」等則，均讓該則作品意境難以傳達或文意令人費解。茲舉《陳眉公家藏祕笈續函》本卷四「巖頭、雪峰、欽山同行」一則：

巖頭、雪峰、欽山同行，至湖外，詣村舍求水，舍中獨一女子，見山愛之，爲具熟水，而水盞中有同心結，山諭意而藏之，遂稱疾而留。巖、峰既行，復還訪之，則已與女納昏，是夕成禮。乃誘出之，投之棘叢，展轉鉤挂，而不能自出，忽大呼曰：『我悟矣！』遂棄去。既出世，每升座即曰：『錦帳繡香囊，風吹滿路香，大眾還知落處麼？』眾莫能對。久之，傳至巖頭，巖教之曰：「汝往，但道：『傳語十八子，好好事潘郎。』」僧既對，山曰：『此是巖頭道底。』僧人無語，余爲代曰：『熟處難忘。』……（以下《陳眉公家藏祕笈續函》本，又將另一則合在此作內。）

查考《適園叢書》本卷六，「岩頭、雪峰、欽山同行」內容之原文曰：

岩頭、雪峰、欽山同行，至湖外，詣村舍求水，舍中獨一女子，見山愛之，爲具熟水，而<u>山</u>盞中有同心結，山諭意而藏之，遂稱疾而留。岩、峰既行，復還訪之，則已與女納昏，是夕成禮。乃誘出之，投之棘叢，展轉鉤挂，而不能自出，忽大呼曰：『我悟矣！』遂棄去。既出世，每升座即曰：『錦帳<u>繡</u>香囊，風吹滿路香，大眾還知落處麼？』眾莫能對。久之，傳至岩頭，岩教之曰：「汝往，但道：『傳語十八子，好好事潘郎。』」僧既對，山曰：『此是岩頭道底。』僧<u>又</u>無語，余爲代曰：『熟處難忘。』

此則作品，從上文橫線處最能傳達文中意境之句「錦帳<u>繡</u>香囊，風吹滿路香，大眾還知落處麼？」其中《陳眉公家藏祕笈續函》本脫「繡」字，故

無法生動傳神出一位女子於錦帳中刺繡著香囊，一路上香囊中之香氣隨風飄送之感受。再者，必須提及《陳眉公家藏祕笈續函》本之《後山談叢》與《適園叢書》本之異文部分，可說是彼彼皆是。以上之例而言，異文共有二處：「而山盞中有同心結」，《陳眉公家藏祕笈續函》本作「水」字；「僧又無語」，《陳眉公家藏祕笈續函》本作「人」字。閱讀其上下文後，《適園叢書》本皆比較符合文意。

III、明劉元卿《賢奕編》

從劉元卿《賢奕編》之《陳眉公家藏祕笈續函》本與民國十一年三月上海文明書局《寶顏堂秘笈》本之「異字」、「異文」、「闕字」等內容文字差異，共計六十六則，如第二卷「官政第八」〈三公卻賄〉：

> 豐布政公慶，一日行部，有知縣篚篚不飭，聞至，乃以白金爲燭饋之。……受之入，夫人手撥茗知之，面頸發赤，亟擊柝請公入，以語公。公迥然不動聲色，第整理其茗，覆篚如初。出坐亭中，召其人還，謂曰：「吾初以家適乏茗，故拜君惠。頃入內詢，家尚有餘茗，心謝尊意。」已授之，令持歸。……具中緘銀幣若干致謝公，即公移中批發不收，且告誡之。踰時公轉大參行，眾將官旅見，其人獨惴恐若無所容。公槩以溫語獎諭諸將官，至其人曰：「汝父名將也。觀汝貌誠不媿將種，第汝年少更事少，後當益努力，以承父業。」
> 其人神情恍然，若更坐云。〔註177〕

上文橫線處係《陳眉公家藏祕笈續函》本，與民國十一年三月上海文明書局內容文字差異，共有三處：其一，「公迥然不動聲色，但整理其茗，覆篚如初。」文中「但」謂爲徒也，而「第」謂爲且也，以「但」字較能傳達其意；其二，「具中緘銀幣若干致謝公，公即移中批發不收，且告誡之。」「即公」、「公即」，雖略作顛倒，而從文意可知作「公即」詮釋較爲順暢；其三，「其人神情恍然，若更生云。」文中「更坐」殊不可解，而「更生」作爲再生之意，較符合內容情節。大抵，民國十一年三月上海文明書局《寶顏堂秘笈》本與《陳眉公家藏祕笈續函》本六十六則之差異，皆屬一、二文字之不同，其中不乏是刊刻之誤如字形相近等情形，加上校勘者未能謹慎所致。

〔註177〕　〔明〕劉元卿撰：《賢奕編》（〔明〕陳繼儒輯：《寶顏堂秘笈》，臺北國家圖書館「善本書室」藏，明萬曆間繡水沈氏尚白齋刊本）。

Ⅳ、明陸深《知命錄》

從陸深《知命錄》,民國藝文印書館《百部叢書》本與新文豐《叢書集成新編》,則是根據本論文底本《陳眉公家藏祕笈續函》本刊刻而成,故刊刻時校勘不精產生錯誤皆相同。上一小節「(一)與明代叢書內容文字差異作比較——2.明代其他叢書本內容文字比較精善之雜俎小說」闡述之結果,與此處情形毫無兩樣,故此處不再贅述。

從內容文字得知,亦能使小說訛誤之處更加顯著,更顯示出陳繼儒雜俎小說校讎粗劣之例證。

二、論收錄作品之文學性價值

上一節從「量」觀察,將七部雜俎小說收錄作品內容文字比較後,已將《陳眉公家藏祕笈續函》本收錄雜俎小說何部可作爲閱讀者、研究者之取資,何部可能要另尋其他較佳之版本,故已初步反映出七部雜俎小說之內容。此單元,進一步要以每部雜俎小說內容特質作論考,是從「質」來反映《陳眉公家藏祕笈續函》陳繼儒選書鑑別能力高下爲何?

(一)較具文學性之雜俎類作品

從「文學性」層面,論其七部雜俎小說收錄作品之價值。以下分別,從作者筆下文采、選用題材實處與作品傳達意境等三方面,分析梳理該部作品是否具備文學性價值。比較「具備文學性」之雜俎類作品,有《後山談叢》、《尚書故實》、《談苑》、《賢弈編》、《玉堂漫筆》、《願豐堂漫書》等六部作品。值得一提,此六部作品中,其中幾部整體質量並非上乘之作,爲避免其中若干則可供閱讀之作被忽略,故在此一併列舉探討。

1. 作者筆下文采

「作者筆下文采」部分,從語言運用與敘事技巧等方面判斷該部小說是否具備文學性之特色。

(1)唐李綽《尚書故實》

李綽《尚書故實》談論主題頗爲多采多姿,且作者文筆清新雅潔,可觀之處不少。舉其描寫文人才氣不凡之例,如「有李幼奇者」一則云:

> 有李幼奇者,開元中以藝干柳芳。嘗對芳念百韻詩,芳已暗記,便
> 題之於壁,不差一字。謂幼奇曰:「此吾之詩也。」幼奇大驚異之,

有不平色。久之，徐曰：「聊相戲，此君所念詩也。」因請幼奇更誦
所著文章，皆一遍便能寫錄。〔註178〕

再舉文人遇神奇靈異之事例，如「裴岳者」一則云：

裴岳者，久應舉，與長興於左搽友善。曾有一古鏡子，乃神物也。
於相布素時得一照，分明見有朱衣吏導從。他皆類此。賓護與岳微
觀，面潔之，云：「不虞。」旋亦墜失。〔註179〕

以上二則作品，皆描述文人之事，一則言藝幹柳芳擅於默記，一則言古
鏡具有靈性事。二則皆談論文人之事，雖著墨主軸各有不同，但筆下文采皆
具韻味。其他作品，如〈牛相公僧孺鎮襄州日〉、〈盧元公鈞奉道〉及〈郭侍
郎承嘏〉、〈陳朝謝赫善畫〉、〈《千字文》〉等則，亦是如此。

（2）宋陳師道《後山談叢》

陳師道為江西詩派代表人物之一，散文成就雖不及詩，而行文簡嚴，仍
不失為北宋巨手，其所撰《後山談叢》處處可見作者筆下文采。元馬端臨《文
獻通考・經籍考》卷四十四「子部小說家」記載「《後山談叢》六卷」云：

《後山談叢》六卷。容齋洪氏《隨筆》曰：後山陳無己著《談叢》，
高簡有筆力。〔註180〕

《文獻通考・經籍考》引洪邁之言，稱讚該部小說「高簡有筆力」。筆者
認為，此特點可從民間農漁記事、文藝相關記錄、文人逸事，最有可觀。例
如卷一卷二〈魚行隨陽〉：

魚行隨陽，春夏浮而逆流，秋冬沒而順流，漁者隨其出沒上下而取
之。〔註181〕

此則作品，簡明扼要道出民間捕漁者之經驗，「漁者隨其出沒上下而取
之」，句法老練。又如卷二〈南唐於饒置墨務〉：

南唐於饒置墨務，歙置硯務，揚置紙務，各有官，歲貢有數。求墨
工於海東，紙工於蜀。中主好蜀紙，既得蜀工，使行境內，而六合
之水與蜀同。李本奚氏，以幸賜國姓，世為墨官云。唐之問，質肅
公之子，有墨曰：『饒州供進墨務官李仲宣造』，世莫知其何。子頎

〔註178〕同註2。
〔註179〕同註2。
〔註180〕《文獻通考・經籍考》卷四十四。同註47，頁1768。
〔註181〕同註148。

　　有家法，以遺黃魯直，魯直以謂不迨孫氏所有。而予謂過之。陳留

　　孫待制家有墨半鋌，號稱廷珪，但色重爾，非古制也。〔註182〕

　　此則作品，以言簡意賅道出南唐于墨、硯、紙各置有官，歲貢有數及唐之問得墨事。

　　（3）明劉元卿《賢弈編》

　　明劉元卿《賢弈編》四卷，分十六類共收錄三百三十二則作品，可觀之處不少。其中「廉淡第二」、「德器第三」、「方正第四」、「官政第八」、「幹局第十」等，或談論道德倫理，或敘述盡忠職守，主題雖殊，然皆能顯露作者氣勢豪放之文采，如第一卷「廉淡第二」：

　　李元衡儉說云：與其貪饕以招辱，不若儉而守；廉于請以犯義，不

　　若儉而全節；侵牟以聚仇，不若儉而養福；放肆而逐欲，不若儉而

　　安性。〔註183〕

　　再舉第二卷「官政第八」：

　　韓琦在宮中書習舊弊，每事必用例。五房操例在手，顧金錢，惟意所

　　欲與。公令刪取舊例，除其冗謬者，為綱目類次之。封縢惟謹。每用

　　例，必自閱。自是人知賞罰可否出宰相，吏不得高下其間。〔註184〕

　　劉元卿二則作品，前一則論儉與否，影響一身，可不慎歟；後一則言韓琦處理政事謹慎，每事皆援舊例。二則雖著墨主題不同，然各有意趣，能見作者嚴正語氣，侃侃而談，皆文從字順，成為該部小說語言主要特色。

　　（4）明陸深《玉堂漫筆》

　　陸深為明代著名藏書家、文學家，從《玉堂漫筆》中最能顯現藏書家精於考證與文學家擅長於文筆等二項特徵。此處先談論作者文筆層面，從《玉堂漫筆》六十一則作品中，處處可見文筆精鍊、簡潔等優點。如卷中「張文潛以水喻作文之法」：

　　張文潛以水喻作文之法，至謂激溝瀆而求水之奇。此無見於理，而

　　欲以言語句讀為奇。反覆咀嚼，卒亦無有文之陋也。此言切中今日

　　之弊。〔註185〕

〔註182〕同註148。
〔註183〕同註131。
〔註184〕同註131。
〔註185〕同註90。

陸深此則作品，描述張文潛言寫作之法，且傳達對張氏寫作奇特之處，短短數句，一語道破精微，故讓人反覆咀嚼，頗富滋味。其餘作品中，有關朝廷典章制度沿革描述，或談論達官文人雜事，亦能見到作者簡要不煩之文筆特色，如卷上〈虞伯生集題《耕織圖》〉、〈俞貞木〉、〈漢制以本官任他職者曰兼〉；卷中〈國初歲遣監察御史巡按方隅〉、〈蘇丑字叔武〉；卷下〈予游金陵〉、〈宋徽宗宣和六年〉等則作品皆是。

2. 選用題材實虛

小說題材實與虛問題，筆者以《四庫全書》卷一百四十一「子部五十一‧小說家類二‧雜事之屬」所言：

> 案：紀錄雜事之書，小說與雜史最易相淆。諸家著錄，亦往往牽混。今以述朝政軍國者入雜史，其參以里巷間談詞章細故者，則均隸此門。《世說新語》，古俱著錄於小說，其明例矣。〔註186〕

上述「提要」所言，筆者認為此七部雜俎小說，作者確實「參以里巷間談詞章細故」。其中有兩大特質：一者，題材乃依據事實，且以小說寫法賦予趣味；二者，材料以杜撰事件，並以小說創作手法賦予神奇。前者，可稱為「實」，可供後人作為資料、考證；後者，可稱為「虛」，可供讀者作為消遣、娛樂。此二類題材，各具不同特色。筆者將《陳眉公家藏祕笈續函》收錄七部雜俎小說，從選用題材「實」與「虛」成分多寡，作為判斷該部小說是否具備文學性。列舉如下：

（1）唐李綽《尚書故實》

據《四庫全書》子部十‧雜家類三雜說之屬「提要」所言：

> 臣等謹案《尚書故實》一卷，唐李綽撰。……其書雜記近事，亦兼考舊聞。如司馬承禎、王谷、盧元公、尉遲迥、韋卿材、謝眞人、淪落衣冠、章仇兼瓊、郭承嘏諸條，雖頗涉語怪，然如〈蘭亭敘〉入昭陵、顧長康畫〈清夜游西園圖〉、謝赫、李嗣眞評畫、百衲琴、戴顒刻佛像、〈碧落碑〉、〈狸骨帖〉、〈寶章集〉、靈芝殿、佛教屬鬼宿、昌黎生顥改金根車、謝安無字碑、鄭虔三絕、顧況工畫諸軼事，皆出此書。而墓碑有〈圓空德政碑〉不當有圓空一條，楊子華畫牡丹花已見北齊一條，《晉書》寒具一條，省試鶯出谷詩一條，杜牧未

〔註186〕〔清〕紀昀等人編纂：《景印文淵閣四庫全書》子部十‧雜家類三雜說之屬（臺北：臺灣商務印書館發行），第八六二冊，頁862～468。

爲比部一條，王右軍書〈千字文〉一條，尤頗有考證。王楙《野客叢書》引據最爲博洽，而牡丹引楊子華事，天廚引〈西園圖〉事，又引其東方朔一條證《山海經》事，皆據爲出典。在唐人小說中亦《因話錄》之亞也。〔註187〕

　　誠如「提要」所言，該部小說所談論之事多半可資考證藝林掌故。以下但擇書中談論顧長康畫〈清夜游西園圖〉與《晉書》寒具一條等二事，加以討論。如《尙書故實》中《〈清夜游西園圖〉》作品內容：

> 《清夜遊西園圖》，顧長康畫。有梁朝諸王跋尾處云，圖上若干人並食天廚。_{語出諸子書，檢尋未得。}貞觀中，楮河南裝背題處具在。本張維素家收得，_{維素，從申之子。}傳至相國張公弘靖。元和中，准宣索并鍾元常寫《道德經》，同進入內。_{時張公鎭并州，進圖表，李太尉衛公作也。}後中貴人崔潭峻自禁中將出，復流傳人間。維素子周封前涇州從事在京，一日有人將此圖求售。周封驚異之，遽以絹數疋贖得。經年，忽聞款關甚急。問之，見數人同稱：仇中尉傳語評事，知《清夜圖》在宅，計閑居家貧，請以絹三百易之。周封憚其迫脅，遽以圖授使人。明日，果齎絹至。後方知詐僞，乃是一力足人求江淮大鹽院。時王庶人涯判鹽鐵，酷好書畫，謂此人曰：『爲余訪得此圖，然遂公所請。』因爲計取耳。及十二家事起，復落在一粉鋪內。郭侍郎_{承暇}閽者以錢三百買得獻郭。郭公又流傳至令狐家。宣宗嘗問相國有何名畫？相國具以圖對。復進入內。_{賓護親見相國說。}

〔註188〕

　　顧長康是東晉著名畫家，本名顧愷之。查考宋郭若虛《圖畫見聞誌》卷第五「故事拾遺」〔註189〕中，即記載一則〈西園圖〉，可證《尙書故實》所言不虛。另據唐張彥遠《歷代名畫記》，書中處處能見顧愷之論畫、評畫、畫作品第等記載。如其卷第五「顧愷之」條下云：

> 顧愷之，字長康，小字虎頭_{上品上}，晉陵無錫人。多才藝，尤工丹青，傳寫形勢，莫不妙絕。劉義慶《世說》云：謝安謂長康曰：「卿畫自

〔註187〕《景印文淵閣四庫全書》子部十·雜家類三雜說之屬。同上註，第八六二冊，頁862～468。

〔註188〕同註2。

〔註189〕〔宋〕郭若虛撰：《圖畫見聞誌》卷第五（中國書畫研究資料社編：《畫史叢書》第一冊，臺北：文史哲出版社，1974年3月），頁222～223。

生人以來未有也。^{又云，卿畫倉頡}^{古來未有也。}曾以一廚畫暫寄桓玄，皆其妙跡所珍祕者，封題之。玄開其後取之，詭言不開，愷之不疑是竊去，直云：「畫妙通神，變化飛去，猶人之登仙也。」故人稱愷之三絕：畫絕、才絕、癡絕。〔註190〕

　　從張彥遠《歷代名畫記》與郭若虛《圖畫見聞誌》記載可證，顧氏為晉代出色畫家。而《尚書故實》所描寫顧愷之《清夜游西園圖》從皇宮貴族至平民百姓，爭相購買顧氏畫作之景象與幾經輾轉於不同人家之過程，可知顧愷之確實為造詣頗高之畫家。

　　再舉「晉書寒具」一條，《尚書故實》記載《《晉書》》作品內容云：

晉書中有飲食名「寒具」者，亦無注解處。後於《齊人要術》并《食經》中檢得，是今所謂「糫餅」。桓玄嘗盛具法書名画，請客觀之。客有食寒具，不濯手而執書畫，因有涴，玄不懌。自是會客不設寒具。〔註191〕

　　此則作品敘述，桓玄邀請客人欣賞自家收藏法書名畫，時有客人一邊吃糫餅，一邊欣賞字畫，因手上油漬將畫弄髒，桓玄不悅，故日後不再以糫餅招待賓客。茲查考唐張彥遠《歷代名畫記》卷第二「論鑒識收藏購求閱玩」中亦記載：

昔桓玄愛重圖書，每示賓客，客有非好事者，正食寒具，^{按寒具即今之}^{環餅，以酥}^{油煮之，遂}^{污物也。}以手捉書畫，大點污。玄惋惜移時。自後每出法書，輒令洗手。〔註192〕

　　從張彥遠《歷代名畫記》記載可證，《尚書故實》此則描寫桓玄因書畫被「環（糫）餅」油漬所污，從此要賓客洗手才能觀畫或不再以此點心招待賓客一事，頗能道出藝林間有趣傳聞。此類掌故傳聞，實難於正史中見到，誠如《鄭堂讀書記》卷五十六「子部十之五・雜家類五・雜說之屬上　漢至元」記載「《尚書故實》一卷　說郛本」條下云：「唐李綽撰。……其書凡七十九條，多記雜事，兼徵古義，援據博洽，頗有可采。」〔註193〕故陳繼儒收錄《尚書

〔註190〕〔唐〕張彥遠撰：《歷代名畫記》卷第五（中國書畫研究資料社編：《畫史叢書》第一冊，臺北：文史哲出版社，1974年3月），頁70。
〔註191〕同註2。
〔註192〕《歷代名畫記》卷第二。同註190，第一冊，頁32。
〔註193〕《鄭堂讀書記》卷五十六「子部十之五・雜家類五・雜說之屬上　漢至元」。

故實》誠可提供閱讀晉唐間文人瑣事掌故之材料。

　　至於，《四庫全書》「提要」又提及該部小說有失諸考證之文：

　　唐李綽撰。……惟張宏靖《蕭齋記》本爲李約作，原記尚存，而云
　　蕭齋在張氏東都舊第；李商隱僅兩任校書郎，一任太學博士，本傳
　　可考，而云臺儀自大夫以下至監察，通謂之五院御史，唐國歷五院
　　者，惟李商隱、張延賞、溫造三人，皆爲失實。要之瑕不掩瑜，固
　　不以一二小節廢矣。〔註194〕

　　上述「提要」所舉《尚書故實》題材失實之問題，余嘉錫《四庫提要辨
證》卷十五・子部六，則加以舉證駁斥。如「李商隱」之事：

　　按：弘靖《記》見《法書要錄》卷三，……李商隱誠未官御史，
　　然朱勝非《紺珠集》卷三引此作李尚隱，今本蓋淺人但知有李義
　　山，遂妄改爲商。《唐才子傳》卷七《李商隱傳》曰：「出爲廣州都督，人或袖金以
　　贈，商隱曰，吾自性分不可易，非畏人知也。」亦誤以尚隱事爲商隱。《舊書・良吏・
　　李尚隱傳》云：「尚隱景龍中《新書》卷一百三十本傳，作神龍中。爲左臺
　　監察御史，自殿中侍御史《新傳》不書此官出爲伊闕令，累遷御史中
　　丞，代王鉷《新傳》作王丘爲御史大夫。」尚隱踐歷五院，本傳敘事，
　　偶略去侍御史一院耳，《提要》不知爲傳刻之誤，而以爲作者之疵
　　瑕，不可謂之善思誤書也。〔註195〕

　　大抵，余氏言之有據，而「提要」不免有善思誤書之譏。且筆者認爲《尚
書故實》此則作品：「臺儀自大夫已下至監察，通謂之五院御史。國朝踐歷五
院者共三人，爲李商隱、張魏公延賞、溫僕射造也。」〔註196〕乃是作者欲要
彰顯此三人之才，而特爲之記載。余嘉錫《四庫提要辨證》此則作品人物眞
假委實，可將李綽《尚書故實》撰述特色清楚呈現。除此之外，亦能改正前
述各種版本，如《陳眉公家藏祕笈續函》、明末刊本《百川學海》本、明末葉
坊刊本重編《百川學海》、《五朝小說》、《重編說郛》、《畿輔叢書》等，皆將
「李尚隱」誤刻爲「李商隱」之疏失。

　　（2）宋孔平仲《談苑》

　　　　　同註24，第十三冊，頁721～722。
〔註194〕《景印文淵閣四庫全書》子部十・雜家類三雜說之屬。同註186，第八六二
　　　　　冊，頁862-468。
〔註195〕《四庫提要辨證》卷十五「子部六」。同註13，第三冊，頁916～918。
〔註196〕同註2。

　　據《四庫全書》「提要」所言：「是書多錄當時瑣事，而頗病叢雜。」又據蕭相愷《中國文言小說家評傳》記載「孔平仲」謂：

　　　　今見《孔氏談苑》有四卷本和五卷本，內容相同。每卷分卷若干條，
　　　　所記多爲街談巷議、朝政瑣聞。內容多是抄取江鄰幾《嘉祐雜志》，
　　　　又有多條出自《遯齋閑談》、《錢氏私志》、《王文正筆錄》、《春明退
　　　　朝錄》、《國老閑談》。〔註197〕

　　從以上所述，可知孔氏撰寫該部小說題材繁夥，且多參考他書。再者，取材大多出於未經證實之事件，是故該部小說多半含有「虛」之成份。唯筆者認爲，所錄故事情節雖未能如史實之有憑有據，但保存若干民間故事之珍貴資料、文人軼事、詩歌本事，此皆可爲研究宋代文學者所取資。例如卷二〈紫姑神〉：

　　　　金陵夏氏，能致紫姑神。神能屬文，其書畫似唐人，應對機捷。蔣
　　　　山法泉長老曰：『問仙姑求一偈子。』神云：『禮拜來，不惜口中口
　　　　你爲說破。』泉曰：『試說看。』神曰：『咄！』泉曰：『也是外學之
　　　　流。』神曰：『去！』法泉曰：『公案未了。』神曰：『將拄杖來。』
　　　　良久書頌曰：『鍾山鍾山，今古長閑。天邊雲漠漠，澗下水潺潺。』
　　　　或寫此一段語寄示李之儀，曰：『冤哉法泉！被三姑摧折。』之儀答
　　　　曰：『法泉所謂雪上加霜也。』〔註198〕

　　此則作品，除作爲民間紫姑神參考文獻價值外，亦能提供讀者閱讀有關「紫姑神」詩詞之助。如熊孺登〈正月十五日〉〔註199〕、李商隱〈昨日〉〔註200〕等唐人詩均云及「紫姑神」，《孔氏談苑》雖宋代小說，且有關「紫姑神」於劉宋劉敬叔《異苑》卷五已記載，仍可作爲佐證民間信仰資料。又如卷一〈皇甫僎深刻〉：

　　　　蘇子瞻隨皇甫僎追攝至太湖鱸香亭下，以柂損修牢。……有一獄卒，

〔註197〕蕭相愷主編：《中國文言小說家評傳》（鄭州市：中州古籍出版社，2004年4
　　　　月），頁312。
〔註198〕同註125。
〔註199〕熊孺登〈正月十五日〉：「漢家讀事今宵見，楚郭明燈幾處張。深夜行歌聲絕
　　　　後，紫姑神下月蒼蒼。」
　　　　出處：《全唐詩》卷四七六，頁5419。
〔註200〕李商隱〈昨日〉：「昨日紫姑神去也，今朝青鳥使來賒。未容言語還分散，少
　　　　得團圓足怨嗟。二八月輪蟾影破，十三弦柱雁行斜。平明鐘後更何事，笑倚
　　　　牆邊梅樹花。」
　　　　出處：《全唐詩》卷五四0，頁6203。

仁而有禮，事子瞻甚謹，每夕必然湯爲子瞻濯足。子瞻以誠謁之曰：
『軾必死，有老弟在外，他日託以二詩爲訣。』獄卒曰：『學士必不
至如此。』子瞻曰：『使軾萬一獲免，則無所恨。如其不免，而此詩
不達，則目不瞑矣。』獄卒受其詩，藏之枕中，其一詩曰：『聖主寬
容德似春，小臣孤直自危身。百年未了先償債，十口無依更累人。
是處青山可藏骨，他年夜雨獨傷神。與君世世爲兄弟，更結人間未
了因。』〔註201〕

　　從此則作品，除見出蘇軾兄弟情感深厚外，筆者認爲文中此首七言律詩
可作爲考查子瞻因烏台詩案囚禁牢中心情寫照。此作蘇軾詩文集未收錄，僅
見於宋張端義《貴耳集》卷上，〔註202〕字句略異，實可作爲子瞻被貶於黃州
前後作品資料之一。

　　（3）宋陳師道《後山談叢》

　　元馬端臨《文獻通考·經籍考》卷四十四「子部小說家」記載「《後山談
叢》六卷」云：

　　　　《後山談叢》六卷。容齋洪氏《隨筆》曰：後山陳無己著《談叢》，
　　　　高簡有筆力，然所載國朝事，失於不考究，多爽其實。如云呂許公
　　　　惡韓、范、富三公，欲廢之而不能，乃建議使行邊；及丁文簡因杜
　　　　祁公一語之戲，而陷蘇子美以撼祁公；丁晉公以白金賂中使，尼張
　　　　乖崖之進，與張乖崖聞逐萊公而買田宅以自污。考之諸公出處，日
　　　　月皆不合。前四事，所係不細，乃誕漫如此。蓋前輩不藏國史，好
　　　　事者肆意飾說爲美聽，疑若可信，故誤入紀述。後山之書，必傳於
　　　　後世。懼貽千載之惑，予是以辨之。〔註203〕

　　引言中，洪邁除稱美《後山談叢》之優點外，亦指出「所載國朝事，失
於不考究，多爽其實」之缺失。筆者查考《後山談叢》卷四「張乖崖聞逐萊
公而買田宅以自污」一則：

　　　　乖崖在陳，一日方食，進奏報至，且食且讀，既而抵案慟哭久之，
　　　　哭止，復彈指久之，彈止，罵詈久之，乃丁晉公逐萊公也。乖崖知
　　　　禍必及己，乃延三大戶於便坐，與之博，袖間出彩骰子，勝其一坐，

〔註201〕同註125。
〔註202〕今見台北河洛圖書公司影印《蘇東坡全集·續集》卷二〈獄中寄子由〉二首。
〔註203〕《文獻通考·經籍考》卷四十四。同註47，頁1768。

乃買田宅爲歸計以自污。晉公聞之，亦不害也。余謂此智者爲之，
賢者不爲也。賢者有義而已，寧避禍哉！禍豈可避耶？〔註204〕

今考張詠與三大戶執骰子贏後而買田宅一事，史書上並無記載，誠如余嘉
錫《四庫提要辨證》卷十七‧子部八「《後山談叢》四卷　宋陳師道」條下云：

> 嘉錫案：《晦菴集》卷三十八〈答周益公書〉云：『若《談叢》之書，
> 則其記事固有得於一時傳聞之誤者。然而此病，在古雖遷、固之博，
> 近世則溫公之誠，皆所不免，況於後山。雖頗及見前輩，然其生平
> 蹤跡，多在田野，則其見聞之間，不能盡得事實，宜必有之。恐亦
> 未必以此便謂非其所著也。』然則此書實出師道之手，而其記事則
> 不能無失，朱子已早言之矣。〔註205〕

余氏引朱晦菴〈答周益公〉書云云，蓋周必大疑《談叢》非後山所著，故
朱子辨之如此。據此亦可知，《後山談叢》雖記載不少北宋史事人物，然作者「生
平蹤跡，多在田野，則其見聞之間，不能盡得事實，宜必有之。」何況小說固
極難信，作者既將史實作爲故事題材，題材本身是實、是虛，往往眞假難辨，
研究者秉筆則當抉擇。而一般讀者若以裨官野史之態度閱讀，其中不乏精彩異
聞，如卷四「壺公觀大木」，蔡州所謂奇木，閩人視之乃榕木也；榕木枝復爲木，
四垂旁出，吾家鄉澎湖通樑有「大榕樹」在廟前，正與蔡州壺公觀大木類同，
讀之頗親切也。又如卷五「太祖爲太原鎭將」而記太祖待故李媼子，公私分明，
眞英明聖君。而「王師既平蜀」太祖不殺孟昶，在在顯示其雍容氣度。

（4）明劉元卿《賢奕編》

據吳秋林《中國寓言史》「第七章　明清寓言」所言：

> 劉元卿寓言創作還善於從民間寓言中汲取營養，《貓號》就是這樣的
> 例子……這則寓言是在許多地區民間流傳的寓言之一，有多種形
> 態，劉元卿拿來改造後，顯得更精致而生動。〔註206〕

從吳氏所述，可知劉氏撰寫該部小說題材繁夥，且善於取材若干民間故
事之珍貴資料，此皆可作爲明代文學之參考。例如第三卷〈里尹昧我〉：

> 一里尹管解罪僧赴戍。僧故黠，中道，夜酒里尹，致沈醉鼾睡；已
> 取刀髡其首，改紲己索，反紲尹項而逸。凌晨，里尹寤，求僧不得，

───────────

〔註204〕同註148。
〔註205〕《四庫提要辨證》卷十七「子部八」。同註13，頁1057。
〔註206〕同註156，頁256～257。

自摩其首髡，又索在項，則大詫驚曰：「僧故在，是我今何在耶？」

夫人具形宇內，罔罔然不識眞我者，豈獨里尹乎！〔註207〕

此則作品，述及一位里尹管行屍走肉過活之可笑模樣。除劉元卿《賢奕編》收錄外，明趙南星《笑贊》中亦輯錄此則作品，並於末後「贊曰」謂：

世間人大率悠悠忽忽，忘卻自己是誰，這解和尚的就是一個，其飲酒時更不必言矣，及至頭上無髮，剛纔知是自己卻又成了和尚。行屍走肉，絕無本性，當人深可憐憫。〔註208〕

又如第三卷「應諧第十五」〈兩生同病〉，明楊茂謙《笑林評》卷上、清遊戲主人《笑林廣記》卷二，亦有收錄；第三卷「應諧第十五」〈夸父名貓〉，更是明民間流傳盛行之寓言故事，皆以虛浮誇張方式諷刺當時阿諛奉承者之行徑。大抵，《賢奕編》第三卷「警喻第十四」、「應諧第十五」中，不少作品皆取材自民間或根據他書改寫，劉元卿則能後出轉精，故今日所見寓言或笑話書如朱靖華《歷代寓言選》、楊家駱《中國笑話書》等所擇錄作品多言選自《賢奕編》，從此可證之矣。

（5）明陸深《玉堂漫筆》

明陸深《玉堂漫筆》，主要取材源自作者身處朝廷中，所見所聞之典章制度，多半信實可徵，誠如周中孚《鄭堂讀書記》卷六十五「子部十二之三‧小說家類三‧雜事下元至　國朝」記載「《玉堂漫筆》二卷　儼山外集本」條下云：

是編乃其官翰林時所作，故以「玉堂」爲名。凡六十一條，皆記當代軼事，并作舊聞雜說，頗爲詳瞻，兼可以補史闕。〔註209〕

今按此部分資料，多具備「實」之成分。如卷上「本朝開科」：

本朝開科，自洪武四年辛亥始，後至十七年甲子復設乙丑會試。楊文貞謂國初三科，猶循元制作經義，至二十年戊辰，始定今三場之制。〔註210〕

此外，該部小說於人物考證取材，往往有憑有據，且頗爲瞻詳。以下舉

〔註207〕同註131。

〔註208〕〔明〕趙南星著‧盧冀野校訂：《明清笑話四種》（台北：華正書局出版，1974年10月），頁8。

〔註209〕《鄭堂讀書記》卷六十五「子部十二之三‧小說家類三‧雜事下元至　國朝」。同註24，第十四冊，頁376～377。

〔註210〕同註90。

其最著名二則作品，其一「世傳《七賢過關圖》」：

> 世傳《七賢過關圖》，或以爲即竹林七賢爾。屢有人持其畫來求題跋，漫無所據。觀其畫衣冠騎從，當是晉魏間人物，意態若將避地者，或謂即《論語》作者七人像而爲畫爾。姜南舉人云：「是開元間冬雪後，張說、張九齡、李白、李華、王維、鄭虔、孟浩然出藍田關，游龍門寺。鄭虔圖之。虞伯生有《題孟浩然像詩》：『風雪空堂破帽溫，七人圖裡一人存。』又有槎溪張輅詩：『二李清狂狎二張，吟鞭遙指孟襄陽。鄭虔筆底春風滿，摩詰圖中詩興長。』」是必有所傳云。〔註211〕

此作可從蘇軾〈贈寫眞何充秀才〉詩，相互印證。其詩：

> 君不見潞州別駕眼如電，左手挂弓橫撚箭，又不見雪中騎驢孟浩然，皺眉吟詩肩聳山。飢寒富貴兩安在，空有遺像留人間。此身常擬同外物，浮雲變化無蹤跡，問君何苦寫我眞？君言好之聊自適。黃冠野服山家容，勳名將相今何限，往寫褒公與鄂公。〔註212〕

其中「又不見雪中騎驢孟浩然，皺眉吟詩肩聳山」二句，能見出陸深雖採姜南舉人之言，亦顯露取材之源，仍可追本溯源。其二「相傳永樂初遣胡忠安公巡行天下」此作談論人物張三丰。張氏巡訪之事，取材都穆《談纂》卷下中二則作品〔註213〕，此證《玉堂漫筆》有關張三丰之資料來廣，實有根據。

（6）明陸深《願豐堂漫書》

明陸深《願豐堂漫書》，主要取材源自作者身處朝廷中，若干見聞可供參考，誠如《中國文言小說總目提要》「第四編　明代　雜俎類」謂：

> 【願豐堂漫書】
>
> 明代雜俎小說類。陸深撰。……書中雜記見聞，或有可取者。如寫周忱巡撫江南，慮王振異己，乃於王成新居時作剪絨毯贈之，王喜

〔註211〕同註90。

〔註212〕〔明〕王文誥輯注：《蘇軾詩集》（北京：中華書局出版，1982年2月），第二冊，頁587～588。

〔註213〕都穆《談纂》卷下中二則作品原文如下：其一「張三丰有遺墨少好道走四方無所得。至正末某歲，遇陸龍先生於嵩山授以眞訣，遂而超悟陸先生圖南之高弟子也。」其二「三丰去金陵太祖，欲見不可得命眞人。張宇初求之，宇初懼詣，武當山拜表云，望都差將史訪於洞府名山，今其表見本山志。」〔明〕都穆撰：《談纂》（嚴一萍輯：《百部叢書集成》中之《硯雲甲乙編》叢書，臺北：藝文印書館），卷下，頁28。

而多從之。〔註214〕

考查《願豐堂漫書》中之〈周文襄公忱巡撫江南日〉：

周文襄公忱巡撫江南日，巨璫王振當郭，慮其異己也。時振新作居第，今之京衛武學是已。公預令人度其齋閣，使松江作剪蕛毯遺之，覆地不失尺寸。振極喜，以為有才。公在江南凡上利便事，振悉從中贊之；宋秦檜格天閣成，鄭仲為蜀宣撫，遺錦地衣一鋪。檜命鋪閣上，廣袤無尺寸差。檜默然不樂，鄭竟得罪。二事極相類，一以見疑，一以見厚，豈其心術之微有不同耶。〔註215〕

此則作品，顯見作者有意以今日對照昔日官場中如何猜測上位者心意，乃是官場中必須學習課程。其中亦有助於人物考證，如文中提及周忱，考查《罪惟錄‧列傳》卷十一上「經濟諸臣列傳上」記載：

周忱，字恂如，江西吉水人。永樂二年進士，自陳願補預文淵閣，許之。以員外郎□越府長吏。宣德五年，歷工部右侍郎，巡撫江南。……正統中，璫振弄權，忱善調劑之，以故欲有所張弛，片詞輒奉諭旨。詔兼撫嘉湖，則修築捍海塘，費鉅萬。役五載，皆忱度支，海不能為患。十四年入朝，以工部尚書復還江南巡撫。八月，英廟北狩，國事惚遽，忱致糧數百萬京師，并造軍器數百萬，鱗次無愆期。景泰初，引年不允，尋請老。召還京，致仕卒。年七十有三，諡文襄。江南民祠祀之。忱之才識饒敏，不拘繩墨，事苟利便，破格行之。嘗為冊記日所行事，及陰晴風雨，有告振，輒按冊詢訊，人莫敢欺。〔註216〕

從以上資料，能見出周忱為官為民，依舊奉承王振，實是王振為人霸道，可從《罪惟錄‧列傳》卷十一上「宦寺列傳下」〔註217〕見出；故此則作品顯露官場中清廉為官者無奈之情。從〈周文襄公忱巡撫江南日〉作品，亦顯露取材之源，仍可追本溯源。此證《願豐堂漫書》所載有關明代臣相周忱、王振之資料，實有根據。

〔註214〕寧稼雨撰：《中國文言小說總目提要》（濟南：齊魯書社出版發行，1996年12月），頁265。

〔註215〕同註110，頁3。

〔註216〕〔清〕查繼佐撰：《罪惟錄列傳》（周駿富輯：《明代傳記叢刊》綜錄類⑥，明文書局印行），第八十五冊，頁085-544至085-545。

〔註217〕同上註，第八十六冊，頁086-723至086-725。

3. 作品傳達意境

小說意境傳達〔註218〕，藉由作品主題，傳達作者思想寓意。思想寓意，多半含有多重意味，故呈現意境往往具備多層次感受。以下筆者從文獻方式，將《陳眉公家藏祕笈續函》收錄七部「雜俎類」作品內容分析歸納後之結果，分別從情、理、奇三大意境層面，探討該部小說是否具備文學性。然必有若干則作品，傳達意境非僅屬其中之一，甚至有兼含三種意境者。實因內容如此，不得不然也。

（1）情之意境，多半指作品以情思感動讀者心底。

雜俎小說，以雜記人、事、物為主題，其中「情之意境」特指故事發展無論主角是人或是物，皆必須蘊藏豐沛愛憎感情，以觸動讀者心弦。

I、唐李綽《尚書故實》

唐李綽《尚書故實》中，〈兵部李約員外嘗江行〉：

> 兵部李約員外嘗江行，與一商胡舟楫相次。商胡病，固邀相見，以二女托之，皆絕色也，又遺一珠，約悉唯唯。及商胡死，財寶約數萬，悉籍其數送官，而以二女求配。始殮商胡時，約自以夜光含之，人莫知也。後死商胡有親屬來理資財，約請官司發掘驗之，夜光果在，其密行皆此類也。〔註219〕

此則作品傳達信守誠諾及義氣感人。另舉〈李抱貞鎮潞州〉：

> 李抱貞鎮潞州，軍資匱闕，計無所為。有老僧，大為郡人信服。抱貞因詣之謂曰：「假和尚之道，以濟軍中，可乎？」僧曰：「無不可。」抱貞曰：「但言請於鞠場焚身，某當於使宅鑿一地道通連。候火作，即潛以相出。」僧喜從之，遂陳狀聲言。抱貞命於鞠場積薪貯油。因為七日道場，晝夜香燈，梵唄雜作，抱貞亦引僧入地道，使之不疑。僧乃升座執爐，對眾說法。抱貞率監軍僚屬及將吏，膜拜其下。以俸入檀施，堆于其傍。由是士女駢填。捨財億計。滿七日，遂送柴積，

〔註218〕所謂「小說意境」，據劉世劍《小說概說》云：「小說中的意境較隱蔽，它多半融化在構成小說的諸因素（如人物、環境、抒情、議論、語言）中。一般讀者閱讀小說時也較少自覺地、專門地關心它的意境。但意境存在於小說中確是事實，而且這是分辨小說格調高低、藝術感染力大小的一個重要依據。」

劉世劍著：《小說概說》（高雄：麗文文化事業股份有限公司，1994年11月），頁187。

〔註219〕同註2。

灌油發焰，擊鐘念佛。抱貞密已遣人填塞地道，俄頃之際，僧薪坦灰。
數日，藉所得貨財，輦入軍資庫。別求所謂舍利者數十粒，造塔貯焉。
〔註220〕

此則故事，描述李抱貞鎮潞州時，因軍資匱乏與當地知名老僧計謀以鞫場焚身，騙取信徒錢財。不料李抱貞真將老僧活活燒死，將所得錢財作為軍資，亦另求數十粒舍利子造塔貯藏。閱讀之後，引發人面獸心之感慨。其理有二：一，一位官員，果真因軍資面臨匱關，當以正當途徑尋求援助，而非以詐騙手段，甚至以偷梁換柱方式讓百姓誤以此老僧是位得道高僧。二，一位真正修道僧人，本因與世無爭，如今被名所惑，最終死無葬身之地，令人感嘆。《尚書故實》收錄八十則作品，能感動讀者另有〈公自述高伯祖嘉祐〉一則，亦可引發人對沉冤得雪之感動。

II、宋孔平仲《談苑》

宋孔平仲《談苑》中，其中有幾則描寫真宗皇帝之行徑，讀後頗受感動。如卷一〈王文正公以清德事真皇〉：

王文正公以清德事真皇，上特敬重。一日，御宴，陳設鮮華，旦顧視，意色不悅，上已覺其如此，至中休，命左右以舊陳設易以矣。
〔註221〕

另舉卷一〈皇甫僎追取蘇軾也〉：

皇甫僎追取蘇軾也，乞逐夜所至送所司案禁，上不許，以為只是根究吟詩事，不消如此，其始彈劾之峻，追取之暴，人皆為軾憂之。至是，乃知軾必不死也。其後果然。天子聰明寬厚，待臣下有禮，而小人迎望要為深刻，如僎類者，可勝計哉！〔註222〕

再舉卷二〈真宗禁銷金〉：

真宗禁銷金，自東封歸，杜健仔者，昭憲太后之侄女也，迎駕服之，上怒，送太和宮出家，由此人莫敢犯。〔註223〕

細閱上述三則引文，王旦以清德事真皇，上特敬重；皇甫僎追取蘇軾，迎望要為深刻，上不許；真宗禁銷金，杜健仔迎駕服之，上怒，送太和宮出

〔註220〕同註 2。
〔註221〕同註 125。
〔註222〕同註 125。
〔註223〕同註 125。

家。作者記載此三事，皆在稱頌眞宗皇帝，作者寓意明白可知。

（２）理之意境，多半指作品以理趣引發讀者思維。

雜俎小說，以雜記人、事、物爲主題，其中「理之意境」特指故事發展無論主角是人或是物，皆可作爲寄託作者思想媒介，且能開啓讀者對人生處世或事物義理有更深入認識與啓發。

Ⅰ、宋陳師道《後山談叢》

宋陳師道《後山談叢》中，能傳達情之意境作品，如卷四〈世傳張長史學吳畫不成而爲草〉一則：

> 世傳張長史學吳畫不成而爲草，顏魯公學張草不成而爲正。世豈知其然哉！蓋英才傑氣，不減其師，各自成家，以名於世。使張爲畫，吳既不可越，功與之齊，必出其下，亦爭名之弊也。〔註224〕

細閱此則作品，曰：「亦爭名之弊也。」誠哉世人非逐利即爭名、彼時士人固不能免，歷千載而下當代亦不能免：不獨後山有此長嘆也。再舉卷六〈蘇公自黃移汝〉一則：

> 蘇公自黃移汝，過金陵見王荊公，公曰：「好個翰林學士，某久以此奉待。」公曰：「撫州出杖鼓鞝，淮南豪子以厚價購之，而撫人有之保之已數世矣，不遠千里，登門求售。豪子擊之，曰：『無聲！』遂不售。撫人恨怒，至河上，投之水中，吞吐有聲，熟視而嘆曰：『你早作聲，我不至此！』」〔註225〕

閱讀此則作品，從撫州出杖鼓鞝，投之水中，乃吞吐有聲，故蘇子借撫人之口：「你早作聲，我不至此！」謂嘆王安石未能伸援手相救也。

Ⅱ、明劉元卿《賢奕編》

明劉元卿《賢奕編》中，第三卷「觀物第十三」、「警喻第十四」、「應諧第十五」等作品，屢以詼諧故事寄寓深刻思想，如第三卷「觀物第十三」〈高聽嗜殺〉：

> 有蛇名高聽，常闖入巨蜂房中，盡收其毒，乃出伏道傍莽中，伺人過而螫之。已，尾其人至于宅近處，緣樹末而竊聽之。聞其家有哭聲，諗其人既斃，乃悠然去，否則憤憤，復集毒螫人如初。噫！此蛇蓋夙生中惡業者，如所螫人徼天之倖終無恙，日自集毒無已，毒

〔註224〕同註148。
〔註225〕同註148。

厚寧不自斃哉，愚矣。〔註226〕

此則故事，指出心狠手辣之人，終會自食惡果，其中或寄寓明代宦官橫行霸道之行徑。《賢奕編》其餘作品，能引發讀者思維。另有「警喻第十四」〈點猱媚虎〉、「應諧第十五」〈性嗜臟羹〉等，亦能引發閱讀者對明代上階層欺侮百姓惡行之痛恨。另外，在第三卷「警喻第十四」、「應諧第十五」等作品，劉元卿常寄寓對明代讀書人不知變通之諷刺。如第三卷「應諧第十五」〈指鶃爲羹〉：

> 昔人有觀鶃翔者，將援弓射之，曰：「獲則烹。」其弟爭曰：「舒鶃烹宜，翔鶃燔宜。」竟鬥而訟于社伯。社伯請剖鶃，烹、燔半焉。
>
> 已而索鶃，則凌空遠矣。今世儒爭異同，何以異是？〔註227〕

類此思維之作品，如第一卷「廉淡第二」〈之翰辭硯〉等；第三卷「警喻第十四」〈執泥繪像〉等、第三卷「應諧第十五」〈盲子墜橋〉、〈乍解張皇〉等，皆有諷意寄寓。

（3）奇之意境，多半指作品以奇異詭怪吸引讀者想像。

雜俎小說，以雜記人、事、物爲主題，其中「奇之意境」特指故事發展無論主角是人或是物，以超越人之行爲能力、事件發展正當性，即情節結構以奇異作爲發展核心，讓讀者欣賞過程中有不可思議之感受。

Ⅰ、唐李綽《尚書故實》

唐李綽《尚書故實》中，〈李師海者〉：

> 李師海者，畫蕃馬李漸之孫也，爲劉從諫潞州從事，知劉不軌，遂隱居黎城山。潞州平，朝廷嘉之，就除一縣宰。曾於衲僧處得落星石一片。僧云：「於蜀路早行，見星墜於前，遂圍數尺掘之，得片石如斷磬。其一端有雕刻狻猊之首，亦如磬，有孔，穿條處尚光滑。豈天上樂器毀而墜歟？」此石後流到綽安邑宅中。〔註228〕

此則故事，描述李師海曾從一位僧人見到一塊隕石，僧人認爲此塊隕石像是一種樂器，並認爲此應是天上神人奏樂時不甚掉落於凡間之物品。《尚書故實》另有〈又李汧公取桐孫之精者〉等則作品，亦有閱讀後頗爲不可思議之感受。

〔註226〕同註131。
〔註227〕同註131。
〔註228〕同註2。

II、明劉元卿《賢奕編》

明劉元卿《賢奕編》中，第二卷「達命第十一」、第三卷「仙釋第十二」、第四卷「志怪第十六」等作品，多寓含鬼怪之事與宿命之說，如第二卷「達命第十一」〈禍福由命〉：

> 正統丙辰狀元周旋，溫州永嘉人。初閣老預定第一甲三人，候讀卷時，間同在内諸公云：周旋儀貌何如？或以豐美對。閣老喜，及傳臚不類所聞，蓋豐美者嚴州周瑄，聽之不眞而誤對耳。天順庚辰曹欽反，連捕其黨寧波馬益甚急。一星士馮益就逮亦棄市，蓋二人皆寧波人，且同名，故有此誤。乃知人之禍福眞有命也。〔註229〕

此則故事，謂人之禍福冥冥之中已經注定，讀後眞有不可思議之感受。同此類型作品，於第二卷「達命第十一」中，如〈吉凶在人〉、〈數不可逃〉、〈婚姻前定〉等亦是。

（二）較無文學性之雜俎類作品

七部雜俎小説收錄作品，分析研讀後發現作者筆下較無文學意趣、選用題材較無新意與作品較缺少意境傳達等三方面，作為判斷該作品較無深刻文學性。屬於「較無文學性雜俎類作品」有《知命錄》、《願豐堂漫書》等二部作品。值得一提，此二部作品雖較無文學性成分，但仍具備其他功用或目的。為避免被閱讀者忽略，故在此亦稍加探討。

1. 作者筆下較無意趣

筆者認為，《知命錄》若干作品取用「記事」題材比較平淡，而作者亦無法讓故事情節產生矛盾與衝突，故讀後無法令人耳目一新。如第七則〈都太僕玄敬〉：

> 都太僕玄敬，嘗為予言姚少師廣孝還吳中數事。内一事云：少師嘗與嘉定王太史彜同學，太史有姊，每晨為少師總髻，撫之有恩，故少師事之如母。少師既貴，還欲拜之，姊不肯出甚堅，家人慫恿之，曰：「少師，貴人也。且執禮恭，豈宜終拒？」姊不得已，出立堂中，少師望見之，即下拜。至第二拜，姊遂抽身入户，云：「我不要爾拜許多。那見做和尚不了底，是甚麼好人？」少師怡然受之。狄梁公有盧姨，在午橋南別墅，梁公事之甚謹，偶雪中往候之。適姨子攜

雉兔自外入，意甚輕簡。梁公啟姨曰：「某今為相，表弟何樂，願悉
力成之。」姨曰：「止一子爾，不欲令事女主。」公大慚。此二嫗頗
相類，可謂英烈矣。〔註230〕

此則故事，前半段記錄王彝姊姊年輕時每天清晨為姚廣孝梳髮，撫之有
恩，其後廣孝顯貴，不肯接受報恩之經過；後半段描述狄梁公盧姨，不欲令
其獨子事君主事。作者筆下記事平實，雖略能傳達二嫗英烈事蹟，然未交代
人物心情轉變及不通人情之原因，故無法讓讀者留下深刻印象。又如第四則
〈蜈蚣畏雞〉、第六則〈張文潛舉板蕩詩〉等亦是如此。因此，寧稼雨《中國
文言小說總目提要》、朱一玄‧寧稼雨‧陸桂聲等人編著《中國古代小說總目
提要》、以及朱一玄‧張守謙‧姜東賦等人主編《中國古典小說大辭典》，皆
給予《知命錄》評價云：「記事者寥寥，亦無意趣。」

2. 選用題材較無新意

筆者認為，《知命錄》與《願豐堂漫書》因若干作品取用題材較無新奇之
處，且作者敘述手法亦無法營造出生動有趣之情景，故無法讓人讀後有再三
回味之感受。

（1）明陸深《知命錄》

據《四庫全書總目》子部五十三「小說家類存目一」云：「《知命錄》一
卷。明陸深撰。蓋亦雜志之類，而所記秦蜀山川名勝為多。」〔註231〕主要題
材多以記秦蜀山川名勝為主，雖能作為秦蜀地理資料之參考，卻無法讓人感
受到深刻文學性。如第十三則〈益門鎮在渭南二十里〉：

益門鎮在渭南二十里，而風景氣候與關陝迥別。秦漢界限，天地自
然之理也。自此入連雲棧七百餘里，惟鳳縣嶺、雞頭關二處最險。
鳳嶺則迤邐而高，雞開（宜作關字）則陡峻而衷。自入武開而南，
棧閣始相連屬，有甚孤危處，真天下之險道也。武開以北，棧道才
十一爾。按宋《大安軍圖經》云：橋閣共一萬九千二百一十八間，
護險偏欄共四萬七千一百三十四間。本　朝洪武間，普定侯所修連
雲棧橋凡四十五處，共九百六十七間。方正學〈發褒城過七盤嶺宿
獨架橋閣〉詩，一橋至一百四十二間。今橋無數處，有一橋才十餘

〔註230〕同註79。
〔註231〕同註80，第四冊，頁2820。

間，而行旅無阻，想漸次開關矣。〔註232〕

此則故事，主要描述武開（宜作關字）一帶棧道眾多之現象，以及橋與橋間之距離大小不一之景象。仔細閱讀後，雖能呈現此地棧道之多外，似乎無法讓人感受到此地有何佳美勝景，無法強烈感受到文學滋味。同此類型作品，於第十二則〈漢中形勢絕佳〉、第十四則〈武夷山形勝佳絕〉、第十八則〈洋縣在漢中府東一百二十里〉等亦是如此。

（2）明陸深《願豐堂漫書》

《中國文言小說總目提要》「第四編　明代　雜俎類」謂：

【願豐堂漫書】

明代雜俎小說類。陸深撰。……書中雜記見聞，或有可取者。如寫周忱巡撫江南，慮王振異己，乃於王成新居時作剪絨毯贈之，王喜而多從之。可見彼時官場複雜。他如言張瑩仲子所聘婦為其子守節事等，均無足可取。〔註233〕

筆者認為，《願豐堂漫書》內容無法吸引讀者，首先取用題材不夠新奇，故比較無法傳達深刻文學涵義，如〈婦人首飾以髮為之者〉：

婦人首飾以髮為之者，曰：「假頭」。亦曰：「假髻」。作俑於晉太元中，弘治末，京師婦女悉反戴之，今漸傳四方矣。殆非佳兆。〔註234〕

其次，檢視該部小說之題材，實與陸深自撰其他小說有雷同之處，誠如清周中孚《鄭堂讀書記》卷六十五「子部十二之三・小說家類三・雜事下元至　國朝」記載「《願豐堂漫書》一卷，《儼山外集》本」條下云：

明陸深撰。……惟「楊髡發宋諸陵」一條為論古事，大多與《春風堂隨筆》相類，乃其未成之書也。〔註235〕

鄭氏此說，筆者頗有同感。考查《願豐堂漫書》中之〈正德壬申秋〉一則，主要談論章懋之事，然關於章懋精彩之事跡，於《谿山餘話》已有多則描述，此則〈正德壬申秋〉內容無法進一步提供其他有關章懋為人之資料；《願豐堂漫書》中之〈凡圖畫雷形〉一則，主要談論晦菴劉少師健於華山遇氣象變化之事，以氣象為題材於《知命錄》中已有多則談論，此則〈凡圖畫雷形〉

〔註232〕同註79。

〔註233〕同註214，頁265。

〔註234〕同註110，頁3。

〔註235〕《鄭堂讀書記》卷六十五「子部十二之三・小說家類三・雜事下元至　國朝」。同註24，第十四冊，頁379。

氣象描述似無特別之處，故鑑賞後無法感受到此景有何新奇滋味。大抵言之，該部作品為陸深未完成之作，推其理由應與無新穎題材有密切關係，故《願豐堂漫書》收錄七則作品，僅一、二則略有可觀爾。

第六章 結 論

清梁維樞《玉劍尊聞》卷一「德行」云：

> 陳眉公陳繼儒字仲醇，華亭人。少負異才，援筆萬言立就，偶有所感念，遽棄去諸生，石
> （當作大）隱華亭市，縱讀天下書，閉戶著述，學士大夫聞而高之，自號眉公。嘗嘆天地
> 間殺人最多者有三件，曰：死於刑、死於兵、死於歲。集古來為吏
> 不酷者數卷，為將不殘者數卷，救荒不倦者數卷，總題曰「種德錄」。

〔註1〕

又同書卷三「文學」云：

> 陳眉公嗜古藏異冊，每欣然指謂子弟云：「吾讀未見書，如得良友；
> 見已讀書，如逢故人。吾性樂賓客而憚悔尤，庶幾仗此其可老而閉
> 戶乎。」〔註2〕

　　從此二段引文，可知《陳眉公家藏祕笈續函》主要編纂者陳繼儒是位喜
藏古書異冊者，亦是位勤於讀書著述者。復觀《寶顏堂祕笈》各集序跋，得
知眉公亦樂於與他人分享己身藏書。本論文考證《陳眉公家藏祕笈續函》收
錄五十部著作，署名陳繼儒編校，高達四十三部之多，意在藉此提升叢書名
聲。《陳眉公家藏祕笈續函》叢書名聲之高，毋庸置疑，究竟可利用價值為何？
則有待仔細論證，此章將針對上述第三、四、五章各節之論述，提出「陳繼
儒編纂《陳眉公家藏祕笈續函》之整體評估」與「《陳眉公家藏祕笈續函》小
說類作品刊刻之價值與缺失」兩節，用以總結領銜編纂者陳繼儒文獻學之鑑

〔註1〕 〔清〕梁維樞撰：《玉劍尊聞》（《續修四庫全書》編纂委員會編：《續修四庫
　　　　全書》，上海：上海古籍出版社），第1175冊，頁237。
〔註2〕 同上註，頁265。

別、校勘等能力外，且論斷該叢書是否可供後世讀者閱讀、研究者取資。

第一節　陳繼儒編纂《陳眉公家藏祕笈續函》之整體評估

　　《陳眉公家藏祕笈續函》之整體評估，暫以本論文談論之「小說類」主題為探究。明代叢書刊刻小說熱絡情形，誠如孫遜・秦川〈明代文言小說總集述略〉言：

> 此外，以「小說」名書，在明代已很普遍。如《五朝小說》、《五朝小說匯編》、《顧氏文房四十家小說》、《顧氏明朝四十家小說》、《四十家小說》、《後四十家小說》、《廣四十家小說》…《稗海》等十餘種叢書性小說總集，都明標「說」或「小說」，這在以往是不多見的。「小說」在中國古代向來沒有地位，被稱之為「小道」。明人不受傳統觀念的束縛，公然以「小說」名書，這是明人小說觀念進步和小說地位提高的表現。以「小說」名書，這對小說的保存、傳播，對小說觀的發展、演進，都具有積極的意義。〔註3〕

　　此段引文，推崇明代叢書刊刻小說具有積極性意義。而從本論文第三、四、五各章中「（二）與明代其他著名叢書收錄版本比較」，顯示明代叢書喜好收錄小說作品，實與當時風氣有關。然收錄刊刻之「量」與「質」如何同時兼顧，方是論斷一部上乘叢書之標準。以下將整體評估《陳眉公家藏祕笈續函》優劣，分別從「與明代著名叢書優劣之比較」與「與清代、民國以後叢書優劣之比較」等多方論述，期能給予該叢書允當評價；同時，間接呈現出明代叢書整體素質。

一、與明代著名叢書優劣之比較

　　本論文第三、四、五各章中「（二）與明代其他著名叢書收錄版本比較」研究，從中舉例明代十餘部叢書，屬於「彙編類」者如《重輯百川學海》、《顧氏文房小說》、《紀錄彙編》、《歷代小史》、《稗乘》、《續百川學海》、《廣百川學海》、《唐宋叢書》、《五朝小說》、《蒼雪菴日鈔》、《重編說郛》（包括《說郛

〔註3〕　辜美高・黃霖主編：《明代小說面面觀——明代小說國際學術研討會論文集》（上海：學林出版社，2002年9月），頁380。

續》)、《廣四十家小說》；及屬於「自著類」者如《儼山外集》，一一與本文所探討《陳眉公家藏祕笈續函》比較，究竟孰優孰劣？而《陳眉公家藏祕笈續函》又該給予何等評價？茲先總結十四部小說刊刻情形而論之。

（一）明代質量較優良叢書

依照十四部小說類型，分別以志人類、志怪傳奇類、雜俎類列表如下：

1. 志人類

志人類小說書名 〳 叢書質量優良情形	《陳眉公家藏祕笈續函》質量優良情形說明	明代著名叢書質量優良情形說明	
《次柳氏舊聞》一名《明皇十七事》	無	《顧氏文房小說》本	題名《明皇十七事》之《廣四十家小說》本質量優良情形，有二：其一，收錄篇目總數十九則作品，較接近原貌內容。其二，保留該部小說內容之注文，故爲最完整。
		《歷代小史》本	
		重輯《百川學海》本	
		《五朝小說》本	
		《重編說郛》本	
		《稗乘》本	
		《五朝小說》本	
		《重編說郛》本	
		《廣四十家小說》本	
《南唐近事》	質量優良情形，有二：其一，收錄鄭文寶〈小序〉一則，較接近該部小說原貌內容。其二，內容文字比較無誤。	《續百川學海》本	無
		《唐宋叢書》本	
		《重編說郛》本	
《谿山餘話》	無	《儼山外集》本	《儼山外集》本質量優良情形，主要爲完整呈現該部小說原貌內容爲一卷、十九則作品。
		《廣百川學海》本	
		《五朝小說》本	
		《說郛續》本	
《金臺紀聞》	無	《儼山外集》本	《儼山外集》本質量優良情形，主要爲完整呈現該部小說原貌內容二卷、二十九則作品。
		《紀錄彙編》本	
		《廣百川學海》本	
		《說郛續》本	

四部志人類小說，經比較得知：《陳眉公家藏祕笈續函》本收錄之《南唐近事》一部小說作品，較其他明代著名叢書優良。其精善之處，收錄內容較

完整、文字較少訛誤；而明代著名叢書中，比較優良者有二：其一爲陸深《儼山外集》本，將其自身著作《谿山餘話》、《金臺紀聞》等二部作品完整無誤刊刻、文字較少訛誤。其二爲《廣四十家小說》本收錄題名《明皇十七事》一部小說作品，其精善之處，收錄內容作品總數較完整、文字亦無刪減，故爲最完整。

2. 志怪傳奇類

叢書質量優良情形 志怪傳奇類小說書名	《陳眉公家藏祕笈續函》 質量優良情形說明	明代著名叢書 質量優良情形說明	
《桂苑叢談》	無	《續百川學海》本	《廣四十家小說》本質量優良情形，文字內容比較精善。
		《五朝小說》本	
		《蒼雪菴日鈔》本	
		《重編說郛》本	
		《廣四十家小說》本	
《集異志》	質量優良情形，有二： 其一，收錄作品數量二百四十則作品，爲明代叢書中內容較完整者。 其二，從則「闕文」二十八則作品判斷，《陳眉公家藏祕笈續函》本未刪減考證、出處等解說文字，故較詳實。	《說郛續》本	另一部，亦屬《寶顏堂祕笈》刊刻版本，故不列入比較。
《疑仙傳》	皆屬《寶顏堂祕笈》刊刻版本，故不列入比較。	皆屬《寶顏堂祕笈》刊刻版本，故不列入比較。	

三部志怪傳奇類小說，經比較得知：《陳眉公家藏祕笈續函》本收錄之《集異志》一部小說作品，較其他明代著名叢書優良。其精善之處，收錄作品總數較近原貌、內容文字較完整；明代著名叢書中，比較優良叢書爲《廣四十家小說》本收錄之《桂苑叢談》一部作品，因刊刻文字較少訛誤。

3. 雜俎類

叢書質量優良情形 雜俎類小說書名	《陳眉公家藏祕笈續函》 質量優良情形說明	明代著名叢書 質量優良情形說明	
《尚書故實》	質量優良情形，有二： 其一，收錄作品數量八十則作品，爲明代叢書中內容較完整者。 其二，從七則「闕文」判斷，《陳眉公家藏祕笈續函》本未刪減考證、出處等解說文字，故較詳實。	明末刊本重編《百川學海》	無
		明末葉坊刊本重編《百川學海》	
		《五朝小說》本	
		《重編說郛》本	

《談苑》	皆屬《寶顏堂祕笈》刊刻版本，故不列入比較。	皆屬《寶顏堂祕笈》刊刻版本，故不列入比較。	
《後山談叢》	質量優良情形，主要是收錄作品數量二百四十則作品，爲明代叢書中內容較完整者。	《唐宋叢書》本	無
		《重編說郛》本	
《賢弈編》	皆屬《寶顏堂祕笈》刊刻版本，故不列入比較。	皆屬《寶顏堂祕笈》刊刻版本，故不列入比較。	
《知命錄》	無	《儼山外集》本	《儼山外集》本質量優良情形，主要是此部小說爲作者陸深收錄於自編叢書內，內容文字較爲無誤。
《玉堂漫筆》	無	《儼山外集》本	《儼山外集》本質量較優良，其情形有二： 其一，收錄作品數量六十一則作品，爲明代著名叢書中內容較完整者。 其二，文字差異情況相互讎校明代其他諸版本，《儼山外集》本較爲詳實。
		《紀錄彙編》本	
		《廣百川學海》本	
		《說郛續》本	
《願豐堂漫書》	質量優良情形，主要內容文字有經校讎，故較無誤。	《儼山外集》本	《儼山外集》本質量優良情形，主要是此部小說爲作者陸深收錄於自編叢書內，內容文字雖偶有誤刻情形，但整體而言仍屬精善。
		《廣百川學海》本	
		《說郛續》本	

　　七部雜俎類小說，其中五部經比較得知：《陳眉公家藏祕笈續函》本收錄之《尚書故實》、《後山談叢》、《願豐堂漫書》等三部小說作品，較其他明代著名叢書優良。其精善之處，收錄內容較完整、文字較少訛誤。而明代著名叢書中，比較優良者爲陸深《儼山外集》本，爲作者將其著作《知命錄》、《玉堂漫筆》、《願豐堂漫書》等三部作品完整無誤刊刻出來。

（二）明代質量較粗劣叢書

1. 志人類

叢書質量粗劣情形　　志人類　　小說書名	《陳眉公家藏祕笈續函》質量粗劣情形說明	明代著名叢書　質量粗劣情形說明	
《次柳氏舊聞》一名《明皇十七事》	質量粗劣情形，有二： 其一，該部小說收錄十九則作品，而僅收錄十七則。 其二，若干內容之注文，未完全收錄。	《顧氏文房小說》本	質量粗劣情形，有二： 其一，明代著名叢書中，「收錄篇目總數」有十一則、十五則、十六則、十七則，皆無法呈現原貌內容十九則。屬於內容不完整之版本爲題名《次柳氏舊聞》之《顧氏文房小說》本、《歷代小史》本、重輯《百川學海》本、《五
		《歷代小史》本	
		重輯《百川學海》本	
		《五朝小說》本	
		《重編說郛》本	

		《稗乘》本	朝小說》本、《重編說郛》本；題名《明皇十七事》之《稗乘》本、《五朝小說》本、《重編說郛》本等。
		《五朝小說》本	其二，明代著名叢書中，內容文字有刪其小注情況，尤以題名《次柳氏舊聞》之《五朝小說》本、《重編說郛》本，刪減注文最爲嚴重。
		《重編說郛》本	
		《廣四十家小說》本	
《南唐近事》	無	《續百川學海》本	《續百川學海》本、《唐宋叢書》本、《重編說郛》本等三部叢書質量粗劣情形，有二：
		《唐宋叢書》本	其一，三版本皆未收錄鄭文寶〈小序〉一則，故無法將該部小說原貌內容完整呈現。
		《重編說郛》本	其二，三版本內容文字，因形近而刊刻錯誤，故較爲粗略草率。
《谿山餘話》	質量粗劣情形，則爲該部小說原貌內容爲一卷、十九則作品，而僅收錄十七則。	《儼山外集》本	《廣百川學海》本、《五朝小說》本、《說郛續》本等三部叢書質量粗劣情形，爲該部小說原貌內容爲一卷、十九則作品，然僅收錄十七則，皆內容不完整之版本。
		《廣百川學海》本	
		《五朝小說》本	
		《說郛續》本	
《金臺紀聞》	質量粗劣情形，則爲該部小說原貌內容爲二卷、二十九則作品，而僅收錄二十六則。	《儼山外集》本	《紀錄彙編》本、《廣百川學海》本、《說郛續》本等三部叢書質量粗劣情形，爲該部小說原貌內容爲二卷、二十九則作品，前者已明言爲摘抄，復僅收二十則作品，皆內容不完整之版本；後二版本僅收錄二十六則。
		《紀錄彙編》本	
		《廣百川學海》本	
		《說郛續》本	

四部志人類小說，經比較得知：《陳眉公家藏祕笈續函》本收錄之《次柳氏舊聞》、《谿山餘話》、《金臺紀聞》等三部小說作品，刊刻較粗劣。其草率之處，收錄內容較不完整，且有刪減之嫌。明代著名叢書中，屬於比較粗劣者爲《紀錄彙編》、《歷代小史》、《重輯百川學海》、《稗乘》、《續百川學海》、《廣百川學海》、《唐宋叢書》、《五朝小說》、《說郛續》等所刊《次柳氏舊聞》、《南唐近事》、《谿山餘話》、《金臺紀聞》等四部小說作品，草率之處，收錄內容較不完整，有刪減之嫌，以及刊刻不精等問題。

2. 志怪傳奇類

叢書質量粗劣情形 志怪傳奇類小說書名	《陳眉公家藏祕笈續函》質量粗劣情形說明	明代著名叢書 質量粗劣情形說明	
《桂苑叢談》	質量粗劣情形，主要誤植入《史遺》內容部分。	《續百川學海》本	質量粗劣情形，有二：
		《五朝小說》本	其一，主要誤植入《史遺》內容部分，《續百川學海》本、《五朝小說》本、《重編說郛》本、《廣四十家小說》本等四部叢書皆有此種情形。
		《蒼雪菴日鈔》本	
		《重編說郛》本	其二，文字內容校勘不精善，尤以《蒼雪菴日鈔》本僅收入二則作品外，復顛倒、竄改其文，誠實屬明代叢書中最差之版本。
		《廣四十家小說》本	

叢書質量 粗劣情形 小說書名	《陳眉公家藏祕笈續函》 質量粗劣情形說明	明代著名叢書 質量粗劣情形說明	
《集異志》	無	《說郛續》本	質量粗劣情形，有二： 其一，收錄作品總數爲八十五則，短收《陳眉公家藏祕笈續函》本一百五十五則作品。 其二，從則「闕文」二十八則作品判斷，《說郛續》本未刪減考證、出處等解說文字，誠實屬明代叢書中最差之版本。 另一部，亦屬《寶顏堂祕笈》刊刻版本，故不列入比較。
《疑仙傳》	皆屬《寶顏堂祕笈》刊刻版本，故不列入比較。	皆屬《寶顏堂祕笈》刊刻版本，故不列入比較。	

　　三部志怪傳奇類小說，其中一部經比較得知：《陳眉公家藏祕笈續函》本收錄之《桂苑叢談》小說作品，刊刻較粗劣。其草率之處，收錄誤植他書內容，有考證不精問題。明代著名叢書中，屬於比較粗劣者爲《續百川學海》、《五朝小說》、《蒼雪菴日鈔》、《重編說郛》（《說郛續》）等所刊《桂苑叢談》小說作品，其草率之處，均有收錄誤植他書內容，以及文字校勘不精等問題。

3. 雜俎類

叢書質量 雜俎類 粗劣情形 小說書名	《陳眉公家藏祕笈續函》 質量粗劣情形說明	明代著名叢書 質量粗劣情形說明	
《尚書故實》	無	明末刊本重編《百川學海》	二版本質量粗劣情形，有二： 其一，該部小說作品數量《陳眉公家藏祕笈續函》本與明末刊本重編《百川學海》收錄八十則作品，其餘三版本皆僅存錄七十八則作品，爲明代叢書中內容不完整之版本。
		明末葉坊刊本重編《百川學海》	
		《五朝小說》本	其二，文字經校讎後，從七則「闕文」判斷，明末刊本重編《百川學海》有三則闕文；明末葉坊刊本重編《百川學海》、《五朝小說》本、《重編說郛》本等有七則闕文，故四版本均有刪減考證、出處等解說文字，故影響解讀該作品之內容。
		《重編說郛》本	
《談苑》	皆屬《寶顏堂祕笈》刊刻版本，故不列入比較。	皆屬《寶顏堂祕笈》刊刻版本，故不列入比較。	
《後山談叢》	無	《唐宋叢書》本	二版本質量粗劣情形，該部小說作品數量《陳眉公家藏祕笈續函》本收錄二百四十則作品，二版本皆僅存錄四十七則作品，比《陳眉公家藏祕笈續函》本少五分之一，難以反映該部小說之全貌。
		《重編說郛》本	
《賢弈編》	皆屬《寶顏堂祕笈》刊刻版本，故不列入比較。	皆屬《寶顏堂祕笈》刊刻版本，故不列入比較。	

《知命錄》	質量粗劣情形，主要是校讎不精。	《儼山外集》本	無
《玉堂漫筆》	質量粗劣情形，有二： 其一，該部小說作品數量為六十一則作品，而僅存錄四十六則作品。 其二，內容文字校讎不精。	《儼山外集》本 《紀錄彙編》本 《廣百川學海》本 《說郛續》本	《紀錄彙編》本、《廣百川學海》本、《說郛續》本等三版本質量粗劣情形，該部小說作品數量為六十一則作品，前二版本皆僅存錄四十五則作品，後一版本僅存錄三十四則作品。
《願豐堂漫書》	無	《儼山外集》本 《廣百川學海》本 《說郛續》本	《廣百川學海》本、《說郛續》本等二版本質量粗劣情形，內容文字校讎不精。

　　七部雜俎類小說，其中五部經比較得知：《陳眉公家藏祕笈續函》本收錄之《知命錄》、《玉堂漫筆》二部小說作品，刊刻較粗劣。其草率之處，收錄內容較不完整，且有刪減之嫌；其次，文字校勘不精等問題。明代著名叢書中，屬於比較粗劣叢書為《紀錄彙編》、《廣百川學海》、《唐宋叢書》、《五朝小說》、《重編說郛》(《說郛續》)等所刊《尚書故實》、《後山談叢》、《玉堂漫筆》、《願豐堂漫書》四部小說作品，其草率之處，收錄內容較不完整，且有刪減之嫌，以及文字亦校勘不精等問題。

　　依據本論文探討十四部小說作品研究得知，其中《疑仙傳》、《談苑》、《賢弈編》等三部作品，因明代著名叢書僅《陳眉公家藏祕笈續函》本刊刻，故不列入討論範圍。從以上「(一)明代質量較優良叢書」與「(二)明代質量較粗劣叢書」分析十一部小說作品得知，屬於較優良者：《陳眉公家藏祕笈續函》有四部、《儼山外集》有四部、《廣四十家小說》一部，精善處皆為首尾具全、內容完整，以及文字較少訛誤等情形；屬於較粗劣者：有《紀錄彙編》、《歷代小史》、《重輯百川學海》、《稗乘》、《續百川學海》、《廣百川學海》、《唐宋叢書》、《五朝小說》、《蒼雪菴日鈔》、《重編說郛》(《說郛續》)等之小說刊本，草率處為割裂內容、收錄非善本，以及文字刊刻時粗心、校勘不精等情形。平心而論，《陳眉公家藏祕笈續函》本雖亦有明代叢書粗劣草率之問題，但相較之下，於考證不精、內容不全等缺失，從上表清楚可知輕微許多。汪辟疆於《唐人小說‧序例》謂：

> 唐人小說，宋初修《太平廣記》，大部分已收入。本編取材，即以許
> (自昌)刻《廣記》為主。其所不備，或間有脫誤者，則用《道藏》、
> 《文苑英華》、《太平御覽》、《資治通鑑考異》、《太平寰宇記》、明鈔

原本《說郛》、《顧氏文房小說》、《全唐文》及涵芬樓影印之舊本唐
人專集小說校補。至明代通行之《古今逸史》、《說海》、《五朝小說》、
《歷代小史》，清人之正續《說郛》、《龍威秘書》、《唐人說薈》等叢
刻，或擅改篇名，或妄題撰者，概不據錄。〔註4〕

　　明人叢書刊刻作品，從清代至今日被研究者評論粗劣勝於精善者居多，
甚有排斥採用明人刻印之書。然綜合本節《陳眉公家藏祕笈續函》整體評估，
筆者認為不應見到「明代」兩字，就全盤否定其存在價值，誠如周勛初《唐
人筆記小說考索》「上編：通論・唐代筆記小說的校讎問題」言：

　　明代中葉之後，刻印筆記小說之事大盛，然書賈竟為貿利計，大都粗
　　制濫造，又因其時考訂之業未盛，因而所刻之書往往缺乏必要的整
　　理，故學術價值不高。但唐人筆記小說中的有些著作傳本稀少，後人
　　別無選擇，則又不能不仰仗這類叢刻，……又如李綽《尚書故實》一
　　書，傳世者有《重輯百川學海》、《寶顏堂秘笈》、《五朝小說》、《唐人
　　說薈》、《畿輔叢書》諸本。儘管葉昌熾在《藏書紀事詩》卷三中批評
　　說：「眉公《寶顏堂秘笈》，改竄刪節，真有不如不刻之嘆。」但比較
　　之下，也只能推陳繼儒所刻的《寶顏堂秘笈》本為善了。〔註5〕

　　大抵言之，《陳眉公家藏祕笈續函》無法擺脫明代刊刻叢書惡習，然整體
品質實比同時代叢書略勝一籌。總結《陳眉公家藏祕笈續函》與明代著名叢
書之優缺後，筆者再三提醒研究者可採用處與應注意處，請仔細詳閱本論文；
敝帚自珍，望勿哂之。

二、與清代、民國以後叢書優劣之比較

　　本論文第三章中「第二節《陳眉公家藏祕笈續函》中志人小說文獻問題
綜合論考」、第四章中「第二節《陳眉公家藏祕笈續函》中志怪傳奇小說文獻
問題綜合論考」、第五章中「第二節《陳眉公家藏祕笈續函》中雜組小說文獻
問題綜合論考」，從中舉例清代幾部叢書，如《畿輔叢書》、《藝海珠塵》、《學
海類編》、《琳瑯秘室叢書》、《唐人說薈》、《適園叢書》；民國幾部叢書，如民
國十一年三月上海文明書局《寶顏堂秘笈》、臺北藝文印書館嚴一萍輯《百部

〔註4〕 汪辟疆著：《唐人小說》（台北：河洛圖書公司，1974年12月），卷首，頁1。
〔註5〕 周勛初著：《唐人筆記小說考索》（江蘇：江蘇古籍出版社，1997年5月），頁
　　　 73。

叢書集成》、臺北新文豐《叢書集成新編》等，一一與本文所探討《陳眉公家藏祕笈續函》比較，究竟孰優孰劣？而《陳眉公家藏祕笈續函》又該給予何等評價？茲先總結十四部小說刊刻情形而論之。

（一）清代質量較優良或粗劣之叢書

1. 與清代質量較優良叢書比較

依照十四部小說類型，分別以志人類、志怪傳奇類、雜俎類列表如下：

（1）志人類

清代叢書質量優良情形 志人類 小說書名	《陳眉公家藏祕笈續函》 質量優良情形說明	清代叢書 質量優良情形說明	
《次柳氏舊聞》 一名《明皇十七事》	無	《學海類編》本	質量優良情形，有二： 其一，題名《明皇十七事》之作品十九則，總數實與明顧元慶編《廣四十家小說》本相符合，應是存留該部小說原貌。 其二，內容文字校勘較精善。
《南唐近事》	質量優良情形，較早刊刻，實能提供後世閱讀。	《文淵閣四庫全書》本	質量優良情形，應是官刊文字校勘比較講究。
《谿山餘話》	未見清代叢書版本，故不列入比較。	未見清代叢書版本，故不列入比較。	
《谿山餘話》	未見清代叢書版本，故不列入比較。	未見清代叢書版本，故不列入比較。	

　　四部志人類小說，僅有二部見於清代叢書中，經比較得知：清代叢書中刊刻《明皇十七事》比較優良者為《學海類編》本，精善處為刊刻使用較完整之底本，內容較完整，且刊刻時致力於讎校，故較少訛誤情形。另外，官刻《文淵閣四庫全書》本，從內容文字檢視，校勘亦仔細。至於，《陳眉公家藏祕笈續函》精善處為《南唐近事》，因較少叢書收錄，故有保存文獻功勞。

（2）志怪傳奇類

清代叢書質量優良情形 志怪傳奇類小說書名	《陳眉公家藏祕笈續函》 質量優良情形說明	清代叢書 質量優良情形說明	
《桂苑叢談》	未見清代叢書版本，故不列入比較。	未見清代叢書版本，故不列入比較。	
《集異志》	質量優良情形，有二： 其一，收錄作品總數二百四十則，應是存留該部小說原貌。 其二，內容文字無刪減情形。	《唐人說薈》本	無

《疑仙傳》	無	《琳瑯祕室叢書》本	質量優良情形，有二： 其一，收錄作品總數二十二則，應是存留該部小說原貌。 其二，內容文字較少訛誤脫衍情形。

　　三部志怪傳奇類小說，有二部見於清代叢書中，經比較得知：清代叢書中刊刻《疑仙傳》比較優良者爲《琳瑯祕室叢書》本，精善處爲刊刻使用較完整之底本，內容較完整，且刊刻時致力於讎校，故較少訛誤情形。至於，《陳眉公家藏祕笈續函》精善處爲《集異志》，內容較完整，且刊刻亦較少訛誤情形。

（3）雜俎類

雜俎類 小說書名 ＼ 清代叢書質量優良情形	《陳眉公家藏祕笈續函》 質量優良情形說明		清代叢書 質量優良情形說明
《尚書故實》	質量優良情形，有二： 其一，收錄作品數量八十則作品，應是保留該部小說內容較完整者。 其二，內容文字無刪減考證、出處等解說文字，故較詳實。	《畿輔叢書》本	無
《談苑》 （一名孔氏談苑）	無	《藝海珠塵》本	質量優良情形，爲內容文字校勘較精善。
《後山談叢》	無	《適園叢書》本	質量優良情形，有二： 其一，收錄作品卷數安排，與最早「明弘治十二年潞安知府馬暾刊行」《後山先生集》分卷方式一模一樣，應是保留該部小說原貌內容。 其二，內容文字校勘較精善。
《賢弈編》	未見清代叢書版本，故不列入比較。	未見清代叢書版本，故不列入比較。	
《知命錄》	未見清代叢書版本，故不列入比較。	未見清代叢書版本，故不列入比較。	
《玉堂漫筆》	未見清代叢書版本，故不列入比較。	未見清代叢書版本，故不列入比較。	
《願豐堂漫書》	未見清代叢書版本，故不列入比較。	未見清代叢書版本，故不列入比較。	

　　七部雜俎類小說，僅有三部見於清代叢書中，經比較得知：清代叢書中刊刻《談苑》比較優良者爲《藝海珠塵》本，精善處爲刊刻時致力於讎校，故較少脫誤情形；《後山談叢》比較優良者爲《適園叢書》木，精善處爲依照原貌分卷方式刊刻，且刊刻時致力於讎校，故較少脫誤情形。至於，《陳眉公家藏祕笈續函》精善處爲《尚書故實》，收錄作品總數與保留內容文字，皆較完整。

2. 與清代質量較粗劣叢書比較

依照十四部小說類型，分別以志人類、志怪傳奇類、雜俎類列表如下：

（1）志人類

志人類小說書名 \ 清代叢書質量粗劣情形	《陳眉公家藏祕笈續函》質量粗劣情形說明	清代叢書質量粗劣情形說明	
《次柳氏舊聞》一名《明皇十七事》	質量粗劣情形，有二： 其一，作品總數應為十九則，僅收錄十七則，無法反映該部小說原貌。 其二，內容文字校勘較不精善。	《學海類編》本	無
《南唐近事》	無	《文淵閣四庫全書》本	無
《谿山餘話》	未見清代叢書版本，故不列入比較。	未見清代叢書版本，故不列入比較。	
《谿山餘話》	未見清代叢書版本，故不列入比較。	未見清代叢書版本，故不列入比較。	

　　四部志人類小說，僅有二部見於清代叢書中，經比較得知：清代叢書中刊刻《明皇十七事》（又名《次柳氏舊聞》）之《學海類編》本與《南唐近事》之《文淵閣四庫全書》無粗劣情形發生。反觀，《陳眉公家藏祕笈續函》之《次柳氏舊聞》有收錄不全、校勘不精等現象。

（2）志怪傳奇類

志怪傳奇類小說書名 \ 清代叢書質量粗劣情形	《陳眉公家藏祕笈續函》質量粗劣情形說明	清代叢書質量粗劣情形說明	
《桂苑叢談》	未見清代叢書版本，故不列入比較。	未見清代叢書版本，故不列入比較。	
《集異志》	無	《唐人說薈》本	質量粗劣情形，有二： 其一，作品總數應是二百四十則，然僅收錄八十五則，無法反映該部小說原貌。 其二，內容文字刪減情形，無法反映該部小說作品完整文意。
《疑仙傳》	質量粗劣情形，有二： 其一，作品總數應是二十二則，僅收錄二十則，無法反映該部小說原貌。 其二，內容文字有訛誤脫衍，無法反映該部小說作品完整文意。	《琳瑯祕室叢書》本	無

　　三部志怪傳奇類小說，僅有二部見於清代叢書中，經比較得知：清代叢書中刊刻《集異志》之《唐人說薈》本粗劣情形，主要收錄作品數量不完整，

且有刪減作品文字之現象。反觀，《陳眉公家藏祕笈續函》之《集異志》，無論內容或文字皆較完善。而刊刻《疑仙傳》之《陳眉公家藏祕笈續函》本粗劣情形，主要收錄作品數量不完整，且作品文字有訛誤脫衍之現象。反觀，《琳瑯祕室叢書》本之《疑仙傳》，無論內容或文字皆較精善。

（3）雜俎類

清代叢書質量 雜俎類　　粗劣情形 小說書名	《陳眉公家藏祕笈續函》 質量粗劣情形說明		清代叢書 質量粗劣情形說明
《尚書故實》	無	《畿輔叢書》本	質量優良情形，有二： 其一，收錄作品數量七十八則，短收二則作品，故無法保留該部小說八十則內容之完整性。 其二，文字經校讎後，從七則「闕文」判斷，有刪減考證、出處等解說文字，故影響解讀該作品之內容。
《談苑》 （一名孔氏談苑）	質量粗劣情形，為內容文字疏於校讎，故有脫訛情形產生。	《藝海珠塵》本	無
《後山談叢》	質量優良情形，有二： 其一，收錄作品卷數安排，與最早「明弘治十二年潞安知府馬暾刊行」《後山先生集》分卷方式不同，應是更動該部小說原貌內容。 其二，內容文字訛誤脫衍不少，誠屬校勘不精善之版本。	《適園叢書》本	無
《後山談叢》	未見清代叢書版本，故不列入比較。		未見清代叢書版本，故不列入比較。
《賢弈編》	未見清代叢書版本，故不列入比較。		未見清代叢書版本，故不列入比較。
《知命錄》	未見清代叢書版本，故不列入比較。		未見清代叢書版本，故不列入比較。
《玉堂漫筆》	未見清代叢書版本，故不列入比較。		未見清代叢書版本，故不列入比較。
《願豐堂漫書》	未見清代叢書版本，故不列入比較。		未見清代叢書版本，故不列入比較。

七部雜俎類小說，有三部見於清代叢書中，經比較得知：《陳眉公家藏祕笈續函》刊刻《談苑》，實比不上清代《藝海珠塵》本之校讎精善；《陳眉公家藏祕笈續函》刊刻《後山談叢》，實比不上清代《藝海珠塵》本保留原貌樣式刊刻之文獻價值。

（二）民國質量較優良或粗劣之叢書

1. 民國質量較優良叢書比較

依照十四部小說類型，分別以志人類、志怪傳奇類、雜俎類列表如下：

（1）志人類

志人類 小說書名 ＼ 民國叢書質量優良情形	《陳眉公家藏祕笈續函》 質量優良情形說明	民國叢書 質量優良情形說明	
《次柳氏舊聞》 一名《明皇十七事》	論文中未提及，故不列入比較。	論文中未提及，故不列入比較。	
《南唐近事》	論文中未提及，故不列入比較。	論文中未提及，故不列入比較。	
《谿山餘話》	無	臺北藝文印書館《百部叢書集成》本	無
		臺北新文豐《叢書集成新編》本	
《金臺紀聞》	無	臺北藝文印書館《百部叢書集成》本	無
		臺北新文豐《叢書集成新編》本	

　　四部志人類小說，有二部見於民國叢書中，經比較得知：民國叢書刊刻《谿山餘話》、《金臺紀聞》，無一部較優良之版本。至於，《陳眉公家藏祕笈續函》亦是如此。

（2）志怪傳奇類

　　論文中，第三章中「第二節《陳眉公家藏祕笈續函》中志人小說文獻問題綜合論考」、第四章中「第二節《陳眉公家藏祕笈續函》中志怪傳奇小說文獻問題綜合論考」、第五章中「第二節《陳眉公家藏祕笈續函》中雜俎小說文獻問題綜合論考」，均未列舉民國叢書作比較，故不再論之。

（3）雜俎類

雜俎類 小說書名 ＼ 民國叢書質量優良情形	《陳眉公家藏祕笈續函》 質量優良情形說明	民國叢書 質量優良情形說明	
《尚書故實》	論文中未提及，故不列入比較。	論文中未提及，故不列入比較。	
《談苑》（一名 孔氏談苑）	論文中未提及，故不列入比較。	論文中未提及，故不列入比較。	
《後山談叢》	論文中未提及，故不列入比較。	論文中未提及，故不列入比較。	
《賢弈編》	無	民國十一年三月上海文明書局《寶顏堂秘笈》本	民國十一年三月上海文明書局《寶顏堂秘笈》本質量優良情形，文字校勘精審程度較高。
		臺北新文豐《叢書集成新編》本	
《知命錄》	無	臺北藝文印書館《百部叢書集成》本	無
		臺北新文豐《叢書集成新編》本	

《玉堂漫筆》	無	臺北藝文印書館《百部叢書集成》本	無
		臺北新文豐《叢書集成新編》本	
《願豐堂漫書》	質量優良情形，有二： 其一，因較早刊行，提供後世參考。 其二，據《儼山外集》本原貌刊刻，較無錯誤。	臺北藝文印書館《百部叢書集成》本	無
		臺北新文豐《叢書集成新編》本	

　　七部雜俎類小說，有五部見於民國叢書中，經比較得知：《陳眉公家藏祕笈續函》刊刻《願豐堂漫書》較優良，精善處即照原貌刊刻。其餘民國較優良叢書如上海文明書局《寶顏堂秘笈》本，主要均有精審校勘；即使根據《寶顏堂秘笈》作爲底本刊刻，亦能重新審訂，並加以讎校。

2. 與民國質量較粗劣叢書比較

　　依照十四部小說類型，分別以志人類、志怪傳奇類、雜俎類列表如下：

（1）志人類

民國叢書質量粗劣情形 志人類小說書名	《陳眉公家藏祕笈續函》質量粗劣情形說明	民國叢書 質量粗劣情形說明	
《次柳氏舊聞》一名《明皇十七事》	論文中未提及，故不列入比較。	論文中未提及，故不列入比較。	
《南唐近事》	論文中未提及，故不列入比較。	論文中未提及，故不列入比較。	
《谿山餘話》	質量粗劣情形，該部小說原貌有十九則作品，今僅收錄十七則，故內容不完整。	臺北藝文印書館《百部叢書集成》本 臺北新文豐《叢書集成新編》本	臺北藝文印書館《百部叢書集成》本與臺北新文豐《叢書集成新編》本二部叢書質量粗劣情形，爲作品內容收錄不完整。 皆根據《陳眉公家藏祕笈續函》作爲底本，但未能進一步加以考證收錄不全之問題，皆屬粗劣之版本。
《金臺紀聞》	質量粗劣情形，該部小說原貌有二十九則作品，今僅收錄二十六則，故內容不完整。	臺北藝文印書館《百部叢書集成》本 臺北新文豐《叢書集成新編》本	臺北藝文印書館《百部叢書集成》本與臺北新文豐《叢書集成新編》本二部叢書質量粗劣情形，爲作品內容收錄不完整。 皆根據《陳眉公家藏祕笈續函》作爲底本，但未能進一步加以考證收錄不全之問題，皆屬粗劣之版本。

　　四部志人類小說，有二部見於民國叢書中，經比較得知：《陳眉公家藏祕笈續函》刊刻《谿山餘話》、《金臺紀聞》較粗劣，草率處爲短收原書作品數量，實有刪減之嫌。其餘民國叢書如臺北藝文印書館《百部叢書集成》與臺北新文豐《叢書集成新編》刊刻《谿山餘話》、《金臺紀聞》二部小說，若有

可議之處，即未能擇較佳善本作爲底本，且根據《陳眉公家藏祕笈續函》作爲底本刊刻時，未能再重新審訂、讎校其錯誤。

（2）志怪傳奇類

論文中，第三章中「第二節《陳眉公家藏祕笈續函》中志人小說文獻問題綜合論考」、第四章中「第二節《陳眉公家藏祕笈續函》中志怪傳奇小說文獻問題綜合論考」、第五章中「第二節《陳眉公家藏祕笈續函》中雜俎小說文獻問題綜合論考」，均未列舉民國叢書作比較，故不再論之。

（3）雜俎類

民國叢書質量 粗劣情形 雜俎類 小說書名	《陳眉公家藏祕笈續函》 質量粗劣情形說明	民國叢書 質量粗劣情形說明	
《尙書故實》	論文中未提及，故不列入比較。	論文中未提及，故不列入比較。	
《談苑》（一名孔氏談苑）	論文中未提及，故不列入比較。	論文中未提及，故不列入比較。	
《後山談叢》	論文中未提及，故不列入比較。	論文中未提及，故不列入比較。	
《賢弈編》	質量粗劣情形，文字校勘不夠精審。	民國十一年三月上海文明書局《寶顏堂秘笈》本 臺北新文豐《叢書集成新編》本	臺北新文豐《叢書集成新編》本質量粗劣情形，根據《陳眉公家藏祕笈續函》作爲底本，但未能讎校其中訛誤。
《知命錄》	質量粗劣情形，文字校勘不夠精審。	臺北藝文印書館《百部叢書集成》本 臺北新文豐《叢書集成新編》本	臺北藝文印書館《百部叢書集成》本與臺北新文豐《叢書集成新編》本二部叢書質量粗劣情形，皆根據《陳眉公家藏祕笈續函》作爲底本，但未能讎校其中訛誤。
《玉堂漫筆》	質量粗劣情形，有二： 其一，作品內容收錄不完整。 其二，文字校勘不夠精審。	臺北藝文印書館《百部叢書集成》本 臺北新文豐《叢書集成新編》本	臺北藝文印書館《百部叢書集成》本與臺北新文豐《叢書集成新編》本二部叢書質量粗劣情形，有二： 其一，作品內容收錄不完整。 其二，文字校勘不夠精審。 皆根據《陳眉公家藏祕笈續函》作爲底本，但未能進一步加以考證；雖臺北藝文印書館《百部叢書集成》本已明言根據底本有收錄不全情形，但仍然依照《陳眉公家藏祕笈續函》樣貌刊刻。
《願豐堂漫書》	無	臺北藝文印書館《百部叢書集成》本 臺北新文豐《叢書集成新編》本	無

　　七部雜俎類小說，有五部見於民國叢書中，經比較得知：《陳眉公家藏祕笈續函》刊刻《後山談叢》、《賢弈編》、《知命錄》、《玉堂漫筆》四部小說較粗劣，草率處為文字校勘不精。民國叢書如臺北藝文印書館《百部叢書集成》與臺北新文豐《叢書集成新編》刊刻《賢弈編》、《知命錄》、《玉堂漫筆》三部小說，若有可議之處，即未能擇較佳善本作為底本，且根據《陳眉公家藏祕笈續函》作為底本刊刻時，未能再重新審訂、讎校其錯誤。

　　綜述「與清代、民國以後叢書優劣之比較」十四部小說作品得知結論如下：

　　第一，從清代叢書刊刻《次柳氏舊聞》、《南唐近事》、《集異志》、《疑仙傳》、《尚書故實》、《談苑》、《後山談叢》等七部作品，顯見清代叢書家刊刻皆以擇唐宋古籍為刊刻對象。其次，整體刊刻素質較高，可從上文提及《藝海珠塵》、《適園叢書》、《學海類編》、《琳瑯祕室叢書》等證之。主要在用心求善本作為刊刻底本，且精於讎校，誠如周勛初《唐人筆記小說考索》「上編：通論・唐代筆記小說的校讎問題」言：

> 到了清代，學界刻印叢書之事，更盛於前。一些熱心保存古籍與注意文化傳播的人，聘請著名學者主持其事，由是傳下了很多著名的版刻。特別是到了乾嘉之後，整理古籍之事更是受到重視，學者每盡瘁於此，於是一些經過名家整理的唐人筆記小說，每隨叢書之刻而傳世了。〔註6〕

此亦反映出明代叢書刊刻不精之情形，雖《陳眉公家藏祕笈續函》於明代叢書中品質算是中等之質，然與清代叢書相比實在相形失色。

　　第二，從民國叢書刊刻《後山談叢》、《賢弈編》、《知命錄》、《玉堂漫筆》、《谿山餘話》、《金臺紀聞》》等六部作品，顯見民國叢書家刊刻古籍之對象較廣。其次，整體刊刻素質可謂良莠不齊，上文提及上海文明書局刊刻《寶顏堂秘笈》等，是屬較優良之民國叢書。前者精於讎校，且能擇善本作為底本，後者亦精於讎校。而上文提及臺北藝文印書館《百部叢書集成》與臺北新文豐《叢書集成新編》，若有可議，主要在於有草率之嫌，即未能擇較佳善本作為底本，亦未能詳加校讎。此反映出《陳眉公家藏祕笈續函》甚受今日叢書家作為刊刻之底本，此現象亦間接證明眉公叢書應有一定之水平也。

　　綜合前二節論述，明代各家刊刻叢書多以力求彙輯舊帙、擇當時名人作

〔註6〕 同註5，頁73～74。

品加以刊刻，且一而再、再而三廣爲刊刻發行，從整部《寶顏堂祕笈》共有六集刊行，可見一斑。而當中《陳眉公家藏祕笈續函》至少前後發行二次，且每次發行更換不同校訂者等情況，可知當時刊刻叢書風氣之盛行。然而，從「與明代叢書優劣之比較」、「與清代、民國以後叢書優劣之比較」，反映出明代刻書質量每因刻書者學識、目的、身份差異，叢書品質亦呈現優劣之別。如本論文《陳眉公家藏祕笈續函》編纂者陳繼儒，因自身有豐富學養，且愛好藏書、喜流通祕笈，故叢書中選錄小說作品有當時甚少流傳者，如「志怪傳奇類」中之《集異志》、《疑仙傳》；「雜俎類」中之《談苑》等，誠如編纂者自言選書欲將罕見作品廣爲流傳；此皆其功勞與優點也。然其中偶因校刊不精、考證不足、刪減竄改等情形，亦顯露出編纂者監督不嚴；此又不得不苛責於其過也。其餘參與者，如高承埏、沈德先、沈德先、郁嘉慶等人，於當時亦頗負盛名，仍無法完整無誤呈現古籍面貌，如「志怪傳奇類」中之《桂苑叢談》、《疑仙傳》等作品，均出現校勘不精、考證錯誤等情形。故名人領銜刊刻、校書，並非是品質保證，無怪乎王重民於《中國善本書錄》中「《寶顏堂祕笈》」條下云：

> 明陳繼儒輯……然則是書舊本，藏自郁而梓於張，眉公等名，特爲發售而作招牌耳。〔註7〕

大抵言之，《寶顏堂祕笈》讓後人評論有欺世、圖利之嫌，實因品管不佳，當亦受明人刻書草率不良風氣所致。平心論之，明人刊刻叢書著眼於蒐輯廣刻，便於他人查檢，著重「量」而失之「質」；清人刊刻叢書著眼於版本完善，以求刊刻務必精善，「質」與「量」較能兼顧。明清兩代刊刻叢書差異，實與當時學風息息相關。今日叢書編纂者，依照明清二代叢書版本加以翻印實在不少，如何擇精挑善，除去品質粗劣、殘缺不全之版本，文獻學者宜用心盡力於此，爲後世研究者略盡棉薄心力。

第二節　《陳眉公家藏祕笈續函》小說類作品刊刻之價值與缺失

從《陳眉公家藏祕笈續函》刊刻十四部小說類作品，清楚得知其收錄書

〔註7〕 王重民輯錄·袁同禮重校：《美國國會圖書館藏中國善本書錄》（臺北：文海出版社有限公司，1972 年），頁 671～672。

籍多半篇幅較小。此等罕見小書因透過該部叢書而能流傳後世，從保存文獻
角度言，眉公叢書實功不可沒。然筆者認為，一部優良叢書，除外延文獻價
值外，如何深入作品內涵，讀出文學韻味，方能正確為《陳眉公家藏祕笈續
函》作公平允斷。故此章節當如何總結《陳眉公家藏祕笈續函》價值與缺失，
則分別從「作品版本整體評價」與「作品內容整體評價」二層面論之。誠如
周勛初《唐人筆記小說考索》「上編：通論・唐代筆記小說的校讎問題」言：

> 但唐人筆記小說在篇幅巨大的叢書之中，所占比重都比較小，人們
> 要想知道其中某書的質量，只能將各種叢書中的該書提出，進行比
> 較，才能判斷哪一種本子為優，哪一種本子為劣，而這無疑是一種
> 很費時間和精力的工作，但是這項工作甚有意義，值得我們為此努
> 力。〔註8〕

論斷唐代筆記小說如此，評價後世筆記小說，理當亦是如此。故總結《陳
眉公家藏祕笈續函》收錄十四部小說之總體評價，將與本論文第三、四、五
章提及與明代叢書比較總體質量評斷外，亦延及與後世刊刻情形綜合比較，
冀能客觀公正論斷之。

一、作品版本整體評價

（一）優　點

1. 保留原書面貌

考查十四部小說中能保留原書面貌有二：其一，依照原書版式刊刻；其
二，根據原書內容安排。以下綜合分析此二種情況：

（1）依照原書版式刊刻。此情形，從「志人類」中之《次柳氏舊聞》、《谿
山餘話》、《金臺紀聞》；「志怪傳奇類」中之《集異志》；「雜俎類」中之《尚
書故實》、《知命錄》、《玉堂漫筆》、《願豐堂漫書》等作品，窺見一二。以《谿
山餘話》作品為例，根據陸深自編《儼山外集》本版式而刊刻，可從文中遇
見君王、臣相時使用抬頭格式，以及內容中凡有注文採用小字並排字體等，
檢視《陳眉公家藏祕笈續函》皆按原刊樣貌刻之，實具保留原書面貌之貢獻。

（2）根據原書內容安排。此情形，從「志人類」中之《南唐近事》；「志
怪傳奇類」中之《集異志》；「雜俎類」中之《尚書故實》、《談苑》、《賢弈編》、

〔註8〕　同註5，頁73。

《知命錄》、《願豐堂漫書》等作品，可知一二。以《賢弈編》作品為例，據劉元卿〈賢弈編敘〉可知全書編纂方式：「類凡十有六，……述懷古第一，次廉淡，次德器，次方正，繼之以證學，學明而倫修矣，故敘倫次之，倫敘而家正矣，……而以志怪終焉。」檢視《陳眉公家藏祕笈續函》四卷本編排方式，正如同作者劉元卿自敘所言。

2. 以異本相互讎校

考查十四部小說中能以異本相互讎校，主要以同是「寶顏堂」刊刻二套《陳眉公家藏祕笈續函》相互比較得知。筆者從「志人類」中收錄四部作品，「志怪傳奇類」中收錄三部作品，「雜俎類」中收錄七部作品，清楚窺見有此種現象。以《談苑》作品為例，同是「寶顏堂」刊刻卻出現「明萬曆間繡水沈氏尙百齋刊」二種版本，復從清人傅山手批明刊《寶顏堂祕笈》版本發現，除校勘者不同外，再從內容文字相互讎校探究，發現有二十一則文字作更動，得知《陳眉公家藏祕笈續函》有以異本相互讎校情形，此能間接佐證編纂者用心之處。

3. 引發後人刊刻

考查十四部小說中能引發後人刊刻情形有二：其一，刊行未單刻之古籍；其二，刊刻罕見之圖書。以下綜合分析此二種情況：

（1）刊行未單刻之古籍。此情形，從「志人類」中之《谿山餘話》、《金臺紀聞》；「雜俎類」中之《後山談叢》、《知命錄》、《玉堂漫筆》、《願豐堂漫書》等作品，可窺見一二。以《後山談叢》作品為例，該部小說收錄於《後山先生集》中，明代版本中雖有《唐宋叢書》、《重編說郛》刊刻，但仍不甚熱絡，且比不上《陳眉公家藏祕笈續函》刊刻完整。《陳眉公家藏祕笈續函》刊刻未單刻之《後山談叢》，讓人瞭解陳師道除具備詩文才氣外，亦有撰寫小說之功力。

（2）刊刻罕見之圖書。此情形，從「志怪傳奇類」中之《集異志》、《疑仙傳》；「雜俎類」中之《談苑》、《後山談叢》、《賢弈編》等作品，可探究一二。以《談苑》作品為例，筆者努力蒐集資料，雖《中國古籍善本書目》記載有「明穴硯齋抄本」、「明抄本」版本，但該部小說流傳坊間仍然稀少。若非靠眉公此套叢書刊行，該部小說恐亦難傳世。

（二）缺　點

1. 刪減竄改

考查十四部小說中刪減竄改類型有三：其一，刪減竄改原文內容；其二，

刪去作品總收錄數；其三，竄改原書序言以符自己刊刻狀況。以下綜合分析此三種情況：

（1）刪減竄改原文內容。此情形，從「志人類」中之《次柳氏舊聞》、「志怪傳奇類」中之《疑仙傳》、「雜俎類」中之《玉堂漫筆》等作品，可探究一二。以《次柳氏舊聞》作品為例，其中〈玄宗嘗幸東都〉內容，可知刪減其原貌「小注」部分。此例復可從葉德輝重刻《唐開元小說》後附錄「《次柳氏舊聞》考異」證之。刪減小注情形，實是明代叢書家常見弊病，《陳眉公家藏祕笈續函》亦有此項缺失。

（2）刪去原書作品收錄總數。此情形，從「志人類」中之《次柳氏舊聞》、《谿山餘話》、《金臺紀聞》；「志怪傳奇類」中之《疑仙傳》；「雜俎類」中之《玉堂漫筆》等作品，可探究一二。以明陸深《玉堂漫筆》、《谿山餘話》、《金臺紀聞》三部作品為例，此三部小說皆刊刻於陸氏自編《儼山外集》叢書中。《儼山外集》刊刻出版時間為嘉靖乙巳（二十四年，西元一五四五年），比《陳眉公家藏祕笈續函》刊刻出版時間為萬曆（四十三年，西元一六一五年）先行出版七十年，原書內容應不難看見，然而眉公未將全書依照原貌刊刻，實有刪減之嫌；另以《陳眉公家藏祕笈續函》刊刻陸深其餘作品如《知命錄》、《願豐堂漫書》可依照原刻情形相互檢驗，《玉堂漫筆》、《谿山餘話》、《金臺紀聞》末何無法首尾具全忠實刊刻，應是犯明代刻書喜刪減竄改原書惡習所致。

（3）竄改原書序言以符自己刊刻狀況。此情形，從「志人類」中之《金臺紀聞》與「志怪傳奇類」中之《疑仙傳》等作品，可略知一二。以《疑仙傳》為例，因明代叢書無人刊刻《疑仙傳》，然考查清胡珽輯《琳瑯秘室叢書》本、丁福保編《道藏精華錄》與今日《四庫全書存目叢書》子部・道家類收錄之「《疑仙傳》三卷 北京圖書館藏明鈔本」，清楚可見該部小說〈序〉皆作「今以諸傳構成三卷」，僅見《陳眉公家藏祕笈續函》本曰「今以諸傳構成一卷」，筆者認定應為符合自行編排卷數，而竄改《疑仙傳》中〈小序〉文字，故難脫竄改之嫌。

2. 考證失誤

考查十四部小說中考證失誤類型有三：其一，誤植他書內容；其二，作品分則方式失於查檢；其三，未考查原書卷數。以下綜合分析此三種情況：

（1）誤植他書內容。此情形，從「志怪傳奇類」中之《桂苑叢談》作品可知誤植情形。以《桂苑叢談》為例，該部小說於明代刊刻頗為盛行，乍看

《陳眉公家藏祕笈續函》本應是存留原書全貌，然證諸《新唐書·藝文志》與今日學者等考證結果，證實《桂苑叢談》原貌僅有十則。至於，該部小說後之《史遺》部分，乃南宋刊刻時已誤植入該部小說中，《陳眉公家藏祕笈續函》本未能精細考證，實編纂者疏失於考證之結果。

（2）作品分則方式失於查檢。此情形，從「志人類」中之《次柳氏舊聞》與「雜俎類」中之《後山談叢》等作品，可窺見一二。以《後山談叢》為例，據「明弘治十二年潞安知府馬曒刊本」《後山先生集》清楚記錄《後山談叢》各卷收錄幾則作品，而《陳眉公家藏祕笈續函》分則方式竟有二十二則產生差異。差異少者，將二則刊成一則；差異多者，將多則作品內容顛倒其文、改竄拼湊成一則。此種情形顯然於考證上未能下一番功夫之明證。

（3）未考查原書卷數。此情形，從「志怪傳奇類」中《桂苑叢談》、《疑仙傳》與「雜俎類」中之《後山談叢》等作品，可知一二。以《後山談叢》為例，從陳師道門人魏衍編纂《後山先生集》之「後山先生集目錄」查得，卷第二十一至卷二十六，清楚可見該部小說共分六卷。且《後山先生集》刊於明弘治十二年間，而比《陳眉公家藏祕笈續函》刊刻萬曆年間已先行刊刻，顯然未能詳加蒐輯考證之結果。

3. 校勘不精

考查十四部小說中校勘不精類型有二：其一，因形近而刊刻錯誤；其二，文字脫訛情形。以下綜合分析此二種情況：

（1）因形近而刊刻錯誤。此情形，從「志怪傳奇類」中之《桂苑叢談》、《疑仙傳》與「雜俎類」中之《後山談叢》、《賢弈編》等作品，可瞭解一二。以《賢弈編》作品為例，收錄作品總數高達三百三十二則，經與民國十一年三月上海文明書局《寶顏堂祕笈》本與《陳眉公家藏祕笈續函》本比較後有六十六則之差異，其中不乏是刊刻粗心致誤，如字形相近等情形，應是校勘者未能謹慎從事所致。

（2）文字脫訛情形。此情形，從「志人類」中之《次柳氏舊聞》；「志怪傳奇類」中之《桂苑叢談》、《疑仙傳》；「雜俎類」中之《談苑》、《後山談叢》、《賢弈編》、《知命錄》等作品，可探究一二。以《談苑》作品為例，經與清吳省蘭輯《藝海珠塵》本收錄《談苑》之內容比對，脫文二十九則、衍文三十則等差異，實有不少費解之訛誤，皆是校勘未能精審所致。

大抵言之，《陳眉公家藏祕笈續函》從「作品版本整體評價」得知，該集

叢書雖彙輯不少珍貴圖書，亦毀壞不少古籍原貌。刊刻流傳罕見之古籍，實
是有助文化傳播與文獻保存功勞，然如何詳加校勘考證內容存在之謬誤，應
是文獻學家責無旁貸任務，《陳眉公家藏祕笈續函》叢書應作未作或作而未盡
善盡美，致使該叢書存世價值大打折扣。

二、作品內容整體評價

（一）優　點

1. 可為治學者取資

（1）記載豐富文獻資料。從論文中「二、論收錄作品之文學性價值」中
之「2.選用題材實虛」，十四部小說作品如「志人類」中之《次柳氏舊聞》、《南
唐近事》、《谿山餘話》、《金臺紀聞》等作品；「志怪傳奇類」中之《桂苑叢談》、
《集異志》、《疑仙傳》；「雜俎類」中之《尚書故實》、《談苑》、《後山談叢》、
《賢弈編》、《玉堂漫筆》、《願豐堂漫書》等，其中有類書資料如《太平廣記》、
《紺珠集》，以及有詩詞作品如蘇軾、李煜，另有史書資料如《漢書》、《後漢
書》、《晉書》、《宋書》，甚至有諺語歌謠等地方性資料，故具有各式各樣之豐
富文獻資料。以《集異志》作品為例，收錄作品多取自《漢書・五行志》、《後
漢書・五行志》、《晉書・五行志》、《宋書・五行志》等正史資料，雖採輯正
史資料並非每則作品全照錄史書原文，卻能得知作者取材多採史書資料。故
《陳眉公家藏祕笈續函》收錄小說中有具備豐富資料，成為後世其他書籍取
資之管道，如清陳元龍《格致鏡原》〔註9〕中不少資料係取材眉公叢書收錄之
資料，如卷六「坤輿類」採用李綽《尚書故實》、卷十四「冠服類」採用陳師
道《後山談叢》、卷二十「宮室類」採用劉元卿《賢弈編》、卷二十三「飲食
類」採用孔平仲《談苑》與李綽《尚書故實》等是也。

（2）可提供文史書籍資料。從論文中「二、論收錄作品之文學性價值」中
之「2.選用題材實虛」，十四部小說作品，如「志人類」中之《次柳氏舊聞》、《南
唐近事》、《谿山餘話》、《金臺紀聞》等作品；「志怪傳奇類」中之《桂苑叢談》、
《集異志》、《疑仙傳》；「雜俎類」中之《尚書故實》、《談苑》、《後山談叢》、《賢
弈編》、《玉堂漫筆》、《願豐堂漫書》等，提及不少人物軼聞瑣事、民間傳說、

〔註9〕 〔清〕陳元龍撰：《格致鏡原》（《文淵閣四庫全書》「子部・類書類」，台北：
臺灣商務印書館發行）。

事物掌故，皆可作為文史典籍資料。以《談苑》作品為例，《談苑》卷二記紫姑神傳說，為有關民間故事之珍貴資料；書中所記文人逸事如蘇軾，以及詩歌本事如蘇軾被囚禁時捎信予其弟蘇轍，皆可為研究宋代文學者所取資。

2. 較具深厚文學性

作者文筆除見己身之文采外，亦能兼具反映該時代小說特色。從論文中「二、論收錄作品之文學性價值」中之「1.作者筆下文采」，十四部小說作品，可從「志人類」中之《次柳氏舊聞》、《南唐近事》、《金臺紀聞》；「志怪傳奇類」中之《桂苑叢談》；「雜俎類」中之《尚書故實》、《後山談叢》、《賢弈編》、《玉堂漫筆》等作品，窺見一二。以《後山談叢》作品為例，元馬端臨《文獻通考·經籍考》卷四十四稱讚該部小說「高簡有筆力」，〔註10〕且陳師道為江西詩派代表人物之一，從該部小說描寫農漁記事、文藝相關記錄、文人逸事等文筆，仍能展現北宋巨手之特色，有深厚文學內涵。

3. 具備教化或遣興作用

小說作品功用除遣興抒懷外，亦能達到教化人心作用。從論文中「二、論收錄作品之文學性價值」中之「3.作品傳達意境」，十四部小說作品，其中以「志人類」中之《次柳氏舊聞》、《南唐近事》；「志怪傳奇類」中之《疑仙傳》；「雜俎類」中之《尚書故實》、《賢弈編》、《玉堂漫筆》等作品，最能窺見作者寄寓若干思維，可供讀者省思；應具有教化功用。另外，以「志人類」中之《次柳氏舊聞》、《南唐近事》、《金臺紀聞》；「志怪傳奇類」中之《桂苑叢談》《集異志》、《疑仙傳》；「雜俎類」中之《尚書故實》、《談苑》、《後山談叢》、《賢弈編》等作品，最能觸動讀者情感與想像之快感。

（二）缺　點

1. 較無豐富文學性

此種缺失，可見到作者筆下欠缺文采外，亦無新穎題材讓讀者開拓眼見。十四部小說作品，可從「志人類」中之《谿山餘話》；「志怪傳奇類」中之《疑仙傳》；「雜俎類」中之《知命錄》、《願豐堂漫書》等作品。以陸深《願豐堂漫書》作品為例，僅收錄七則作品，其中提到若干人物軼聞逸事、氣象描述，如章懋已於《谿山餘話》有多則描述外，且筆下描摹章氏形象亦無《谿山餘

〔註10〕〔元〕馬端臨撰：《文獻通考·經籍考》卷四十四（杭州：浙江古籍出版社出版發行，2000 年 1 月），頁 1768。

話》書中生動有趣。

2. 佞收名人名作

嗜傳刻明代著名人物之作，亦喜傳刻廣爲流傳之作品。十四部小說作品，可從「志人類」中之《谿山餘話》、《金臺紀聞》；「雜俎類」中之《知命錄》、《玉堂漫筆》、《願豐堂漫書》等作品，顯見《陳眉公家藏祕笈續函》收錄作品有考慮作者名氣是否能吸引讀者之嫌。以陸深《願豐堂漫書》作品爲例，該部作品爲陸深未完成之作，且題材與文筆僅一、二則有可觀爾，實與陸氏其他著作，如《玉堂漫筆》、《金臺紀聞》內容不能相比；從內容深度觀之，實無收錄必要。再者，喜傳刻有名作品，卻無法找到完書，根據原書忠實呈現原貌內容。十四部小說作品，可從「志人類」中之《次柳氏舊聞》、《谿山餘話》、《金臺紀聞》；「志怪傳奇類」中之《桂苑叢談》；「雜俎類」中之《玉堂漫筆》等作品，可以窺知，故而讓世人誤認爲《陳眉公家藏祕笈續函》有牟利之嫌。

綜合以上論述，華亭名人陳繼儒投入叢書編輯工作，耗費資財，且聘請當時名人擔任校訂工作，有姚士麟、王體國、王體元、高承埏、李日華等人參與，而使整套《寶顏堂祕笈》品質有一定水準。名人加持，或多或少對該套叢書名聲有提升作用。然單針對《陳眉公家藏祕笈續函》收錄小說類作品，不可諱言仍存有竄改、刪減、校勘不精等情形，亦間接反映出明代刊刻叢書之普遍缺失。如何持平看待《陳眉公家藏祕笈續函》，誠如謝國楨〈叢書刊刻源流考〉言：

> 間嘗以爲明代藏書之家，無不喜刻叢書，若陽山顧氏之《文房小說》，程榮之《漢魏叢書》，陳繼儒之《祕笈》，固人所悉知。……三古遺書，漢唐子集，原書罕見，若隱若亡，經明人刊刻，賴以得存，或記史料，或志鄉賢，昔人不易經見之書，今之可置諸几席之間，其功不可勝量。然而明人刻書，喜妄立名目，臆改卷第，如馮夢禎刻唐劉肅《大唐新語》，誤改爲《唐世說新語》，兩京遺編之《春秋繁露》八卷，實非足本。至刪改文目，自立標題，更遑論已。〔註11〕

前述《陳眉公家藏祕笈續函》中，彙輯舊帙、保留文獻、傳刻功勞等精善之處，是其所長；校勘不精、刪減竄改、失之考證等缺失問題，是其所短。二

〔註11〕 謝國楨編著：《明清筆記叢談》（台北：仲信出版社），頁204～205。

者間權衡高低，應如何辨別釐清，方能恰如其分給予品評。筆者反覆再三，評曰：《陳眉公家藏祕笈續函》於明代雖非屬上等叢書，但整體合觀應有中等之質地也。

參考書目

「引用書目」編排方式，如下：

一、「原典」部分。依照志人類、志怪傳奇類、雜俎類等三大類型，每類型安排次序以《陳眉公家藏祕笈續函》本為第一，其他明代、清代叢書版本則依照刊刻時間作排列。

二、「引用參考書籍」部分。分作三大類，古籍、民國著作與論文。「古籍」類，先依照經、史、子、集等四部作安排，每部以下再作細目分類；「民國作品」類，先分專著、編選作品、工具書、叢書等四類型，再依照每類型出版時間先後作排列；「論文」類，先分學位論文與單篇論文等二類型，再依照每類型發表時間先後作排列。

一、原　典

（一）志人類

1.〔唐〕李德裕《次柳氏舊聞》

（1）以《次柳氏舊聞》命名之明代著名叢書版本

Ⅰ.〔明〕陳繼儒輯：《寶顏堂祕笈》（台北：國家圖書館「善本書室」所藏，明萬曆間繡水沈氏尚白齋刊本）。

Ⅱ.〔明〕陳繼儒輯·《寶顏堂祕笈》（台北：國家圖書館善本書室另藏一部「明萬曆間繡水沈氏尚白齋刊本」，記載收藏之書為一百九十三卷四十八冊。此版本，僅存陳眉公訂正祕笈、家藏祕笈續函、眉公雜著等三集。）

Ⅲ.〔明〕顧元慶編：《顧氏文房小說》（臺北：國家圖書館「善本書室」所藏「明嘉靖間長洲顧氏刊本」）。

Ⅳ.〔明〕李栻編:《歷代小史》(臺北:國家圖書館「善本書室」所藏「明萬曆丙戌刊本」)。

Ⅴ.〔宋〕左圭編・〔明〕明人重編:重輯《百川學海》「丙集」(臺北:國家圖書館「善本書室」所藏「明末葉坊刊本」)

Ⅵ.〔元〕陶宗儀輯・〔明〕陶珽重校:重編《說郛》卷第三十六(台北:國家圖書館「善本書室」所藏「清順治丁亥兩浙督學李際期刊本」)。

Ⅶ.〔明〕馮夢龍編:《五朝小說》「唐人百家小說偏錄家」(臺北:國家圖書館「善本書室」所藏「明末刊本」)。

(2)以《明皇十七事》命名之明代著名叢書版本

Ⅰ.〔明〕黃昌齡輯:《稗乘》「史略」(臺北:國家圖書館「善本書室」所藏「明萬曆戊午孫幼安刊本」)。

Ⅱ.〔明〕馮夢龍編:《五朝小說》「唐人百家小說偏錄家」(臺北:國家圖書館「善本書室」所藏「明末刊本」)。

Ⅲ.〔元〕陶宗儀輯・〔明〕陶珽重校:《說郛》卷第五十二(台北:國家圖書館「善本書室」所藏「清順治丁亥兩浙督學李際期刊本」)。

Ⅳ.〔明〕顧元慶編:《廣四十家小說》(臺北:國家圖書館「善本書室」所藏「民國12年上海進步書局石印本」)。

Ⅴ.〔清〕曹溶輯:《學海類編》「集餘七保攝」(臺北國家圖書館「善本書室」藏,清道光辛卯六安晁氏活字印本)。

2.〔宋〕鄭文寶《南唐近事》

(1)〔明〕陳繼儒輯:《寶顏堂祕笈》(台北:國家圖書館「善本書室」所藏,明萬曆間繡水沈氏尚白齋刊本)。

(2)〔明〕陳繼儒輯:《寶顏堂祕笈》(台北:國家圖書館善本書室另藏一部「明萬曆間繡水沈氏尚白齋刊本」,記載收藏之書為一百九十三卷四十八冊。此版本,僅存陳眉公訂正祕笈、家藏祕笈續函、眉公雜著等三集。)

(3)〔明〕吳永編:《續百川學海》「丙集」(臺北:國家圖書館「善本書室」所藏「明末刊本」)。

(4)〔明〕鍾人傑・張遂辰輯:《唐宋叢書》「別史」(台北:國家圖書館「善本書室」所藏「明末刊本」)。

(5)〔元〕陶宗儀輯・〔明〕陶珽重校:《重編說郛》卷第三十九(臺北:國家圖書館「善本書室」所藏「清順治丁亥兩浙督學李際期刊本」)。

(6)〔清〕紀昀等編纂:《文淵閣四庫全書》(台北:臺灣商務印書館影印)。

(7)〔清〕紀昀等編纂:《文津閣四庫全書》(北京:商務印書館影印)。

3.〔明〕陸深《谿山餘話》

（1）〔明〕陳繼儒輯：《寶顏堂祕笈》（台北：國家圖書館「善本書室」所藏，明萬曆間繡水沈氏尚白齋刊本）。

（2）〔明〕陳繼儒輯：《寶顏堂祕笈》（台北：國家圖書館善本書室另藏一部「明萬曆間繡水沈氏尚白齋刊本」，記載收藏之書爲一百九十三卷四十八冊。此版本，僅存陳眉公訂正祕笈、家藏祕笈續函、眉公雜著等三集。）

（3）〔明〕陸深編：《儼山外集》（台北：國家圖書館「善本書室」所藏「明嘉靖二十四年雲間陸氏家刊」）。

（4）〔明〕馮可賓編：《廣百川學海》「丙集」（台北：國家圖書館「善本書室」所藏「明末刊本」）。

（5）〔明〕馮夢龍編：《五朝小說》「皇明百家小說」（臺北：國家圖書館「善本書室」所藏「明末刊本」）。

（6）〔元〕陶宗儀輯‧〔明〕陶珽重校：《說郛續》卷第十八（台北：國家圖書館「善本書室」所藏「清順治丁亥兩浙督學李際期刊本」）。

（7）商務印書館編輯：《叢書集成初編》（上海：商務印書館）。

（8）嚴一萍編輯：《百部叢書集成》（台北：藝文印書館）。

（9）新文豐出版公司編輯：《叢書集成新編》（台北：新文豐出版公司印行）。

4. 〔明〕陸深《金臺紀聞》

（1）〔明〕陳繼儒輯：《寶顏堂祕笈》（台北：國家圖書館「善本書室」所藏，明萬曆間繡水沈氏尚白齋刊本）。

（2）〔明〕陳繼儒輯：《寶顏堂祕笈》（台北：國家圖書館善本書室另藏一部「明萬曆間繡水沈氏尚白齋刊本」，記載收藏之書爲一百九十三卷四十八冊。此版本，僅存陳眉公訂正祕笈、家藏祕笈續函、眉公雜著等三集。）

（3）〔明〕陸深編：《儼山外集》（台北：國家圖書館「善本書室」所藏「明嘉靖二十四年雲間陸氏家刊」）。

（4）〔明〕沈節甫輯：《紀錄彙編》（台北：國家圖書館「善本書室」所藏「明萬曆丁巳江西巡按陳于庭刊本」）。

（5）〔元〕陶宗儀輯‧〔明〕陶珽重校：《說郛續》卷第十二（台北：國家圖書館「善本書室」所藏「清順治丁亥兩浙督學李際期刊本」）。

（6）〔明〕馮可賓編：《廣百川學海》「乙集」（台北：國家圖書館「善本書室」所藏「明末刊本」）。

（7）商務印書館編輯：《叢書集成初編》（上海：商務印書館）。

（8）嚴一萍編輯：《百部叢書集成》（台北：藝文印書館）。

（9）新文豐出版公司編輯：《叢書集成新編》（台北：新文豐出版公司印行）。

（二）志怪傳奇類

1.〔唐〕馮翊《桂苑叢談》

（1）〔元〕陶宗儀輯・〔明〕陶珽重校：重編《說郛》（臺北：國家圖書館「善本書室」所藏「清順治丁亥兩浙督學李際期刊本」）。

（2）〔明〕顧元慶輯：《廣四十家小說》（臺北：國家圖書館「善本書室」所藏「民國十二年上海進步書局石印本」）。

（3）〔明〕陳繼儒輯：《寶顏堂祕笈》（台北：國家圖書館「善本書室」所藏，明萬曆間繡水沈氏尚白齋刊本）。

（4）〔明〕陳繼儒輯：《寶顏堂祕笈》（台北：國家圖書館善本書室另藏一部「明萬曆間繡水沈氏尚白齋刊本」，記載收藏之書為一百九十三卷四十八冊。此版本，僅存陳眉公訂正祕笈、家藏祕笈續函、眉公雜著等三集。）

（5）〔明〕吳永編：《續百川學海》（臺北：國家圖書館「善本書室」所藏「明末刊本」）。

（6）〔明〕馮夢龍編：《五朝小說》（臺北：國家圖書館「善本書室」所藏「明末刊本」）。

（7）〔明〕不著編人：《蒼雪菴日鈔》（臺北：國家圖書館「善本書室」所藏「明朱絲欄抄本」）。

2.〔唐〕陸勳《集異志》

（1）〔明〕陳繼儒輯：《寶顏堂祕笈》（台北：國家圖書館「善本書室」所藏，明萬曆間繡水沈氏尚白齋刊本）。

（2）〔明〕陳繼儒輯：《寶顏堂祕笈》（台北：國家圖書館善本書室另藏一部「明萬曆間繡水沈氏尚白齋刊本」，記載收藏之書為一百九十三卷四十八冊。此版本，僅存陳眉公訂正祕笈、家藏祕笈續函、眉公雜著等三集。）

（3）〔元〕陶宗儀輯・〔明〕陶珽重校：《說郛續》卷第一百十六（臺北：國家圖書館「善本書室」所藏「清順治丁亥兩浙督學李際期刊本」）。

（4）〔清〕蓮塘居士：《唐人說薈》（臺北：國家圖書館「善本書室」所藏「民國上海掃葉山房石印本」）。

（5）四庫全書存目叢書編纂委員會：《四庫全書存目叢書》（臺南：莊嚴文化事業有限公司，1996 年 8 月）。

3.〔宋〕王簡《疑仙傳》

（1）〔明〕陳繼儒輯：《寶顏堂祕笈》（台北：國家圖書館「善本書室」所藏，明萬曆間繡水沈氏尚白齋刊本）。

（2）〔明〕陳繼儒輯：《寶顏堂祕笈》（台北：國家圖書館善本書室另藏一

部「明萬曆間繡水沈氏尚白齋刊本」，記載收藏之書爲一百九十三卷四十八冊。此版本，僅存陳眉公訂正祕笈、家藏祕笈續函、眉公雜著等三集。）

（3）〔清〕胡珽輯：《琳瑯祕室叢書》（台北：國家圖書館「善本書室」藏，清光緒戊子會稽董氏取斯堂活字本）。

（4）四庫全書存目叢書編纂委員會：《四庫全書存目叢書》（臺南：莊嚴文化事業有限公司，1996 年 8 月）。

（三）雜俎類

1.〔唐〕李綽《尚書故實》

（1）〔明〕陳繼儒輯：《寶顏堂祕笈》（台北：國家圖書館「善本書室」所藏，明萬曆間繡水沈氏尚白齋刊本）。

（2）〔明〕陳繼儒輯：《寶顏堂祕笈》（台北：國家圖書館善本書室另藏一部「明萬曆間繡水沈氏尚白齋刊本」，記載收藏之書爲一百九十三卷四十八冊。此版本，僅存陳眉公訂正祕笈、家藏祕笈續函、眉公雜著等三集。）

（3）〔宋〕左圭編・明人重編：《百川學海》（台北：國家圖書館「善本書室」所藏「明末葉坊刊本刊本」）。

（4）〔宋〕左圭編・明人重編：《百川學海》（台北：國家圖書館「善本書室」所藏「明末刊本」）。

（5）〔明〕馮夢龍編輯：《五朝小說》「唐人百家小說偏錄家」（台北：國家圖書館「善本書室」所藏「明末刊本」）。

（6）〔元〕陶宗儀輯・〔明〕陶珽重校：《說郛》卷第三十六（台北：國家圖書館「善本書室」所藏「清順治丁亥兩浙督學李際期刊本」）。

（7）〔清〕王灝編：《畿輔叢書》（台北：國家圖書館「善本書室」所藏「清光緒五年定州王士謙德堂刊本」）。

2.〔宋〕孔平仲《談苑》

（1）〔明〕陳繼儒輯：《寶顏堂祕笈》（台北：國家圖書館「善本書室」所藏，明萬曆間繡水沈氏尚白齋刊本）。

（2）〔明〕陳繼儒輯：《寶顏堂祕笈》（台北：國家圖書館善本書室另藏一部「明萬曆間繡水沈氏尚白齋刊本」，記載收藏之書爲一百九十三卷四十八冊。此版本，僅存陳眉公訂正祕笈、家藏祕笈續函、眉公雜著等三集。）

（3）〔明〕陳繼儒等人編纂：《寶顏堂祕笈》（台北：國家圖書館「善本書室」所藏「〔清〕傅山手批明刊《寶顏堂祕笈》本」）。

（4）〔清〕吳省蘭輯：《藝海珠塵》（台北：國家圖書館「善本書室」所藏

「清嘉慶間（1796～1820）南匯吳氏聽□堂刊本」)。

3. 〔宋〕陳師道《後山談叢》

(1)〔明〕陳繼儒輯：《寶顏堂祕笈》（台北：國家圖書館「善本書室」所藏，明萬曆間繡水沈氏尚白齋刊本)。

(2)〔明〕陳繼儒輯：《寶顏堂祕笈》（台北：國家圖書館善本書室另藏一部「明萬曆間繡水沈氏尚白齋刊本」，記載收藏之書爲一百九十三卷四十八冊。此版本，僅存陳眉公訂正祕笈、家藏祕笈續函、眉公雜著等三集。)

(3)〔明〕鍾人傑・張遂辰輯：《唐宋叢書》（台北：國家圖書館「善本書室」所藏「明末刊本」)。

(4)〔元〕陶宗儀輯・〔明〕陶珽重校：《說郛》（台北：國家圖書館「善本書室」所藏「清順治丁亥兩浙督學李際期刊本」)。

(5)〔宋〕魏衍編：《後山先生集》（台北：國家圖書館「善本書室」所藏「明弘治十二年潞安知府馬暾刊本」)。

(6)張鈞衡：《適園叢書》（台北：國家圖書館「善本書室」所藏《後山先生集》「民國三年烏程張氏刊本」)。

4. 〔明〕劉元卿《賢弈編》

(1)〔明〕陳繼儒輯：《寶顏堂祕笈》（台北：國家圖書館「善本書室」所藏，明萬曆間繡水沈氏尚白齋刊本)。

(2)〔明〕陳繼儒輯：《寶顏堂祕笈》（台北：國家圖書館善本書室另藏一部「明萬曆間繡水沈氏尚白齋刊本」，記載收藏之書爲一百九十三卷四十八冊。此版本，僅存陳眉公訂正祕笈、家藏祕笈續函、眉公雜著等三集。)

(3)上海文明書局編輯：《寶顏堂秘笈》（上海：上海文明書局石印本)。

(4)商務印書館編輯：《叢書集成初編》（上海：商務印書館)。

(5)新文豐出版公司編輯：《叢書集成新編》（台北：新文豐出版公司印行)。

5. 〔明〕陸深《知命錄》

(1)〔明〕陳繼儒輯：《寶顏堂祕笈》（台北：國家圖書館「善本書室」所藏，明萬曆間繡水沈氏尚白齋刊本)。

(2)〔明〕陳繼儒輯：《寶顏堂祕笈》（台北：國家圖書館善本書室另藏一部「明萬曆間繡水沈氏尚白齋刊本」，記載收藏之書爲一百九十三卷四十八冊。此版本，僅存陳眉公訂正祕笈、家藏祕笈續函、眉公雜著等三集。)

(3)〔明〕陸深編：《儼山外集》（台北：國家圖書館「善本書室」所藏「明嘉靖二十四年雲間陸氏家刊」)。

（4）商務印書館編輯：《叢書集成初編》（上海：商務印書館）。

（5）嚴一萍編輯：《百部叢書集成》（台北：藝文印書館）。

（6）新文豐出版公司編輯：《叢書集成新編》（台北：新文豐出版公司印行）。

6. 〔明〕陸深《玉堂漫筆》

（1）〔明〕陳繼儒輯：《寶顏堂祕笈》（台北：國家圖書館「善本書室」所藏，明萬曆間繡水沈氏尚白齋刊本）。

（2）〔明〕陳繼儒輯：《寶顏堂祕笈》（台北：國家圖書館善本書室另藏一部「明萬曆間繡水沈氏尚白齋刊本」，記載收藏之書爲一百九十三卷四十八冊。此版本，僅存陳眉公訂正祕笈、家藏祕笈續函、眉公雜著等三集。）

（3）〔明〕陸深編：《儼山外集》（台北：國家圖書館「善本書室」所藏「明嘉靖二十四年雲間陸氏家刊」）。

（4）〔明〕沈節甫輯：《紀錄彙編》（台北：國家圖書館「善本書室」所藏「明萬曆丁巳江西巡按陳于庭刊本」）。

（5）〔明〕馮可賓編：《廣百川學海》「乙集」（台北：國家圖書館「善本書室」所藏「明末刊本」）。

（6）〔元〕陶宗儀輯・〔明〕陶珽重校：《說郛續》卷第十二（台北：國家圖書館「善本書室」所藏「清順治丁亥兩浙督學李際期刊本」）。

（7）商務印書館編輯：《叢書集成初編》（上海：商務印書館）。

（8）嚴一萍編輯：《百部叢書集成》（台北：藝文印書館）。

（9）新文豐出版公司編輯：《叢書集成新編》（台北：新文豐出版公司印行）。

（10）上海古籍出版社編：《明代筆記小說大觀》（上海：上海古籍出版社）。

7. 〔明〕陸深《願豐堂漫書》

（1）〔明〕陳繼儒輯：《寶顏堂祕笈》（台北：國家圖書館「善本書室」所藏，明萬曆間繡水沈氏尚白齋刊本）。

（2）〔明〕陳繼儒輯：《寶顏堂祕笈》（台北：國家圖書館善本書室另藏一部「明萬曆間繡水沈氏尚白齋刊本」，記載收藏之書爲一百九十三卷四十八冊。此版本，僅存陳眉公訂正祕笈、家藏祕笈續函、眉公雜著等三集。）

（3）〔明〕陸深編：《儼山外集》（台北：國家圖書館「善本書室」所藏「明嘉靖二十四年雲間陸氏家刊」）。

（5）〔明〕馮可賓編：《廣百川學海》「乙集」（台北：國家圖書館「善本書室」所藏「明末刊本」）。

（4）〔元〕陶宗儀輯・〔明〕陶珽重校：《說郛續》卷第二十（台北：國家圖書館「善本書室」所藏「清順治丁亥兩浙督學李際期刊本」）。

（6）商務印書館編輯：《叢書集成初編》（上海：商務印書館）。

（7）嚴一萍編輯：《百部叢書集成》（台北：藝文印書館）。

（8）新文豐出版公司編輯：《叢書集成新編》（台北：新文豐出版公司印行）。

二、引用參考書籍

（一）古　籍

「史部」

正史類

（1）〔唐〕房玄齡等撰：《晉書》（楊家駱主編：中國學術類編《新校本晉書并附編六種》，臺北：鼎文書局，1979 年 2 月）。

（2）〔唐〕劉昫撰：《舊唐書》（許嘉璐主編：《二十四史全譯》，上海：漢語大詞典出版社，2004 年 1 月）。

（3）〔宋〕薛居正等奉勒撰：《舊五代史》（許嘉璐主編：《二十四史全譯》，上海：漢語大詞典出版社，2004 年 1 月）。

（4）〔宋〕歐陽脩等奉勒撰：《新唐書》（許嘉璐主編：《二十四史全譯》，上海：漢語大詞典出版社，2004 年 1 月）。

（5）〔宋〕歐陽脩等奉勒撰：《新五代史》（許嘉璐主編：《二十四史全譯》，上海：漢語大詞典出版社，2004 年 1 月）。

（6）〔元〕托克托等奉勒撰：《宋史》（許嘉璐主編：《二十四史全譯》，上海：漢語大詞典出版社，2004 年 1 月）。

（7）〔清〕張廷玉等編纂：《明史》（臺北：藝文印書館，據清乾隆武英殿刊本影印）。

政書類

（8）〔宋〕馬令、陸游等撰：《南唐書》（〔清〕張海鵬纂輯：《墨海金壺》，台北：文友書店印行）。

（9）〔清〕高宗敕撰：《續文獻通考》（《國學基本叢書》。台北：新興書局，1958 年，10 月）。

（10）〔清〕龍文彬撰：《明會要》（楊家駱主編：中國學術名著《歷代會要》第一期書，第九冊，1960 年 11 月）。

史評類

（11）〔唐〕劉知幾撰：《史通》（四庫全書存目叢書編纂委員會：《四庫全書存目叢書》史部二七九，臺南：莊嚴文化事業有限公司，1996 年 8 月）。

傳記類

（12）〔唐〕林寶撰：《元和姓纂》（北京：中華書局出版，1994 年 5 月）。

（13）〔明〕焦竑著：《國朝獻徵錄》（臺北市：臺灣學生書局，1965 年 1 月）。

（14）〔明〕何三畏著：《雲間志略》（周駿富輯：《明代傳記叢刊》，臺北：明文書局，1991 年元月）。

（15）〔清〕查繼佐撰：《罪惟錄列傳》（周駿富輯：《明代傳記叢刊》，臺北：明文書局，1991 年 1 月）。

（16）〔清〕黃宗羲撰：《明儒學案》（周駿富輯：《明代傳記叢刊》，臺北：明文書局，1991 年 1 月）。

地理類

（17）〔宋〕史能之纂修：《〔咸淳〕重修毗陵志》（《續修四庫全書》編纂委員會編：《續修四庫全書》六九九·史部·地理類，上海：上海古籍出版社）。

（18）《浙江府州縣志·嘉興縣志》（故宮博物院編：《故宮珍本叢刊》第 096 冊，海南：海南出版社出版發行，2001 年 6 月）。

目錄類

官修目錄

（19）〔漢〕劉歆·〔清〕姚振宗輯錄：《七略佚文》（臺北：成文出版社有限公司印行，嚴靈峰編輯《書目類編》，1978 年）。

（20）〔宋〕王堯臣等撰：《崇文總目》（臺北：臺灣商務印書館發行，《文淵閣四庫全書》，1975 年）。

（21）〔宋〕王堯臣等撰：《崇文總目》（王雲五主編：《國學基本叢書四百種》）。

（22）〔宋〕陳騤等撰：《中興館閣書目》（臺北：成文出版社有限公司印行，嚴靈峰編輯《書目類編》，1978 年）。

（23）〔宋〕張攀等撰·民國趙士煒輯：《中興館閣續書目》（臺北：成文出版社有限公司印行，嚴靈峰編輯《書目類編》，1978 年）。

（24）〔宋〕高宗敕改定·〔清〕葉德輝輯：《祕書省四庫闕書目》（臺北：成文出版社有限公司印行，嚴靈峰編輯《書目類編》，1978 年）。

（25）〔明〕楊士奇：《文淵閣書目》（臺北：新文豐出版公司印行，《叢書集成新編》，1985 年）。

（26）〔明〕張萱撰：《內閣藏書目錄》（臺北：廣文書局印行，《書目續編》，1968 年 3 月）。

（27）〔清〕紀昀等人編纂：《四庫全書總目》（臺北：藝文印書館，1997 年 9 月）。

目錄類

私家目錄

（28）〔宋〕晁公武撰：《郡齋讀書志》（臺北：臺灣商務印書館印行，1968 年 3 月）。

（29）〔宋〕趙希弁校補：《郡齋讀書志》（王雲五主編：《國學基本叢書》四 百種，臺北：臺灣商務印書館股份有限公司，1968 年 3 月）

（30）〔宋〕尤袤撰：《遂初堂書目》（臺北：臺灣商務印書館印行，王雲五 主編《叢書集成簡編》，1965 年）。

（31）〔宋〕陳振孫撰：《直齋書錄解題》（臺北：臺灣商務印書館印行，1968 年 3 月）。

（32）〔明〕朱睦㮮撰：《萬卷堂書目》（上海：上海古籍出版社，《續修四庫 全書》編纂委員會編《續修四庫全書》）。

（33）〔明〕葉盛：《菉竹堂書目》（臺北：成文出版社有限公司印行，嚴靈 峰編輯《書目類編》，1978 年）。

（34）〔明〕李廷相：《濮陽蒲汀李先生家藏目錄》（臺北：新文豐出版公司 印行，《叢書集成續編》）。

（35）〔明〕陳第撰：《世善堂藏書目錄》（臺北：廣文書局印行，《書目三編》， 1969 年 2 月）。

（36）〔明〕范欽藏・清范邦甸撰：《天一閣書目》（上海：上海古籍出版社， 《續修四庫全書》編纂委員會編《續修四庫全書》）。

（37）〔明〕晁瑮撰：《晁氏寶文堂書目》（上海：上海古籍出版社，《續修四 庫全書》編纂委員會編《續修四庫全書》）。

（38）〔明〕高儒撰：《百川書志》（上海：上海古籍出版社，《續修四庫全書》 編纂委員會編《續修四庫全書》）。

（39）〔明〕祁承㸁撰：《澹生堂藏書目》（上海：上海古籍出版社，《續修四 庫全書》編纂委員會編《續修四庫全書》）。

（40）〔明〕徐𤊹撰：《徐氏紅雨樓書目》（臺北：成文出版社有限公司印行， 嚴靈峰編輯《書目類編》，1978 年）。

（41）〔明〕錢謙益撰：《牧齋書目》（據國家圖書館「善本書室」所藏「舊 鈔本」）。

（42）〔明〕錢謙益撰：《絳雲樓書目》（臺北：廣文書局印行，《書目三編》， 1969 年）。

（43）〔明〕趙琦美撰：《脈望館書目》（據國家圖書館「善本書室」所藏上 海商務印書館影印本《涵芬樓祕笈》）。

（44）〔明〕周弘祖撰：《古今書刻》（嚴靈峰編輯：《書目類編》八十八。臺

北：成文出版社，1978 年）。目錄類

（45）〔明〕黃虞稷撰：《千頃堂書目》（臺灣：臺灣商務印書館發行，《影印文淵閣四庫全書》）。

（46）〔清〕徐乾學：《傳是樓書目》（林夕主編：《中國著名藏書家書目匯刊》，北京：商務印書館，2005 年 10 月）。

（47）〔清〕毛扆撰：《汲古閣珍藏祕本書目》（上海：上海古籍出版社，《續修四庫全書》編纂委員會編《續修四庫全書》）。

（48）〔清〕阮元撰：《文選樓藏書記》（台北：廣文書局有限公司，1969 年 2 月）。

（49）〔清〕周中孚撰：《鄭堂讀書記》（國家圖書館編：《國家圖書館藏古籍題跋叢刊》，北京：北京圖書館出版社，2002 年 5 月）。

（50）〔清〕周中孚：《鄭堂讀書記》（楊家駱主編：中國目錄學名著第一集《鄭堂讀書記》，台北：世界書局，1960 年 11 月）。

（51）〔清〕張金吾撰：《愛日精廬藏書志》（台北：文史哲出版社，1989 年 3 年）。

（52）〔清〕瞿鏞編纂：《鐵琴銅劍樓藏書目錄》（上海：上海古籍出版社出版，2000 年 9 月）。

（53）〔清〕莫友芝撰‧傅增湘訂補‧傅熹年整理：《藏園訂補郘亭知見傳本書目》（北京：中華書局出版，1993 年 6 月）。

（54）〔清〕張之洞著：《書目答問》（北京：三聯書店出版發行，1998 年 6 月）。

（55）〔清〕傅增湘撰：《藏園群書題記》（上海：上海古籍出版社出版，1989 年 6 月）。

史家目錄

（56）〔漢〕班固撰：《漢書‧藝文志》（楊家駱主編：《中國目錄學名著》第三集‧第一冊，臺北：世界書局，1963 年 4 月）。

（57）〔唐〕魏徵等撰：《隋書‧經籍志》（楊家駱主編：《中國目錄學名著》第三集‧第一冊，臺北：世界書局，1963 年 4 月）。

（58）〔唐〕劉昫等撰：《舊唐書‧經籍志》（臺北：新文豐出版公司印行，《叢書集成新編》，1985 年）。

（59）〔宋〕歐陽脩撰：《新唐書‧藝文志》（臺北：新文豐出版公司印行，《叢書集成新編》，1985 年）。

（60）〔宋〕鄭樵：《通志‧藝文略》（臺北：臺灣中華書局，《四部備要》）。

（61）〔元〕脫脫等撰：《宋史‧藝文志》（臺北：新文豐出版公司印行，《叢書集成新編》，1985 年）。

（62）〔元〕馬端臨撰：《文獻通考‧經籍考》（臺北：新文豐出版公司，1986年9月）。

（63）〔明〕焦竑輯：《國史經籍志》（臺北：新文豐出版公司印行，《叢書集成新編》，1985年）。

「子部」

道家類

（64）〔清〕郭慶藩編輯：《莊子集釋》（臺北：國家出版社，1982年7月）。

（65）〔清〕丁福保編：《道藏精華錄》（北京：北京圖書館出版社，2005年7月）。

叢書類

（66）〔清〕鮑廷博：《知不足齋叢書》（嚴一萍輯選：《百部叢書集成》，臺北：藝文印書館印行）。

類書類

（67）〔宋〕李昉等編：《太平廣記》（北京：中華書局出版，1995年8月）。

（68）〔宋〕朱勝非撰：《紺珠集》（《四庫筆記小說叢書》。上海：上海古籍出版社出版，1993年7月）。

（69）〔宋〕曾慥編：《類說》（《四庫筆記小說叢書》。上海：上海古籍出版社出版，1993年7月）。

（70）〔明〕錫山秦氏校刻：《錦繡萬花谷》（臺北：新興書局有限公司，1974年1月）。

（71）〔清〕陳元龍撰：《格致鏡原》（《文淵閣四庫全書》，台北：臺灣商務印書館發行）。

雜家類

（72）〔梁〕陶弘景撰：《古今刀劍錄》（景印《文淵閣四庫全書》「子部九‧譜錄類一 器物之屬」。臺北：臺灣商務印書館發行）。

（73）〔唐〕張彥遠撰：《歷代名畫記》（中國書畫研究資料社編：《畫史叢書》第一冊，臺北：文史哲出版社，1974年3月）。

（74）〔宋〕洪邁著：《容齋隨筆》（鄭州市：中州古籍出版社出版。1993年9月）。

（75）〔宋〕羅燁撰：《醉翁談錄》（臺北：世界書局印行）。

（76）〔宋〕魏衍編：《後山先生集》（台北：國家圖書館「善本書室」所藏「明弘治十二年潞安知府馬暾刊本」）。

（77）〔宋〕郭若虛撰：《圖畫見聞誌》（中國書畫研究資料社編：《畫史叢書》第一冊，臺北：文史哲出版社，1974年3月）。

（78）〔明〕焦竑撰：《玉堂叢語》（臺北：木鐸出版社，1982 年 2 月）。雜家類

（79）〔明〕胡應麟撰：《少室山房筆叢》（臺灣：臺灣商務印書館發行，《影印文淵閣四庫全書》）。雜家類

（80）〔明〕祁承㸁撰：《庚申整書小記》（附略例）（昌彼得編輯：《中國目錄學資料選輯》，臺北：文史哲出版社，1972 年 10 月）。

（81）〔明〕項元汴著：《蕉窗九錄》（《叢書集成新編》第五十冊，臺北：新文豐出版公司印行）。

（82）〔明〕陸深編：《古奇器錄》（《叢書集成新編》第五十冊，新文豐出版公司印行）。

（83）〔明〕都穆撰：《談纂》（嚴一萍輯：《百部叢書集成》中之《硯雲甲乙編》叢書，臺北：藝文印書館）。

（84）〔清〕黃佐撰：《南雍志》（臺北：偉文圖書出版社有限公司，1976 年 9 月）。

（85）〔清〕王鳴盛撰：《蛾術編》（《續修四庫全書》編纂委員會編：《續修四庫全書》「子部‧雜家類」，上海：上海古籍出版社）。

（86）〔清〕孫從添撰：《藏書紀要》（《叢書集成新編》二。臺北：新文豐出版公司印行，1985 年）。

（87）〔清〕梁維樞撰：《玉劍尊聞》（《續修四庫全書》編纂委員會編：《續修四庫全書》，上海：上海古籍出版社）。

（88）〔清〕劉廷璣著：《在園雜志》（沈雲龍主編：《近代中國史料叢刊》第三十八輯，臺北：文海出版社印行）。

（89）〔清〕葉德輝著：《書林清話》（臺北：文史哲出版社，1998 年）。

（90）〔清〕王仁俊輯：《經籍佚文》（《續修四庫全書》編纂委員會編：《續修四庫全書》，上海：上海古籍出版社）。

小說類

（91）〔晉〕干寶撰：《搜神記》（臺北：洪氏出版社，1982 年 10 月）。

（92）〔唐〕李公佐撰：《南柯太守傳》（嚴一萍輯選：《百部叢書集成》，台北：藝文印書館印行）。

（93）〔唐〕李德裕等編：《唐開元小說》（臺北：廣文書局印行）。

（94）〔唐〕李濬等撰：《松窻雜錄‧杜陽雜編‧桂苑叢談》（上海：中華書局出版，1964 年 1 月）。

（95）〔宋〕趙令畤撰：《侯鯖錄》（孔凡禮點校：《唐宋史料筆記叢刊》，北京：中華書局出版發行）。

（96）〔明〕陳繼儒撰：《太平清話》（《叢書集成新編》第八十八冊，臺北：

新文豐出版公司印行）。

（97）〔明〕馮夢龍輯：《古今小說》（《古本小說集成》編委會編：《古本小說集成》，上海：上海古籍出版社）。

（98）〔明〕謝肇淛撰：《五雜組》（上海：上海書店出版社，2001 年 8 月）。

（99）〔明〕趙南星著‧盧冀野校訂：《明清笑話四種》（台北：華正書局出版，1974 年 10 月）。

（100）〔清〕紀曉嵐撰：《閱微草堂筆記》（臺北：新興書局，1959 年 5 月）。

「集部」

（101）〔明〕陳繼儒撰：《陳眉公先生全集》（臺北國家圖書館「善本書室」藏，明崇禎間華亭陳氏家刊本）。

（102）〔明〕王文誥輯注：《蘇軾詩集》（北京：中華書局出版，1982 年 2 月）。

（103）〔清〕錢謙益撰：《列朝詩集小傳》（楊家駱主編：中國學術名著《文學名著》第三集第二十三冊，1961 年 2 月）。

（104）〔清〕陳田撰：《明詩紀事》（周駿富輯：《明代傳記叢刊》，臺北：明文書局，1991 年 1 月）。

（105）〔清〕朱竹坨著‧姚柳依編：《靜志居詩話》（周駿富輯：《明代傳記叢刊》，臺北：明文書局，1991 年 1 月）。

（106）〔清〕康熙敕纂：《全唐詩》（北京：中華書局出版，1960 年 4 月）。

（107）〔清〕杜文瀾輯：《古謠諺》（台北：新文豐出版公司，1985 年 9 月）。

（108）〔清〕葉昌熾著：《藏書紀事詩》（北京：北京燕山出版發行，1999 年 12 月）。

（二）民國作品

1. 專 著

（1）湯承業著：《李德裕研究》（臺北：嘉新水泥公司文化基金會，1973 年 6 月）。

（2）汪辟疆著：《唐人小說》（台北：河洛圖書公司，1974 年 12 月）。

（3）余嘉錫撰：《余嘉錫論學雜著》（台北：河洛圖書公司，1976 年 3 月）。

（4）王國良撰：《唐代小說敘錄》（臺灣：嘉新水泥公司文化基金會，1979 年 11 月）。

（5）汪辟疆著：《目錄學研究》（臺北：文史哲出版社，1983 年 6 月）。

（6）傅璇琮撰：《李德裕年譜》（濟南：齊魯書社出版，1984 年 10 月）。

（7）余嘉錫著：《四庫提要辨證》（北京：中華書局出版，1985 年 8 月）。

（8）雷群明‧王龍娣《中國古代童謠賞析》（長沙市：湖南文藝出版社出版，1988 年 1 月）。

（9）劉尚恆著：《古籍叢書概說》（上海：上海古籍出版社出版，1989 年 12 月）。

（10）李春光著：《古籍叢書述論》（瀋陽：遼瀋書社，1991 年）。

（11）高殿石輯：《中國歷代童謠輯注》（山東：山東大學出版社出版，1991 年 11 月）。

（12）李劍國著：《唐五代志怪傳奇敘錄》（天津：南開大學出版社出版，1993 年 12 月）。

（13）吳志達著：《中國文言小說史》（濟南：齊魯書社出版發行，1994 年 9 月）。

（14）劉世劍著：《小說概說》（高雄：麗文文化事業股份有限公司，1994 年 11 月）。

（15）周振甫著：《文心雕龍譯注》（臺北：五南圖書出版有限公司，1997 年 6 月）。

（16）周勛初著：《唐人筆記小說考索》（江蘇：江蘇古籍出版社，1997 年 5 月）。

（17）李劍國著：《宋代志怪傳奇敘錄》（天津：南開大學出版社出版，1997 年 6 月）。

（18）李富軒・李燕撰：《中國古代寓言史》（新店市：漢威出版社，1998 年 8 月）。

（19）吳秋林撰：《中國寓言史》（福州市：福建教育出版社出版發行，1999 年 3 月）。

（20）錢存訓著：《造紙及印刷》（臺北：臺灣商務印書館股份有限公司，1999 年 6 月）。

（21）王恆展著：《中國小說發展史概論》（濟南：山東教育出版社，1999 年 9 月）。

（22）李致忠著：《古代版印通論》（北京：紫禁城出版社出版，2000 年 11 月）。

（23）傅璇琮・謝灼華主編：《中國藏書史》（寧波：寧波出版社出版發行，2001 年 2 月）。

（24）劉兆祐著：《中國目錄學》（臺北：五南圖書出版股份有限公司，2002 年 3 月）。

（25）陳文新著：《文言小說審美發展史》（武漢：武漢大學出版社，2002 年 10 月）。

（26）蕭相愷主編：《中國文言小說家評傳》（鄭州市：中州古籍出版社，2004 年 4 月）。

（27）魯迅著：《中國小說史略》（釋評本）（上海：上海文化出版社，2005年1月）。

（28）黃大宏著：《唐代小說重寫研究》（重慶：重慶出版社出版發行，2005年4月）。

（29）謝國楨著：《明清筆記談叢》（臺北：仲信出版）。

2. 編選作品

（1）歷代學人撰：《說庫》（原刻者，文明刊歷代善本；藏書者，蔡毓齋，臺北：新興書局有限公司，1973年4月）。

（2）謝國楨著：《明代社會經濟史料選編》（福州：福建人民出版社出版，1980年3月）。

（3）杜信孚纂輯：《明代版刻綜錄》（揚州：江蘇廣陵古籍刻印社，1983年）。

（4）周駿富輯：《明代傳記叢刊》（臺北：明文書局，1991年元月）。

（5）上海古籍出版社編：《唐五代筆記小說大觀》（上海：上海古籍出版社，2000年3月）。

（6）上海古籍出版社編：《宋元筆記小說大觀》（上海：上海古籍出版社書版，2001年12月）。

（7）辜美高・黃霖主編：《明代小說面面觀——明代小說國際學術研討會論文集》（上海：學林出版社，2002年9月）。

（8）上海古籍出版社編：《明代筆記小說大觀》（上海：上海古籍出版社，2005年4月）。

3. 工具書

（1）沈乾一編：《叢書書目彙編》（臺北：文海出版社，1970年）。

（2）中央研究院歷史語言研究所編：中央研究院歷史語言研究所《普通本線裝書目》（臺北：中央研究院歷史語言研究所，1970年）。

（3）內閣文庫：《內閣文庫漢籍分類目錄》（臺北：進學書局，1970年）。

（4）王重民輯錄・袁同禮重校：《美國國會圖書館藏中國善本書錄》（臺北：文海出版社有限公司，1972年）。

（5）中國學典館復館籌備處：《叢書子目類編》（台北：鼎文書局，1977年1月）。

（7）袁行霈・侯忠義編：《中國文言小說書目》（北京：北京大學出版社出版，1981年11月）。

（8）陽海清編撰：《中國叢書綜錄補正》（揚州：江蘇廣陵古籍刻印社，1984年8月）。

（9）國立中央圖書館編：《國立中央圖書館善本書目》（臺北：國立中央圖書館，1986 年）。

（10）上海圖書館編：《中國叢書綜錄》（上海：上海古籍出版社，1986 年）。

（11）寧稼雨著：《中國文言小說總目提要》（濟南：齊魯書社出版發行，1996年 12 月）。

（12）中國古籍善本書目編輯委員會編：《中國古籍善本書目》（上海：上海古籍出版社出版，1996 年 12 月）。

（13）繆荃孫・吳昌綬・董康撰：《嘉業堂藏書志》（上海：復旦大學出版社出版，1997 年 12 年）。

（14）瞿冕良編著：《中國古籍版刻辭典》（濟南：齊魯書社出版發行，1999年 2 月）。

（15）國家圖書館特藏組編：《國家圖書館善本書志初稿》（臺北：國家圖書館，2000 年）。

（16）朱一玄・寧稼雨・陳桂聲編著：《中國古代小說總目提要》（北京：人民文學出版社出版，2005 年 12 月）。

（17）東京大學東洋文化研究所：《東京大學東洋文化研究所漢籍分類目錄》（東京：大藏省印刷局，昭和四十八年）。

（18）財團法人文科學研究協會：《京都大學人文科學研究所漢籍目錄》（京都：株式會社同朋舍出版，昭和五十六年）。

4. 叢　書

（1）上海文明書局編輯：《寶顏堂秘笈》（上海：上海文明書局石印本，1922年）。

（2）商務印書館編：《叢書集成初編》（上海：商務印書館，1936 年）。

（3）嚴一萍輯選：《百部叢書集成》（台北：藝文印書館印行，1965 年～1971 年）。

（4）臺北新文豐編輯部編：《叢書集成新編》（台北：新文豐出版公司印行，1985 年）。

（三）論　文

1. 學位論文

（1）林慶彰撰：《豐坊與姚士粦》（台北：私立東吳大學中國文學研究所碩士論文，1978 年）。

（1）鄭惠璟《唐代志怪小說研究》（台北：國立臺灣大學中國文學研究所碩士論文，1988 年）。

（2）陳益源《元明中篇傳奇小說研究》（台北：私立中國文化大學中國文

學研究所博士論文，1993 年）。

（3）游秀雲撰：《元明短篇傳奇小說研究》（台北：私立中國文化大學中國
文學研究所博士論文，1996 年）。

（4）段莉芬撰：《唐五代仙道傳奇研究》（台中：私立東海大學中國文學系
博士論文，1998 年 7 月）。

（5）劉寧慧撰：《叢書淵源與體制形成之研究》（台北：國立臺灣師範大學
國文研究所博士論文，2000 年）。

（6）劉雯鵬撰：《歷代筆記小說中因果報應故事研究》（台北：私立中國文
化大學中國文學研究所博士論文，2003 年）。

（7）蕭佩瑩撰：《唐傳奇人物研究》（台北：私立中國文化大學中國文學研
究所碩士論文，2004 年）。

（8）郭雅雯撰：《明代叢書研究》（台中：私立淡江大學中國文學研究所碩
士論文，2004 年）。

2. 單篇論文

（1）譚秀英撰：〈淺談古籍叢書的開發與利用〉，吉林省圖書館學會會刊《圖
書館學研究》總第 117 期（1999 年第 4 期）。

（2）劉兆祐撰：〈論「叢書」〉，《應用語文學報》創刊號（1999 年 6 月）。

（3）王瑞祥撰：〈中國叢書目錄史〉，《河北科技圖苑》總第 48 期（1999
年第 2 期）。

（4）蕭芃撰：〈《史通》的散文觀與小觀述評〉，《湘潭師範學院學報》第
21 卷第 4 期（2000 年 7 月）。

（5）王慕東撰：〈叢書在目錄學中地位的確立〉，《圖書與情報》總第 81 期
（2001 年第 1 月）。

（6）王慕東撰：〈談古代書目中的小說著錄〉，《圖書館雜誌》總第 118 期
（2001 年第 2 期）。

（7）魏書菊·王杏允等撰：〈略論古籍叢書的價值〉，《圖書館理論與實踐》
總第 72 期（2002 年第 4 月）。

（8）張靜秋撰：〈放性行文繪浮世——陳繼儒文學研究之二〉，《寧波大學
學報》（人文科學版）》第 15 卷第 3 期（2002 年 9 月）。

（10）羅寧撰：〈論唐代文言小分類〉，《西南師範大學學報》（人文科學版）》
第 29 卷第 3 期（2003 年 5 月）。

（11）汪燕崗撰：〈胡應麟和中國古代小說研究〉，《內蒙古社會科學》（漢文
版）》第 24 卷第 4 期（2003 年 7 月）。

（12）黃鎮偉撰：〈陳繼儒所輯叢書考〉，《常熟高專學報》第 5 期（2003 年
9 月）。

（13）李斌撰：〈陳繼儒室名考略〉，《學術研究》第 8 期（2003 年）。

（14）夏咸淳撰：〈論晚明隱士陳繼儒〉，《天府新論》總第 117 期（2004 年第 3 期）。

（15）段庸生撰：〈文言小說的『類』〉，《信陽師範學院學報》（哲學社會科學版）》第 24 卷第 4 期（2004 年 8 月）。

（16）薛雅文撰：〈《寶顏堂祕笈》所收宋何薳《春渚紀聞》小說研究〉，《東吳中文學報》第 12 期（2006 年 5 月）。

（17）薛雅文撰：〈《寶顏堂祕笈》及臺北國家圖書館收藏版本考略〉，《中國文哲研究通訊》第 16 卷‧第 3 期（2006 年 9 月）。

附錄一　今日叢書目錄與國內外著名圖書館記載《寶顏堂祕笈》內容情形

書　名	內　　　　　容					
《叢書書目彙編》〔註1〕	正集－二十種	續集－五十種	廣集－五十種	普集－四十八種	彙集－三十八種	眉公雜著－十五種
	《玉照新志》	《尚書故實》	《兩同書》	《朝野僉載》	《清異錄》	《見聞錄》
	《雲煙過眼錄》	《南唐近事》	《羯鼓錄》	《毛詩草木蟲魚疏》	《蟾仙解老》	《珍珠船》
	《學古編》	《文公政訓》	《荊楚歲時記》	《別國洞冥記》	《兼明書》	《妮古錄》
	《筆疇》	《西山政訓》	《丙丁龜鑑》	《三輔黃圖》	《靖康緗素雜記》	《群碎錄》
	《書品》	《談苑》	《滄浪詩話》	《卓異記》	《世範》	《偃曝餘談》
	《樂郊私語》	《林下偶談》	《游城南記》	《臥游錄》	《鍾呂二仙傳》	《巖栖幽事》
	《清暑筆談》	《桂苑叢談》	《入蜀記》	《孔氏雜說》	《金丹詩訣》	《枕談》
	《貧士傳》	《陰符經解》	《吳船錄》	《春渚紀聞》	《韓仙傳》	《太平清話》
	《焚椒錄》	《枕中書》	《楓窗小牘》	《東坡問答錄》	《衍極》	《書蕉》
	《歸有園麈談》	《後山談叢》	《經外雜鈔》	《漁樵閒話錄》	《抱朴子內篇》、《外篇》	《筆記》
	《娑羅館清言》	《旡上祕要》	《物類相感志》	《洛陽名園記》	《周易尙占》	《書畫史》
	《娑羅館逸稾》	《省心錄》	《還冤志》	《捫蝨新話》	《畫品》	《長者言》
	《娑羅館續清言》	《瓠不觚錄》	《正朔考》(附古今考)	《驂鸞錄》	《誠意伯連珠》	《狂夫之言》、《續》
	《冥寥子游》	《讀書雜鈔》	《風月堂詩話》	《攬轡錄》	《春雨雜述》	《香案牘》
	《甲乙剩言》	《脈望》	《文則》	《麟書》	《海語》	《讀書鏡》
	《廣莊》	《賢弈編》	《前武林舊事》	《曲洧舊聞》	《異魚圖贊》	
	《瓶史》	《煮泉小品》	《後武林舊事》	《震澤長語》	《江鄰幾雜誌》	
	《偶談》	《伏戎紀事》	《老子解》	《農說》	《譚言長語》	
	《野客叢書》	《丹青志》	《貴耳錄》	《游名山記》	《陰符經解》	
	《考槃餘事》	《畫說》	《王氏談錄》	《召對錄》	《支談》	
		《柳氏舊聞》	《海內十洲記》	《虬圃擷餘》	《問奇集》	
		《谿山餘話》	《農田餘話》	《藝圃擷餘》	《祝子小言》	
		《毫餘雜識》	《歲華紀麗譜》	《茶寮記》	《先進遺風》	
		《西堂日記》	《庚申外史》	《然明茶疏》	《補筆談》	
		《知命錄》	《腳氣集》	《眞珠船》		
		《樂府指迷》				

〔註 1〕沈乾一編：《叢書書目彙編》（臺北：文海出版社，1970 年），頁 577。

《疑仙傳》	《化書》	《古今印史》	《見聞紀訓》	
《可談》	《傳疑錄》	《同異錄》	《奉使錄》	
《玉堂漫筆》	《春風堂隨筆》	《駢語雕龍》	《黃帝祠額解》	
《蜀都雜鈔》	《燕閒錄》	《會仙女誌》	《天目游記》	
《四夷考》	《讀書筆記》	《孝經》	《游喚》	
《集異志》	《意見》	《孝經集靈節畧》	《黃白鏡》、《續》	
《慎言》	《從政錄》	《孝經引證》	《田居乙記》	
《鼎錄》	《海槎餘錄》	《孝經宗旨》	《一菴雜問錄》	
《古奇器錄》	《東谷贅言》	《祈嗣眞詮》	《碧里雜存》	
《井觀瑣言》	《丹鉛續錄》	《備倭圖記》	《奇門遁甲》	
《蝟笑偶言》	《食色紳言》	《方山紀述》	《瀛涯勝覽》	
《長松茹退》	《學圃雜疏》	《祐山雜說》	《物異考》	
《虎薈》	《閩部疏》	《聖學範圍圖說》	《竹派》	
《羅湖野錄》	《瓶花譜》	《山行雜記》	《泉南雜志》	
《觸政》	《汲古叢話》	《冬官記事》		
《吳社編》	《馬記》	《硯北雜志》		
《願豐堂漫書》	《劍記》	《聽心齋客問》		
《金臺紀聞》	《雨航雜錄》	《畫禪》		
《長水日鈔》	《邵康節外紀》	《金華遊錄》		
《寤言》	《疊采館清課》	《渾然子》		
《夷俗記》	《戊申立春考證》	《方州雜言》		
《三事遡眞》	《金丹四百字解》	《玉笑零音》		
《銷夏部》	《友論》	《酒史》		
《辟寒部》	《木几冗談》	《幽閑鼓吹》		
	《席上腐談》			

中央研究院歷史語言研究所《普通本線裝書目》〔註2〕	中央研究院歷史語言研究所《普通本線裝書目》於「普通叢書」記載：「《寶顏堂秘笈》二百二十三種四十八冊。明陳繼儒輯。民國十一年上海文明書局石印本。」				
《中國叢書綜錄》〔註3〕	正集（一名陳眉公訂正祕笈）一二十一種	續集（一名陳眉公家藏祕笈續函）一五十種	廣集（一名陳眉公家藏廣祕笈）一五十四種	普集（一名陳眉公普祕笈一集）一五十種	彙集（一名陳眉公家藏彙祕笈）一四十二種	祕集（眉公雜著）一十五種
	《玉照新志》	《尙書故實》	《兩同書》	《朝野僉載》	《清異錄》	《見聞錄》
	《雲煙過眼錄》	《南唐近事》	《羯鼓錄》	《草木鳥獸蟲魚疏》	《蟾仙解老》（一名《道德寶章》）	《珍珠船》
	《雲煙過眼錄續錄》	《朱文公政訓》	《荊楚歲時記》	《別國洞冥記》	《兼明書》	《妮古錄》
	《學古編》	《眞西山政訓》	《丙丁龜鑑》、《續錄》	《三輔黃圖》	《靖康緗素雜記》	《群碎錄》
	《筆疇》	《談苑》	《滄浪嚴先生詩談》（一名《滄浪詩話》）	《卓異記》	《世範》	《偃曝談餘》
	《書品》	《荊溪林下偶談》	《遊城南記》	《臥遊錄》	《鍾呂二仙傳》	《巖棲幽事》
	《樂郊私語》	《桂苑叢談》	《入蜀記》	《孔氏雜說》	《金丹詩訣》	《枕譚》
	《清暑筆談》	《陰符經解》	《吳船錄》	《春渚紀聞》	《南嶽遇師本末》	《太平清話》
	《貧士傳》	《枕中書》（一名《元始上眞眾仙記》）	《楓窗小牘》	《問答錄》	《韓仙傳》	《書蕉》
	《焚椒錄》	《後山談叢》	《經外雜鈔》	《漁樵閒話錄》	《衍極》	《筆記》
	《歸有園塵談》	《旡上祕要》		《洛陽名園記》	《葛稚川內篇》、《外篇》	《書畫史》
	《娑羅館清言》			《捫蝨新話》		《安得長者言》
						《狂夫之言》、

〔註2〕　中央研究院歷史語言研究所編：中央研究院歷史語言研究所《普通本線裝書目》（臺北：中央研究院歷史語言研究所，1970年），頁43。

〔註3〕　上海圖書館編：《中國叢書綜錄》（上海：上海古籍出版社，1986年），頁45。

《娑羅館逸稿》《續娑羅館清言》《冥寥子游》《甲乙剩言》《廣莊》《瓶史》《偶譚》《野客叢書》《考槃餘事》（《書箋》、《帖箋》合一卷；《畫箋》、《紙箋》、《筆箋》、《研箋》、《琴箋》合一卷；《香箋》、《文房器具箋》、《起居器服箋》合一卷；《游具箋》、《盆玩品》、《山齋志》、《茶箋》、《金魚品》合一卷。）	《省心錄》《瓵不瓵錄》《鶴山渠陽讀書雜抄》《脈望》《賢弈編》《煮泉小品》《伏戎紀事》《皇明吳郡丹青志》《畫說》《次柳氏舊聞》《谿山餘話》《毫餘雜識》《西堂日記》《知命錄》《樂府指迷》《疑仙傳》《可談》《玉堂漫筆》《蜀都雜鈔》《四夷考》《集異志》《慎言集訓》《鼎錄》《古奇器錄》（附〈江東藏書目錄小序〉）《井觀瑣言》《蜩笑偶言》《長松茹退》《虎薈》《羅湖野錄》《觴政》《吳社編》《願豐堂漫書》《金臺紀聞》《長水日鈔》《病榻寤言》《夷俗記》《三事遡眞》《銷夏部》《辟寒部》	《物類相感志》《還冤志》《正朔考》《古今考》《風月堂詩話》《文則》《武林舊事》、《後集》《老子解》《貴耳集》《王氏談錄》《海內十洲記》《農田餘話》《歲華紀麗譜》《牋紙譜》《蜀錦譜》《庚申外史》《腳氣集》《化書》《傳疑錄》《春風堂隨筆》《燕閒錄》《讀書筆記》《意見》《薛文清公從政錄》《海槎餘錄》《東谷贅言》《丹鉛續錄》《飲食紳言》《男女紳言》《學圃雜疏》（《花疏》、《果疏》、《蔬疏》附《水草》、《瓜疏》、《荳疏》、《竹疏》）《閩部疏》《缾花譜》《汲古叢語》《蠙衣生馬記》《蠙衣生劍記》《雨航雜錄》《邵康節先生外紀》《疊采館清課》《戊申立春考證》《金丹四百字解》《友論》《木几冗談》《席上腐談》	《駿驤錄》《攬轡錄》《麟書》《曲洧舊聞》《震澤長語》《農說》《遊名山記》《召對錄》《秋圃擷餘》《茶寮記》《許然明先生茶疏》《眞珠船》《古今印史》《同異錄》《駢語雕龍》《會仙女誌》《孝經》《說孝三書》（《虞子集靈節略》、《孝經引證》、《孝經宗旨》）《祈嗣眞詮》《備倭圖記》《薛方山紀述》《祐山雜說》《聖學範圍圖說》《山行雜記》《多官紀事》《研北雜志》《聽心齋客問》《畫禪》《金華遊錄》《渾然子》《方洲雜言》《玉笑零音》《酒史》《幽閒鼓吹》《遼陽圖記》《勦奴議撮》	《周易尚占》《畫品》《明誠意伯連珠》《春雨雜述》《海語》《異魚圖贊》《江鄰幾雜誌》《讕言長語》《陰符經解》《支談》《問奇集》《祝子小言》（一名《環碧齋小言》）《先進遺風》《夢溪補筆談》《見聞紀訓》《方洲先生奉使錄》《黃帝祠額解》《天目遊記》《游喚》《黃白鏡》、《續》《田居乙記》《一庵雜問錄》《碧里雜存》《新鍥煙波釣徒奇門定局》《瀛涯勝覽》《夷俗考》《燕市雜詩》《物異考》《建州女眞考》《文湖州竹派》《泉南雜志》	《續》《香案牘》《讀書鏡》

《中國叢書綜錄補正》〔註4〕	正集－二十一種 每集收錄情況，均無詳細記錄收錄作品，僅簡述收錄概況。以下節錄該集叢書記載情形：『『正集』全名爲《尚白齋鎸陳眉公訂正祕笈》，明萬曆三十四年（1606）沈氏尚白齋刊本，凡二十一種四十九卷。子目依卷端題名頗有出入：《雲烟過眼錄》應爲《宋周公瑾雲烟過眼錄》，……《考槃餘事》應爲《陳眉公考槃餘事》。』	續集－五十種 每集收錄情況，均無詳細記錄收錄作品，僅簡述收錄概況。以下節錄該集叢書記載情形：『『續集』全名爲《寶顏堂續祕笈》，明萬曆刊本，凡五十種百卷。子目依卷端題名，除《陰符經解》、《枕中書》……《辟寒部》外，均須分別冠以『陳眉公訂正』或『寶顏堂訂正』字樣。』	廣集－五十四種 每集收錄情況，均無詳細記錄收錄作品，僅簡述收錄概況。以下節錄該集叢書記載情形：『『廣集』全名爲《亦政堂鎸陳眉公家藏廣祕笈》，明萬曆刊本，凡五十四種一百三卷。子目依卷端題名，除《滄浪先生詩談》、《吳船錄》……《戊申立春考政》外，均分別冠以『陳眉公訂正』、『寶顏堂訂正』、『高寄齋訂正』等字樣。』	普集－五十種 每集收錄情況，均無詳細記錄收錄作品，僅簡述收錄概況。以下節錄該集叢書記載情形：『『普集』全名爲《亦政堂鎸陳眉公家藏普祕笈一集》，明刊本，凡五十種八十八卷。半頁八行，行十八或十九字，或九行十八或二十字；白口，四周單邊。子目依卷端題名，除《草木鳥獸蟲魚疏》、《捫蝨新話》……《遼陽圖記》外，均分別冠以『陳眉公訂正』、『寶顏堂訂正』、『高寄齋訂正』或『亦政堂訂正』等字樣。』	彙集－四十二種 每集收錄情況，均無詳細記錄收錄作品，僅簡述收錄概況。以下節錄該集叢書記載情形：『『彙集』全名爲《寶顏堂彙祕笈》，明刊本，凡四十二種八十六卷。子目依卷端題名，除《鍾呂二仙傳》、《金丹詩訣》……《泉南雜志》外，均分別冠以『陳眉公訂正』、『寶顏堂訂正』或『亦政堂訂正』等字樣。』	祕集－十七種 每集收錄情況，均無詳細記錄收錄作品，僅簡述收錄概況。以下節錄該集叢書記載情形：『『祕集』全名爲《尚白齋鎸陳眉公寶顏堂祕笈》，明萬曆沈氏尚白齋刊本，凡十七種四十九卷。子目依卷端題名，《見聞錄》應爲《眉公見聞錄》、《讀書鏡》應爲《寶顏堂讀書鏡》。』
《國家圖書館善本書志初稿》〔註5〕	陳眉公訂正祕笈－二十種 《玉照新志》 《雲烟過眼錄》 《學古編》 《筆疇》 《書品》 《樂郊私語》 《清暑筆談》 《貧士傳》 《焚椒錄》 《歸有園麈談》 《娑羅館清言》 《續清言》、《逸稿》 《冥寥子游》 《甲乙剩言》 《廣莊》 《瓶史》 《偶譚》 《野客叢書》、《附錄》 《考槃餘事》	陳眉公家藏祕笈續函－四十七種 《尚書故實》 《南唐近事》 《朱文公政訓》 《眞西山政訓》 《談苑》 《荊溪林下偶談》 《桂苑叢談》 《陰符經解》 《元始上眞眾仙記》 《後山談叢》 《旡上祕要》 《脈望》 《賢弈編》 《賣泉小品》 《伏戎紀事》 《皇明吳郡丹青志》 《畫說》 《次柳氏舊聞》 《谿山餘話》 《毫餘雜識》 《西堂日記》	陳眉公家藏彙祕笈－三十七種 《清異錄》 《道德寶章》 《兼明書》 《靖康緗素雜記》 《世範》 《鍾呂二仙傳》 《金丹詩訣》 《韓仙傳》 《衍極》 《葛稚川內篇》、《外篇》 《畫品》 《明誠意伯連珠》 《春雨雜述》 《海語》 《異魚圖贊》 《江鄰幾雜誌》 《譋言長語》 《陰符經解》 《支談》 《問奇集》 《祝子小言》 《先進遺風》 《夢溪補筆談》	陳眉公家藏廣祕笈－五十二種 《兩同書》 《羯鼓錄》 《荊楚歲時記》 《丙丁龜鑑》、《續錄》 《滄浪嚴先生詩談》 《遊城南記》 《入蜀記》 《吳船錄》 《楓窗小牘》 《經外雜鈔》 《物類相感志》 《還冤志》 《正朔考》 《古今考》 《風月堂詩話》 《文則》 《武林舊事》、《後集》 《老子解》 《貴耳集》 《王氏談錄》 《海內十洲記》	陳眉公普祕笈－十八種 《朝野僉載》 《毛詩草木鳥獸蟲魚疏》 《別國洞冥記》 《三輔黃圖》 《卓異記》 《臥遊錄》 《孔氏雜說》 《春渚紀聞》 《問答錄》 《漁樵閒話錄》 《洛陽名園記》 《捫蝨新話》 《騌驦錄》 《攬轡錄》 《麟書》 《曲洧舊聞》 《震澤長語》 《農說》	眉公雜著－十六種 《見聞錄》 《珍珠船》 《妮古錄》 《群碎錄》 《偃曝餘談》 《岩棲幽事》 《枕譚》 《清明曲》 《太平清話》 《書蕉》 《筆記》 《書畫史》 《安得長者言》 《狂夫之言》、《續》 《香案牘》 《讀書鏡》

〔註4〕 陽海清編撰：《中國叢書綜錄補正》（揚州：江蘇廣陵古籍刻印社，1984年8月），頁9～11。
〔註5〕 國家圖書館特藏組編：《國家圖書館善本書志初稿》（臺北：國家圖書館，2000年），頁85～88。

		《知命錄》 《樂府指迷》 《疑仙傳》 《可談》 《玉堂漫筆》 《蜀都雜抄》 《四夷考》 《集異志》 《慎言集訓》 《鼎錄》 《古奇器錄》(附〈江東藏書目錄小序〉) 《井觀瑣言》 《蜩笑偶書》 《長松茹退》 《虎薈》 《羅湖野錄》 《觸政》 《吳社編》 《願豐堂漫書》 《金臺紀聞》 《長水日鈔》 《病榻寤言》 《夷俗記》 《三事遡真》 《銷夏》 《辟寒部》	《見聞紀訓》 《奉使錄》 《黃帝祠額解》 《天目遊紀》 《游喚》 《黃白鏡》、《續》 《田居乙記》 《一庵雜問錄》 《瀛涯勝覽》 《燕市雜詩》 《物異考》 《夷俗考》 《文湖州竹派》 《泉南雜誌》	《農田餘話》 《歲華紀麗譜》、《牋紙譜》、《蜀錦譜》 《庚申外史》 《腳氣集》 《化書》 《傳疑錄》 《春風堂隨筆》 《燕閒錄》 《讀書筆記》 《意見》 《從政錄》 《海槎餘錄》 《東谷贅言》 《丹鉛續錄》 《皆春居士飲食紳言》 《皆村居士男女紳言》 《閩部疏》 《學圃雜疏》 《缾花譜》 《汲古叢語》 《蠙衣生馬記》 《蠙衣生劍記》 《雨航雜錄》 《邵康節先生外紀》 《黽采館清課》 《戊申立春攷證》 《金丹四百字解》 《友論》 《木几冗談》 《席上腐談》		
美國國會圖書館藏《中國善本書目》〔註6〕	美國國會圖書館藏《中國善本書目》記載《寶顏堂祕笈》，共有三則資料。以下分別介紹： 第一則，每集收錄情況，均無詳細記錄收錄作品，僅簡述收錄概況。以下節錄該套叢書記載情形：「《寶顏堂祕笈》『正集』二十種、『續集』『廣集』各五十種、『彙集』四十四種、『眉公雜著』十六種，二百二十四冊，二十八函。明萬曆間刻本，八行十八字。明陳繼儒輯。明陳繼儒輯。《正集》、《續集》及《眉公雜著》題『尚白齋』刻，《廣集》、《彙集》題『亦政堂』刻，並沈德先、沈孚先所刻也。《續集》刻訖，孚先下世，以此推之，『尚白齋』殆為孚先齋名，而『亦政堂』為德先齋名歟？通稱為『寶顏堂祕笈』者，則以『寶顏堂』為陳繼儒齋名，而繼儒名在二沈上也。考李日華《味水軒日記》云：『萬曆四十三年二月七日書林張氏梓《眉公廣秘笈》既成，來乞余序。九日招郁伯承夜坐；伯承好古，酷嗜奇，隱張氏，所梓《眉公集》，大半都其書也。然則是書舊本，藏自郁而梓於張，眉公署名，特為發售而作招牌耳。』是刻改竄刪節，多失本來面目，故爲通人所嗤，近代藏書家，皆擯而不登於善本之目；茲以流傳漸少，特著錄焉。……」 第二則，每集收錄情況，均無詳細記錄收錄作品，僅簡述收錄概況。以下抄錄該套叢書記載情形：「《寶顏堂祕笈》殘存《正》、《續》、《普》三集，四十六冊，八函。明萬曆間刻本，八行十八字。明陳繼儒輯。明陳繼儒輯。此僅存《眉公雜著》及《正》、《續》、《普》三集。惜均已殘闕，且次序顛倒，《補目》不足據。然《普集》稍較完備，適可補前書之闕。張可大〈序〉、土體元〈序〉，泰昌元牛（1620）〔亞《普集》〕。」 第三則，每集收錄情況，均無詳細記錄收錄作品，僅簡述收錄概況。以下抄錄該套叢書記載情形：「《寶顏堂祕笈》殘存《正集》二十種、《眉公雜著》八種，四十二冊，六函。明萬曆間刻本，八行十八字。明陳繼儒輯。姚士麟〈序〉、陳萬言〈序〉，萬曆三十四年（1606）。」				

〔註6〕　王重民輯錄・袁同禮重校：《美國國會圖書館藏中國善本書錄》（臺北：文海出版社有限公司，1972年），頁670～672。

《內閣文庫漢籍分類目錄》〔註7〕	陳眉公寶顏堂祕笈－十七種（向白齋譜）	陳眉公訂正祕笈－二十種（向白齋譜）	陳眉公寶顏堂普祕笈－五十種（亦政堂）	陳眉公家藏廣祕笈－五十二種（亦政堂）	陳眉公家藏祕笈續函－五十種（向白齋譜）	陳眉公訂正彙祕笈－二十二種（亦政堂）
	《眉公見聞》《陳眉公珍珠船》《妮古錄》《眉公群碎錄》《偃曝餘談》《岩棲幽事》《枕譚》《寶顏堂清明曲》《陳眉公太平清話》《書蕉》《眉公筆記》《眉公書畫史》《安得長者言》《狂夫之言》、《續狂夫之言》《香案牘》《寶顏堂增訂讀書鏡》	《玉照新志》《宋周公謹雲煙過眼錄》《陳眉公重訂書品》《陳眉公重訂學古編》《筆疇》《樂郊私語》《焚椒錄》《貧士傳》《陳眉公重訂歸有園麈談》《清暑筆談》《娑羅館清言》《續娑羅館清言》《娑羅館逸稿》《冥寥子游》《甲乙剩言》《寶顏堂訂正偶譚》《新刻陳眉公重訂廣莊》《陳眉公重訂瓶史》《陳眉公重訂野客叢書》、附《野老記聞》《陳眉公考槃餘事》	《陳眉公訂正朝野僉載》《刻毛詩草木鳥獸蟲魚疏》《亦政堂訂正別國洞冥記》《陳眉公訂正洛陽名園記》《陳眉公訂正臥游錄》《陳眉公訂正三輔黃圖》《陳眉公訂正孔氏雜說》《寶顏堂訂正春渚紀聞》《陳眉公訂正問答錄》《陳眉公訂正漁樵閒話錄》《捫蝨新話》《陳眉公訂正驂鸞錄》《陳眉公訂正攬轡錄》《陳眉公訂正麟書》《陳眉公訂正曲洧舊聞》《陳眉公訂正震澤長語》《陳眉公訂正遊名山記》《召對錄》《秫園擷餘》《高寄齋訂正方洲雜言》《陳眉公訂正玉笑零音》《陳眉公訂正茶寮記》《陳眉公訂正許然明先生茶疏》《陳眉公訂正農說》《寶顏堂訂正眞珠船》《亦政堂訂正古今印史》《寶顏堂訂正同異錄》	《寶顏堂訂正兩同書》《寶顏堂訂正羯鼓錄》《寶顏堂訂正荊楚歲時記》《寶顏堂訂正丙丁龜鑑》《滄浪嚴先生詩談》《陳眉公訂正遊城南記》《陳眉公訂正入蜀記》《高寄齋訂正吳船錄》《陳眉公訂正楓窗小牘》《寶顏堂訂正鶴山渠陽經外雜抄》《寶顏堂訂正物類相感志》《陳眉公訂正還冤志》《寶顏堂訂正朔考》《寶顏堂訂正古今考》《陳眉公訂正風月堂詩話》《陳眉公訂正文則》《高寄齋訂正武林舊事》《寶顏堂後集武林舊事》《寶顏堂訂正老子解》《寶顏堂訂正貴耳集》《寶顏堂訂正王氏談錄》《寶顏堂訂正海內十洲記》《農田餘話》《寶顏堂訂正歲華紀麗譜》（附《牋紙譜》、《蜀錦譜》）《寶顏堂訂正庚申外史》	《陳眉公訂正尚書故實》《陳眉公訂正南唐近事》《寶顏堂訂正朱文公政訓》《寶顏堂訂正眞西山政訓》《寶顏堂訂正談苑》《寶顏堂訂正荊溪林下偶談》《寶顏堂訂正桂苑叢談》《陰符經解》《元始上眞眾仙記》《寶顏堂訂正後山談叢》《寶顏堂訂正无上祕要》《寶顏堂訂正省心錄》《陳眉公訂正觚不觚錄》《鶴山渠陽讀書雜鈔》《寶顏堂訂正脈望》《寶顏堂訂正賢弈編》《麥泉小品》《大學士高中玄公伏戎紀事》《刻皇明吳郡丹青志》《寶顏堂訂正畫說》《寶顏堂訂正次柳氏舊聞》《寶顏堂訂正谿山餘話》《寶顏堂訂正麈餘雜識》《寶顏堂訂正西堂日記》《寶顏堂訂正知命錄》《寶顏堂訂正樂府指迷》《寶顏堂訂正疑仙傳》	《陳眉公訂正清異錄》《寶顏堂訂正道德寶章》《寶顏堂訂正兼明書》《寶顏堂訂正靖康緗素雜記》《陳眉公訂正世範》《鍾呂敘傳》《金丹詩訣》《陳眉公訂正韓仙傳》《寶顏堂訂正衍極》《新鋟葛稚川內篇》《新鋟葛稚川外篇》《明誠意伯連珠》《陳眉公訂正春雨雜述》《陳眉公訂正海語》《刻楊升菴先生異魚圖贊》《江鄰幾雜誌》《譋言長語》《陰符經解》《支談》《問奇集》《祝子小言》（《環碧齋小言》）《先進遺風》《陳眉公訂正夢溪補筆談》《陳眉公訂正黃帝祠額解》《天目遊紀》《游喚》《黃白鏡》、《續》《陳眉公訂正一庵雜問錄》《陳眉公訂正碧里雜存》

〔註7〕　內閣文庫：《內閣文庫漢籍分類目錄》（臺北：進學書局，1970年），頁526。

			《駢語雕龍》 《高寄齋訂正會仙女誌》 《陳眉公訂正渾然子》 《聽心齋客問》 《孝經》 《說孝三書》 《虞子集靈節略》 《孝經引證》 《孝經宗旨》 《陳眉公訂正祈嗣真詮》 《陳眉公訂正備倭圖記》 《遼陽圖》 《陳眉公訂正勦奴議撮》 《陳眉公訂正薛方山紀述》 《陳眉公訂正祐山雜說》 《陳眉公訂正山行雜記》 《陳眉公訂正冬官紀事》 《陳眉公訂正研北雜志》 《酒史》 《陳眉公訂正卓異記》 《陳眉公訂正幽閑鼓吹》 《聖學範圍圖說》 《陳眉公訂正畫禪》	《寶顏堂訂正玉峰先生腳氣集》 《化書》 《寶顏堂訂正傳疑錄》 《寶顏堂訂正春風堂隨筆》 《寶顏堂訂正燕閒錄》 《小政堂訂正讀書筆記》 《亦政堂訂正意見》 《薛文清公從政錄》 《陳眉公訂正海槎餘錄》 《寶顏堂訂正東谷贅言》 《寶顏堂訂正丹鉛續錄》 《刻皆春居士飲食紳言》 《刻皆村居十男女紳言》 《寶顏堂訂正閩部疏》 《高寄齋訂正學圃雜疏》 《高寄齋訂正缾花譜》 《寶顏堂訂正汲古叢語》 《蠙衣生馬記》 《蠙衣生劍記》 《寶顏堂訂正雨航雜錄》 《邵康節先生外紀》 《寶顏堂訂正疊采館清課》 《戊申立春攷證》 《寶顏堂訂正金丹四百字解》 《高寄齋訂正友論》 《寶顏堂訂正木几冗談》 《寶顏堂訂正席上腐談》	《寶顏堂訂正可談》 《寶顏堂訂正玉堂漫筆》 《陳眉公訂正蜀都雜抄》 《寶顏堂訂正四夷考》 《寶顏堂訂正集異志》 《寶顏堂訂正慎言集訓》 《陳眉公訂正古奇器錄》 《寶顏堂訂正鼎錄》 《寶顏堂訂正井觀瑣言》 《鄭省齋蜩笑偶言》 《寶顏堂訂正長松茹退》 《新刻寶顏堂虎薈》 《寶顏堂訂正羅湖野錄》 《觸政》 《寶顏堂訂正吳社編》 《寶顏堂訂正願豐堂漫書》 《寶顏堂訂正金臺紀聞》 《寶顏堂訂正長水日抄》 《寶顏堂訂正窹言》 《大司寇齋岳峰公夷俗記》 《寶顏堂訂止二事遜真》 《銷夏》 《辟寒部》

《東京大學東洋文化研究所漢籍分類目錄》〔註8〕	寶顏堂祕笈正函即陳眉公訂正祕笈－二十種	寶顏堂祕笈續函即陳眉公家藏祕笈續函－五十種	寶顏堂祕笈彙函即陳眉公家藏彙祕笈－四十一種	寶顏堂祕笈廣函陳眉公家藏廣祕笈－五十一種	寶顏堂祕笈普函即陳眉公家藏普祕笈一集－四十八種	寶顏堂祕笈祕函即眉公雜著－十六種
	《玉照新志》	《尚書故實》	《清異錄》	《兩同書》	《朝野僉載》	《見聞錄》
	《雲烟過眼錄》	《南唐近事》	《道德寶章》	《羯鼓錄》	《毛詩草木鳥獸蟲魚疏》	《珍珠船》
	《學古編》	《朱文公政訓》	《兼明書》	《荊楚歲時記》	《別國洞冥記》	《妮古錄》
	《筆疇》	《眞西山政訓》	《靖康緗素雜記》	《丙丁龜鑑》、《續錄》	《三輔黃圖》	《群碎錄》
	《書品》	《談苑》	《世範》	《滄浪嚴先生詩談》	《卓異記》	《偃曝餘談》
	《樂郊私語》	《荊溪林下偶談》	《鐘呂二仙傳》	《遊城南記》	《臥遊錄》	《岩棲幽事》
	《清暑筆談》	《桂苑叢談》	《金丹詩訣》（坿《南嶽遇師本末》）	《入蜀記》	《孔氏雜說》	《枕譚》
	《貧士傳》	《陰符經解》	《韓仙傳》	《吳船錄》	《春渚紀聞》	《清明曲》
	《焚椒錄》	《元始上眞眾仙記》（即《枕中書》）	《衍極》	《楓窗小牘》	《問答錄》	《太平清話》
	《歸有園塵談》	《後山談叢》	《葛稚川內篇》、《外篇》	《鶴山渠陽經外雜鈔》	《漁樵閒話錄》	《書蕉》
	《娑羅館清言》	《无上祕要》	《周易尚占》	《物類相感志》	《洛陽名園記》	《筆記》
	《娑羅館逸稿》	《省心錄》	《畫品》	《還冤志》	《捫蝨新話》	《書畫史》
	《續娑羅館清言》	《觚不觚錄》	《明誠意伯連珠》	《正朔考》	《駪驖錄》	《安得長者言》
	《冥寥子游》	《鶴山渠陽讀書雜抄》	《春雨雜述》	《古今考》	《攬轡錄》	《狂夫之言》、《續》
	《甲乙剩言》	《脈望》	《海語》	《風月堂詩話》	《麟書》	《香案牘》
	《廣莊》	《賢弈編》	《異魚圖贊》	《文則》	《曲洧舊聞》	《讀書鏡》
	《瓶史》	《煮泉小品》	《江鄰幾雜誌》	《武林舊事》、《後集》	《震澤長語》	
	《偶譚》	《伏戎紀事》	《讕言長語》	《老子解》	《農說》	
	《野客叢書》、《附錄》	《皇明吳郡丹青志》	《陰符經解》	《貴耳集》	《曲洧舊聞》	
	《考槃餘事》	《畫說》	《支談》	《王氏談錄》	《震澤長語》	
		《次柳氏舊聞》	《問奇集》	《海內十洲記》	《遊名山記》	
		《谿山餘話》	《祝子小言》（即《環碧齋小言》）	《農田餘話》	《召對錄》	
		《毫餘雜識》	《先進遺風》	《歲華紀麗譜》、《牋紙譜》、《蜀錦譜》	《秇圃擷餘》	
		《疑仙傳》	《夢溪補筆談》	《庚申外史》	《茶寮記》	
		《西堂日記》	《見聞紀訓》	《腳氣集》	《許然明先生茶疏》	
		《知命錄》	《奉使錄》	《化書》	《眞珠船》	
		《樂府指迷》	《黃帝祠額解》	《傳疑錄》	《古今印史》	
		《可談》	《天目遊紀》	《春風堂隨筆》	《同異錄》	
		《玉堂漫筆》	《游喚》	《燕閒錄》	《駢語雕龍》	
		《蜀都雜抄》	《黃白鏡》、《續》	《讀書筆記》	《會仙女誌》	
		《四夷考》	《田居乙記》	《意見》	《孝經》	
		《集異志》	《一庵雜問錄》	《薛文清公從政錄》	《說孝三書》（《廣子集靈節略》、《孝經引證》、《孝經宗旨》）	
		《愼言集訓》	《碧里雜存》	《海樵餘錄》	《祈嗣眞詮》	
		《鼎錄》	《新鋟煙波釣叟奇門定局卷之首》	《東谷贅言》	《備倭圖記》	
		《古奇器錄》（附〈江東藏書目錄小序〉）	《瀛涯勝覽》	《丹鉛續錄》	《薛方山紀述》	
		《井觀瑣言》	《建州女直考》	《皆春居士飲食紳言》	《祐山雜說》	
		《蜩笑偶書》	《燕市雜詩》	《皆村居士男女紳言》	《聖學範圍圖說》	
		《長松茹退》	《物異考》		《山行雜記》	
					《冬官紀事》	

〔註8〕 東京大學東洋文化研究所：《東京大學東洋文化研究所漢籍分類目錄》（東京：大藏省印刷局，昭和四十八年），頁871。

		《虎薈》	《夷俗考》	《闡部疏》	《研北雜志》
		《羅湖野錄》	《文湖州竹派》	《學圃雜疏》	《聽心齋客問》
		《觴政》	《泉南雜誌》	《缾花譜》	《畫禪》
		《吳社編》		《汲古叢語》	《金華遊錄》
		《願豐堂漫書》		《蠙衣生馬記》	《渾然子》
		《金臺紀聞》		《蠙衣生劍記》	《方洲雜言》
		《長水日鈔》		《雨航雜錄》	《玉笑零音》
		《寱言》		《邵康節先生外紀》	《酒史》
		《夷俗記》		《最爽館清課》	《幽閑鼓吹》
		《三事溯眞》		《戊申立春攷證》	《遼陽圖記》
		《銷夏》		《金丹四百字解》	《剿奴議撮》
		《辟寒部》		《友論》	
				《木几冗談》	
				《席上腐談》	
《京都大學人文科學研究所漢籍目錄》〔註9〕	《京都大學人文科學研究所漢籍目錄》記載《寶顏堂祕笈》，共有四則資料。以下分別介紹： 第一則，內容記載情形：「《寶顏堂祕笈續函》即《陳眉公家藏祕笈續函》。明陳繼儒輯，明繡水沈氏尙白齋刊本。《尙書故實》、《南唐近事》、《朱文公政訓》、《眞西山政訓》、《荊溪林下偶談》、《讀書雜抄》、《脈望》、《賢奕編》、《畫說》、《谿山餘話》、《蜀都雜抄》、《四夷考》、《愼言》、《鼎錄》、《古奇器錄》（附〈江東藏書目錄小序〉）、《蝟笑偶言》、《長松茹退》、《虎薈》、《羅湖野錄》、《觴政》、《吳社編》、《寱言》、《夷俗記》、《三事溯眞》、《銷夏》、《辟寒部》闕（大）。」 第二則，內容記載情形：「《寶顏堂祕笈廣函殘卷》即《陳眉公家藏廣祕笈》。存自《還冤志》至《古今考》。則自《老子解》至《海內十洲記》。自從《從政錄》至《丹鉛續錄》。自《汲古叢語》至《蠙衣生劍記》、《邵康節先生外紀》。明陳繼儒輯，明繡水沈氏尙白齋刊本。」 第三則，內容記載情形：「明陳繼儒輯，萬曆三十四年序刊本。《娑羅館逸稿》、《續娑羅館清言》、《冥寥子游》、《新刻陳眉公重訂廣莊》、《寶顏堂偶譚》闕。」 第四則，內容記載情形：「《寶顏堂祕笈》。《正集》、《續集》、《廣集》、《普集》、《彙集》、《眉公雜箸》。明陳繼儒輯，民國十一年上海文明書局石印本（大）。」

〔註9〕財團法人文科學研究協會：《京都大學人文科學研究所漢籍目錄》（京都：株式會社同朋舍出版，昭和五十六年），頁760。

附錄二：書　影

　　書影安排次序，以《陳眉公家藏祕笈續函》本列爲第一，其他明代、清代叢書則依照刊刻時間排列。

書影一：志人小說作品－〔唐〕李德裕《次柳氏舊聞》

1. 以《次柳氏舊聞》命名之明代著名叢書版本

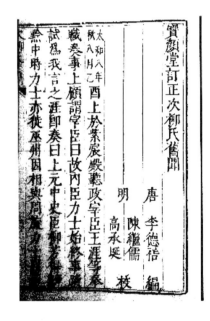

（《寶顏堂祕笈》「明萬曆間繡水沈氏尚白齋刊本」）

　　明陳繼儒編《寶顏堂祕笈》，《次柳氏舊聞》收錄於「《陳眉公家藏秘笈續函》」中。線裝書。板框高二十點五公分，寬十二點五公分。卷首首行書端題有「寶顏堂訂正次柳氏舊聞」書名，次行低十一格題有「唐李德裕　編」作者數字，第三、四行分別題有「明　陳繼儒　校」、「明　高承埏　校」校者數字。每半葉八行，行十八字，四周雙欄。板心白口，單黑魚尾，板心上方記書名，板心下方記頁次。書末處，鐫有「寶顏堂訂正次柳氏舊聞」數字。

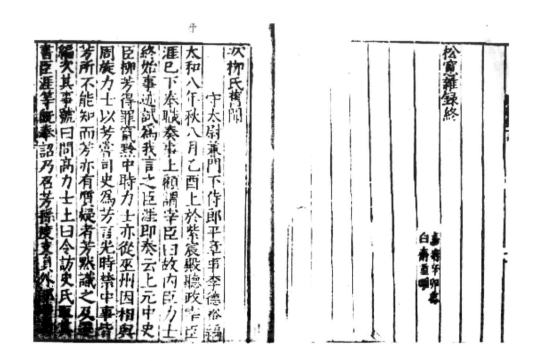

（《顧氏文房小說》「明嘉靖間長洲顧氏刊本」）

　　明顧元慶編《顧氏文房小說》，《次柳氏舊聞》收錄於其中。線裝書。板框高十七點九公分，寬十二點七公分。卷首首行書端題有「次柳氏舊聞」書名數字，次行低三格題有「守太尉兼門下侍郎平章事李德裕編」作者數字。每半葉十行，行十八字，左右雙欄。板心花口，單黑魚尾，板心記書名，板心下方記頁次、該套叢書總頁數。各頁邊欄外左上角有書耳，題有「陽山顧氏文房」數字。書末處，鐫有「次柳氏舊聞終」數字。

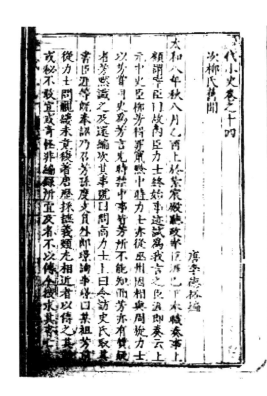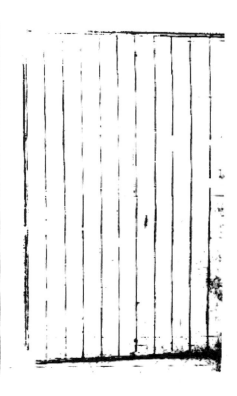

（《歷代小史》「明萬曆丙戌刊本」）

　　舊題明李栻編《歷代小史》，《次柳氏舊聞》收錄於其中。線裝書。板框高二十點九公分，寬十三點三公分。卷首首行書端題有「歷代小史卷之十四」叢書名、叢書卷第數字，次行低一格題有「次柳氏舊聞」書名數字。每半葉十一行，行二十五字至二十六字，四周雙欄。板心花口，單黑魚尾，魚尾上端記叢書名、板心記叢書卷第、板心下頁次。書末處，鐫有「歷代小史卷之十四終」數字。

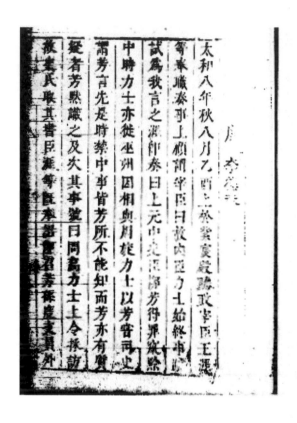

（重輯《百川學海》「明末葉坊刊本」）

　　宋左圭編，明人重編《百川學海》，《次柳氏舊聞》收錄於「丙集」中。線裝書。板框高十八點六公分，寬十四點一公分。卷首首行書端題有「次柳氏舊聞」書名數字，次行低五格題有「唐　李德裕」作者數字。每半葉九行，行二十字，左右雙欄。板心白口，單白魚尾，魚尾上端記書名，板心下記頁次。

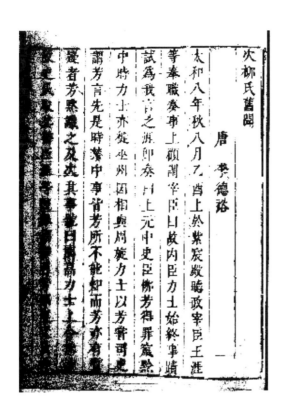

（《五朝小說》「明末刊本」）

明馮夢龍編《五朝小說》，《次柳氏舊聞》收錄於「唐人百家小說偏錄家」中。線裝書。板框高十八點九公分，寬十四點二公分。卷首首行書端題有「次柳氏舊聞」書名數字，次行低五格題有「唐　李德裕」作者數字。每半葉九行，行二十字，左右雙欄。板心白口，單白魚尾，魚尾上方記書名、卷第，板心下方記頁次。

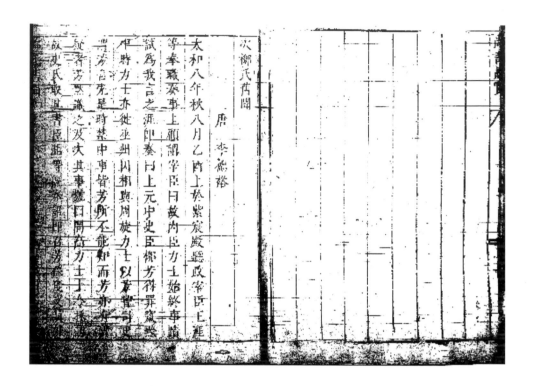

（重編《說郛》「清順治丁亥兩浙督學李際期刊本」）

　　明陶宗儀編・陶珽重編并續重編《說郛》，《次柳氏舊聞》收錄於卷
第三十六中。線裝書。板框高十九點一公分，寬十四點一公分。卷首首
行書端題有「次柳氏舊聞」書名數字，次行低五格題有「唐　李德裕」
作者數字。每半葉九行，行二十字，左右雙欄。板心白口，單白魚尾，
魚尾上方記書名、卷第，板心下方記頁次。

2. 以《明皇十七事》命名之明代著名叢書版本

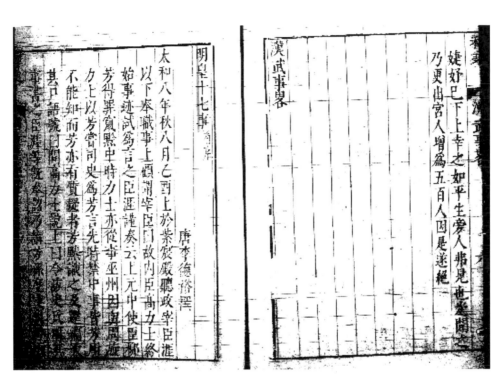

（《稗乘》「明萬曆戊午孫幼安刊本」）

　　明不著編人《稗乘》，《明皇十七事》收錄於「史略」中。線裝書。
板框高十九點四公分，寬十三公分。卷首首行書端題有「明皇十七事_有
_序」書名數字，次行低十一格題有「唐　李德裕撰」作者數字。每半葉
十行，行十八至十九字，左右雙欄。板心花口，單黑魚尾，魚尾上方記
叢書名、板心記書名、魚尾下方記頁次與叢書總頁數。書中鈐有「國立
中央圖書館收藏」朱文方印、「劉漢卿/字上于/號依思」朱文方印等諸印。

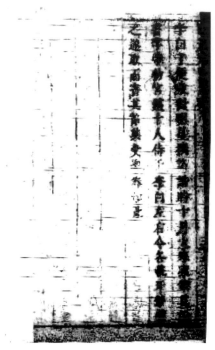

（《五朝小說》「明末刊本」）

明馮夢龍編《五朝小說》，《明皇十七事》收錄於「唐人百家小說偏錄家」中。線裝書。板框高十八點八公分，寬十四點一公分。書前有「明皇十七事序」，卷首首行書端題有「明皇十七事」書名數字，次行低五格題有「唐　李德裕」作者數字。每半葉九行，行二十字，左右雙欄。板心白口，單白魚尾，魚尾上方記書名，板心下方記頁次。

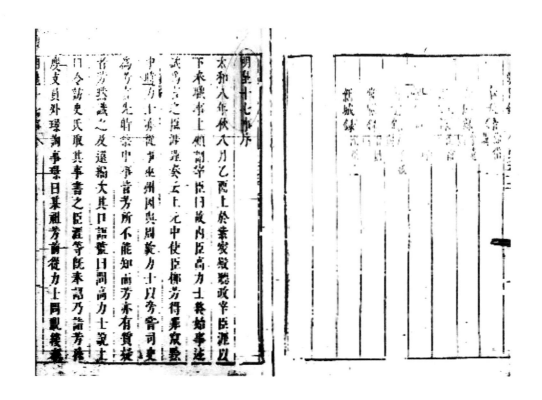

（《説郛》「清順治丁亥兩浙督學李際期刊本」）

　　明陶宗儀編・陶珽重編并續重編《説郛》，《明皇十七事》收錄於卷第五十二中。線裝書。板框高十九點一公分，寬十四點一公分。書前有「明皇十七事序」，卷首首行書端題有「明皇十七事」書名數字，次行低五格題有「唐　李德裕」作者數字。每半葉九行，行二十字，左右雙欄。板心白口，單白魚尾，魚尾上方記書名，板心下方記頁次。

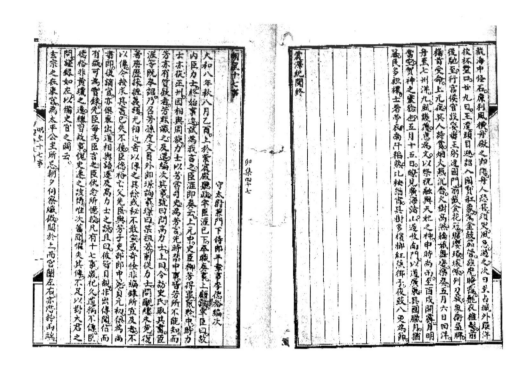

（《廣四十家小說》「民國 12 年上海進步書局石印本」）

　　明顧元慶編《廣四十家小說》，《明皇十七事》收錄於「唐人百家小說偏錄家」中。線裝書。卷首首行書端題有「明皇十七事」書名數字，次行低十四格題有「守太尉兼門下侍郎平章事李德裕編」作者數字。每半葉十四行，行三十二字，四周雙欄。板心花口，象鼻，雙黑魚尾，板心記書名、頁數。書末處，鐫有「明皇十七事終」數字，附錄「晁公武《郡齋讀書志》明皇十七事提要」。

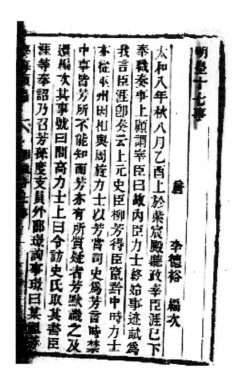

（《學海類編》「清道光辛卯六安晁氏活字印本」）

　　清曹溶編《學海類編》，《明皇十七事》收錄於「集餘七保攝」中。線裝書。板框高十九點五公分，寬十二點二公分。卷首首行書端題有「明皇十七事」書名數字，次行低九格題有「唐　李德裕　編次」作者數字。每半葉九行，行二十一字，左右雙欄。板心花口，單白魚尾，魚尾上方記叢書名，板心記書名，板心下方記頁數、集次。

書影一：志人小說作品－〔宋〕鄭文寶《南唐近事》

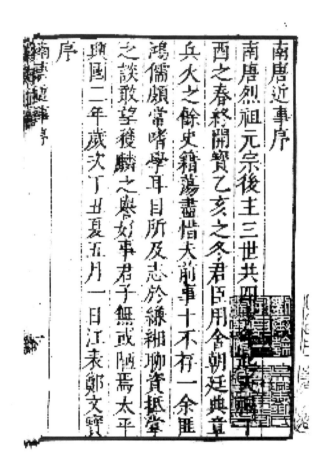

興國二年歲次丁丑夏五月一日江表鄭文寶
之談敢望後麟之譽妄事君子無或陋焉太平
鴻儒頗常嗜學耳目所及志於纖細聊資抵掌
兵火之餘史籍蕩盡惜大前事十不存一余匪
西之春終開寶乙亥之冬君臣用舍朝廷典章
南唐烈祖元宗後主三世共四
南唐近事序

序
南唐近事

（《寶顏堂祕笈》「明萬曆間繡水沈氏尚白齋刊本」）

明陳繼儒編《寶顏堂祕笈》，《南唐近事》收錄於「《陳眉公家藏秘笈續函》」中。線裝書。板框高二十點五公分，寬十二點五公分。書前有「南唐近事序」，卷首首行書端題有「寶顏堂訂正南唐近事」書名數字，次行低九格題有「宋江表鄭文寶　編」作者數字，第三、四行分別題有「明雲間　陳繼儒　校」、「明　橋李　高承埏　校」校者數字。每半葉八行，行十八字，四周單欄。無板心，上方記子書名，下方記頁次。書末處，鐫有「南唐近事終」數字。書中鈐有「劉承榦字貞一號翰怡」白文方印、「吳興劉氏嘉業堂藏書印」朱文方印、「國立中央圖書館藏」朱文長方印等諸印。

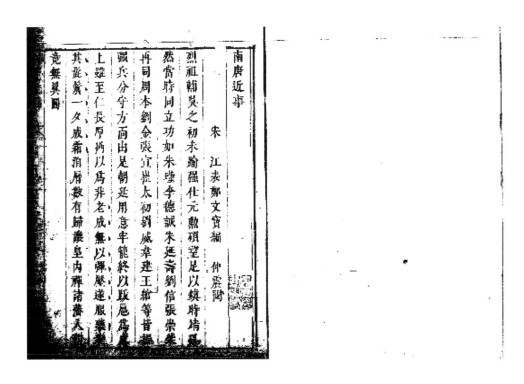

（《續百川學海》「明末刊本」）

　　明吳永編《續百川學海》，《南唐近事》收錄於「丙集」中。線裝書。
板框高十九點二公分，寬十四點三公分。卷首首行書端題有「南唐近事」
書名數字，次行低五格題有「宋　江表鄭文寶　編」作者數字、「仲震
閱」校者數字。每半葉九行，行二十字，左右雙欄。板心白口，單白魚
尾，魚尾上端記書名，板心下記頁次。書末處，鑴有「南唐近事終」數
字。書中鈐有「國立中央圖書館收藏」朱文方印。

（《唐宋叢書》「明末刊本」）

　　明鍾人傑、張遂辰編《唐宋叢書》，《南唐近事》收錄於「別集」中。
線裝書。板框高十八點九公分，寬十四點二公分。卷首首行書端題有「南
唐近事」數字，次行低五格題有「宋　江表鄭文寶　編」作者數字。每
半葉九行，行二十字，左右雙欄。板心白口，單白魚尾，魚尾上端記書
名，板心下記頁次。書中鈐有「劉承幹/字貞一/號翰怡」白文長方印、「吳
興劉氏/嘉業堂/藏書印」朱文方印、「國立中央圖書館收藏」朱文方印等
諸印。

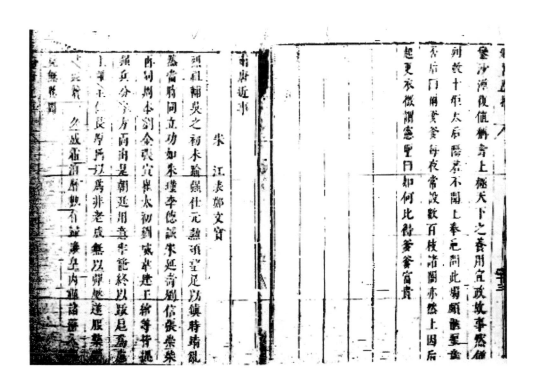

（《重編說郛》「清順治丁亥兩浙督學李際期刊本」）

　　明陶宗儀編・陶珽重編并續重編《說郛》，《南唐近事》收錄於卷第三十九中。線裝書。板框高十九點一公分，寬十四點一公分。卷首首行書端題有「南唐近事」書名數字，次行低五格題有「宋　江表鄭文寶」作者數字。每半葉九行，行二十字，左右雙欄。板心白口，單白魚尾，魚尾上方記書名，板心下方記頁次。

書影一：志人小說作品－〔明〕陸深《谿山餘話》

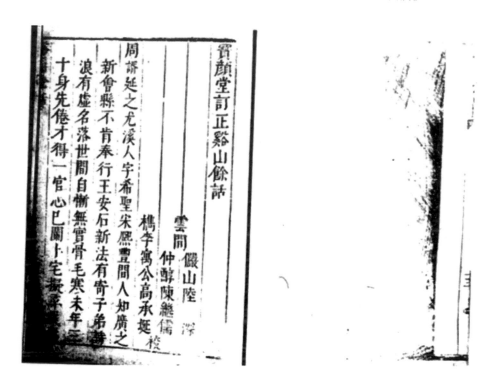

（《寶顏堂祕笈》「明萬曆間繡水沈氏尚白齋刊本」）

　　明陳繼儒編《寶顏堂祕笈》，《谿山餘話》收錄於「《陳眉公家藏秘
笈續函》」中。線裝書。板框高二十點五公分，寬十二點五公分。卷首
首行書端題有「寶顏堂訂正谿山餘話」書名，次行低十格題有「雲間儼
山陸　深著」作者數字，第三、四行分別題有「雲間仲醇陳繼儒校」、「檇
李寓公高承埏校」校者數字。每半葉八行，行十七至十八字，四周雙欄。
無板心，上方記子書名，下方記頁次。書末處，鐫有「寶顏堂訂正谿山
餘話」數字。

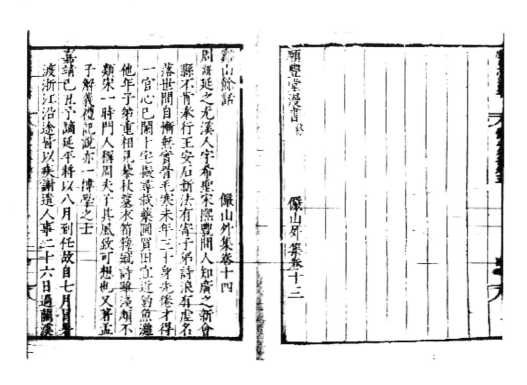

（《儼山外集》「明嘉靖二十四年雲間陸氏家刊」）

　　明陸深編《儼山外集》，《谿山餘話》收錄於其中。線裝書。板框高十八點五公分，寬十三點六公分。卷首首行書端題有「金臺紀聞上」書名、「儼山外集卷十四」叢書名數字。每半葉十行，行十九至二十字，左右雙欄。板心花口，雙白魚尾，魚尾上方記書名，板心記叢書名、卷第、頁次。書末處，鑴有「谿山餘話終　　儼山外集卷十四」數字。

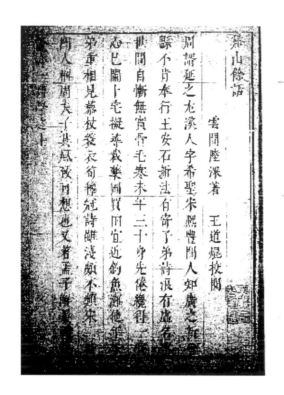

（《廣百川學海》「明末刊本」）

　　明馮可賓編《廣百川學海》，《谿山餘話》收錄於「丙集」中。線裝書。板框高十九點二公分，寬十四點二公分。卷首首行書端題有「谿山餘話」書名數字，次行低五格題有「雲間儼山陸深著」作者數字、「王道焜校閱」校者數字。每半葉九行，行二十字，左右雙欄。板心白口，單白魚尾，魚尾上端記書名，板心下記頁次。書末處，鐫有「谿山餘話終」數字。書中鈐有「國立中央圖書館收藏」朱文方印。

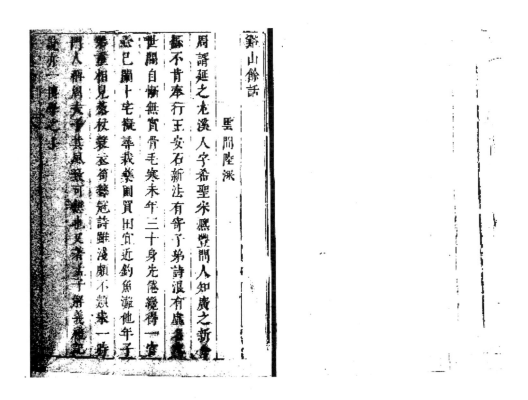

（《五朝小說》「明末刊本」）

　　明馮夢龍編《五朝小說》，《谿山餘話》收錄於「皇明百家小說」中。
線裝書。板框高十八點九公分，寬十四點二公分。卷首首行書端題有「谿
山餘話」書名數字，次行低五格題有「雲間」數字。每半葉九行，行二
十字，左右雙欄。板心白口，單白魚尾，魚尾上方記書名，板心下方記
頁次。

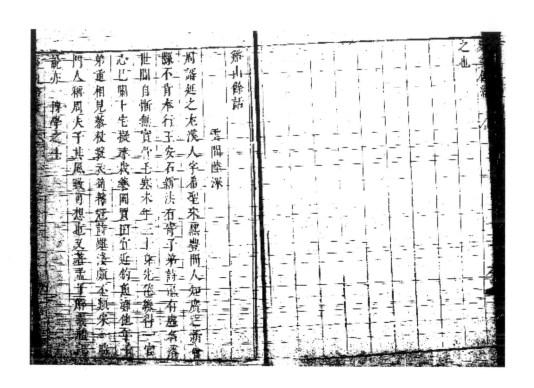

（《說郛續》「清順治丁亥兩浙督學李際期刊本」）

　　明陶宗儀編・陶珽重編并續重編《說郛續》，《谿山餘話》收錄於卷第十八中。線裝書。板框高十九點二公分，寬十四點一公分。卷首首行書端題有「谿山餘話」書名數字，次行低五格題有「雲間陸深」作者數字。每半葉九行，行二十字，左右雙欄。板心白口，單白魚尾，魚尾上方記書名，板心下方記頁次。

書影一：志人小說作品－〔明〕陸深《金臺紀聞》

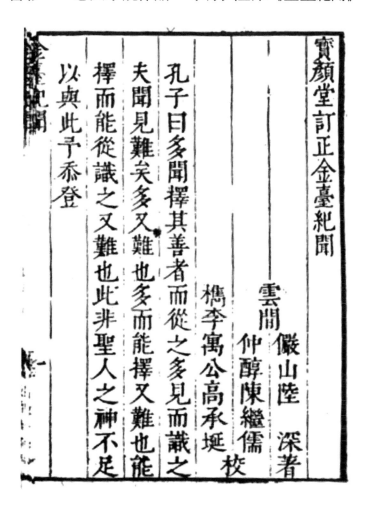

（《寶顏堂祕笈》「明萬曆間繡水沈氏尚白齋刊本」）

　　明陳繼儒編《寶顏堂祕笈》，《金臺紀聞》收錄於「《陳眉公家藏秘笈續函》」中。線裝書。板框高二十點五公分，寬十二點五公分。卷首首行書端題有「寶顏堂訂正金臺紀聞」書名，次行低十二格題有「雲間儼山陸深著」作者數字，第三、四行分別題有「雲間仲醇陳繼儒校」、「檇李寓公高承埏校」校者數字。每半葉八行，行十七至十八字，四周雙欄。無板心，上方記子書名，下方記頁次。書末處，鐫有「寶顏堂訂正金臺紀聞」數字。

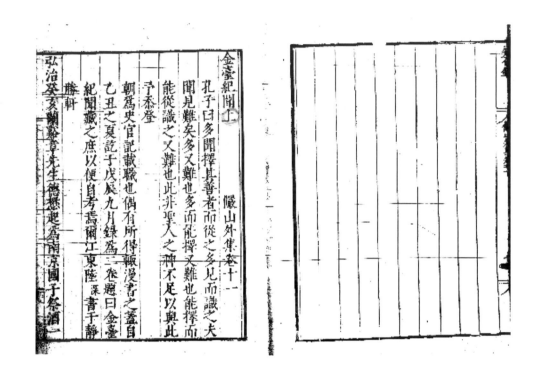

（《儼山外集》「明嘉靖二十四年雲間陸氏家刊本」）

　　明陸深編《儼山外集》，《金臺紀聞》收錄於其中。線裝書。板框高
十八點五公分，寬十三點六公分。卷首首行書端題有「金臺紀聞上」書
名、「儼山外集卷十一」叢書名數字，次行低二格有「陸深《金臺紀聞》
小序」。每半葉十行，行十九至二十字，左右雙欄。板心花口，雙白魚
尾，魚尾上方記書名、卷第，板心記叢書名、卷第、頁次。書末處，鐫
有「金臺紀聞下終　儼山外集卷十二」數字。

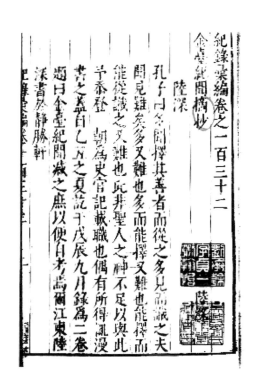

（《紀錄彙編》「明萬曆丁巳江西巡按陳于庭刊本」）

　　明陳節甫編《紀錄彙編》，《金臺紀聞》收錄於其中。線裝書。板框高二十二公分，寬十四點九公分。卷首首行書端題有「紀錄彙編卷之一百三十二」叢書名、卷第數字，次行題有「金臺紀聞摘抄」、「陸深」書名與作者數字。每半葉十行，行十九至二十字，四周單欄。板心花口，板心記叢書名、卷第、頁次，板心下記叢書總頁數。書中鈐有「劉承幹/字貞一/號翰怡」白文方印、「吳興劉氏/嘉業堂/藏書印」朱文方印等諸印。

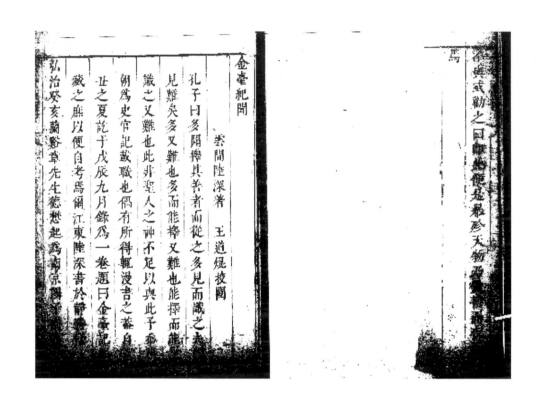

（《廣百川學海》「明末刊本」）

　　明馮可賓編《廣百川學海》，《金臺紀聞》收錄於「乙集」中。線裝書。板框高十九點四公分，寬十四點三公分。卷首首行書端題有「金臺紀聞」數字，次行低五格題有「雲間儼山陸深著」作者數字、「王道焜校閱」校者數字。每半葉九行，行二十字，左右雙欄。板心白口，單白魚尾，魚尾上端記書名，板心下記頁次。書末處，鐫有「金臺紀聞終」數字。

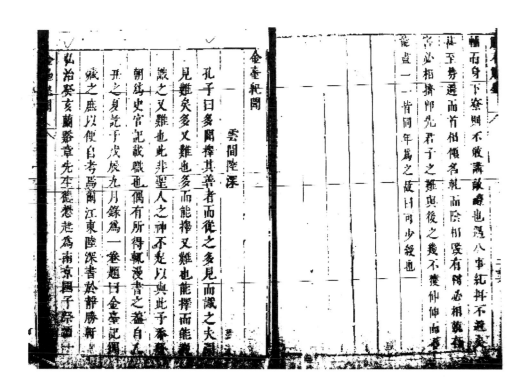

（《說郛續》「清順治丁亥兩浙督學李際期刊本」）

　　明陶宗儀編・陶珽重編并續重編《說郛續》，《金臺紀聞》收錄於卷第十二中。線裝書。板框高十九點一公分，寬十四點一公分。卷首首行書端題有「金臺紀聞」書名數字，次行低五格題有「雲間陸深」作者數字。每半葉九行，行二十字，左右雙欄。板心白口，單白魚尾，魚尾上方記書名，板心下方記頁次。

書影二：志怪傳奇小說作品－〔唐〕馮翊《桂苑叢談》

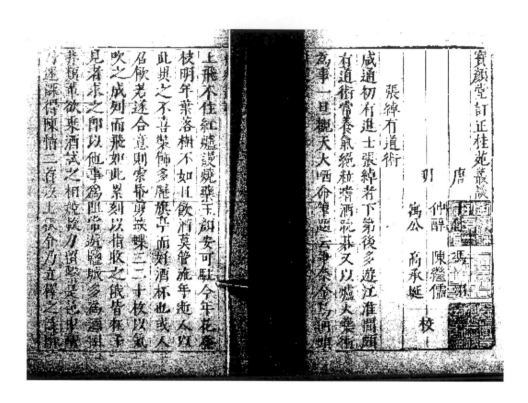

（《寶顏堂祕笈》「明萬曆間繡水沈氏尚白齋刊本」）

　　明陳繼儒編《寶顏堂祕笈》，《桂苑叢談》收錄於「《陳眉公家藏秘笈續函》」中。線裝書。卷首首行書端題有「寶顏堂訂正桂苑叢談」書名數字，次行低七格題有「唐子休　馮翊　著」作者，第三、四行分別題有「明　仲醇、陳繼儒　校」、「明　寓公　高承埏　校」校者數字。板框高二十點五公分，寬十二點五公分。每半葉八行，行十八字，四周單欄。無板心，上方記書名，下方記頁次。書中鈐有「劉承幹字貞一號翰怡」白文方印、「吳興劉氏嘉業堂藏書印」朱文方印、「四明盧氏抱經樓藏書印」白文方印、「國立中央圖書館收藏」朱文方印等諸印。

（《續百川學海》「明末刊本」）

　　明吳永編《續百川學海》，《桂苑叢談》收錄於「丙集」中。線裝書。
板框高十九點五公分，寬十四點三公分。卷首首行書端題有「桂苑叢談」
書名數字，次行低五格題有「唐　馮翊著　武林金維垣閱」作者、閱者
數字。每半葉九行，行二十字，左右雙欄。板心白口，單白魚尾，魚尾
上端記書名，板心下記頁次。

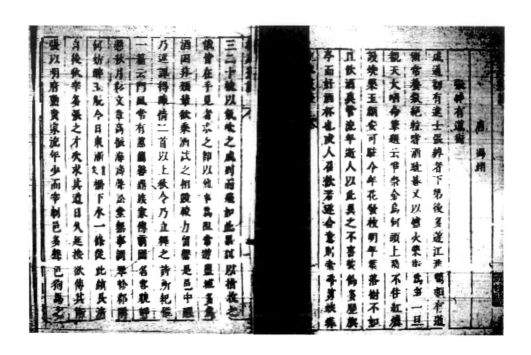

（《五朝小說》「明末刊本」）

　　明馮夢龍編《五朝小說》，《桂苑叢談》收錄於「唐人百家小說偏錄家」中。線裝書。板框高十八點八公分，寬十四點一公分。卷首首行書端題有「桂苑叢談」書名數字，次行低五格題有「唐　馮翊」作者數字。每半葉九行，行二十字，左右雙欄。板心白口，單白魚尾，魚尾上方記書名，板心下方記頁次。書中鈐有「國立中央圖書館收藏」朱文方印。

（《蒼雪菴日鈔》「明朱絲欄抄本」）

　　明不著編人《蒼雪菴日鈔》，《桂苑叢談》收錄於其中。線裝書。板框高二十公分，寬十二點五公分。卷首首行下題有「蒼雪菴日鈔」叢書書名數字，次行低二格題有「桂苑叢談一卷」書名卷第數字、低十二字題有「唐馮翊子休」作者數字。每半葉八行，行二十字。無板心，無題卷第、頁次。書中鈐有「國立中央圖書館收藏」朱文方印、「獨山莫氏銅/井文房藏書印」朱文方印等諸印。

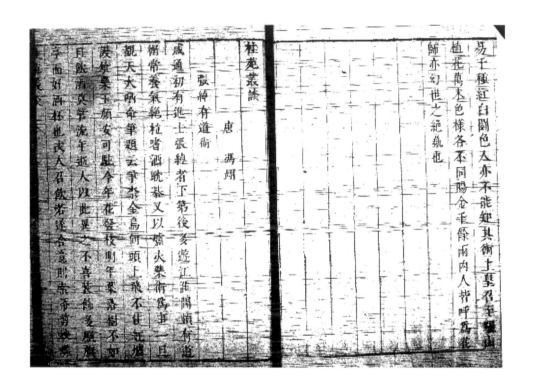

（重編《說郛》「清順治丁亥兩浙督學李際期刊本」）

　　明陶宗儀編・陶珽重編并續重編《說郛》，《桂苑叢談》收錄於卷第
二十六中。線裝書。板框高十九點二公分，寬十四點一公分。卷首首行
書端題有「桂苑叢談」書名數字，次行低五格題有「唐　馮翊」作者數
字。每半葉九行，行二十字，左右雙欄。板心白口，單白魚尾，魚尾上
方記書名，板心下方記頁次。

（《廣四十家小說》「民國十二年上海進步書局石印本」）

　　明顧元慶編《廣四十家小說》，《桂苑叢談》收錄於其中。線裝書。卷首首行書端題有「桂苑叢談」書名數字，次行低二十二格題有「馮翊子　子休撰」作者數字。每半葉十四行，行三十二字，四周雙欄。板心花口，雙黑魚尾，板心記書名、頁次。書末處，鐫有「桂苑叢談終」數字。

書影二：志怪傳奇小說作品－〔唐〕陸勳《集異志》

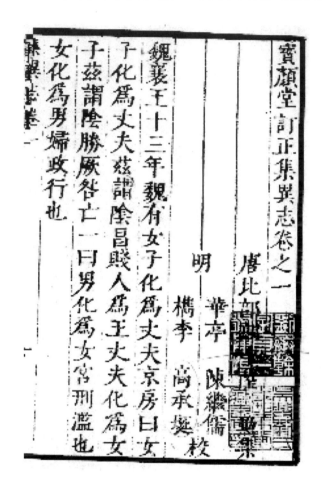

（《寶顏堂祕笈》「明萬曆間繡水沈氏尚白齋刊本」）

　　明陳繼儒編《寶顏堂祕笈》，《集異志》收錄於「《陳眉公家藏秘笈續函》」中。線裝書。卷首首行書端題有「寶顏堂訂正集異志卷之一」書名、卷第數字，次行低九格題有「唐比部郎中陸勳集」作者數字，第三、四行分別題有「明　華亭、陳繼儒　校」、「明　檇李、高承埏　校」校者數字。板框高二十點五公分，寬十二點五公分。每半葉八行，行十八字，單欄。無板心，上方記子書名、卷第，下方記頁次。書末處，鐫有「寶顏堂訂正集異志卷之四終」數字。書中鈐有「劉承幹字貞一號翰怡」白文方印、「吳興劉氏嘉業堂藏書印」朱文方印等諸印。

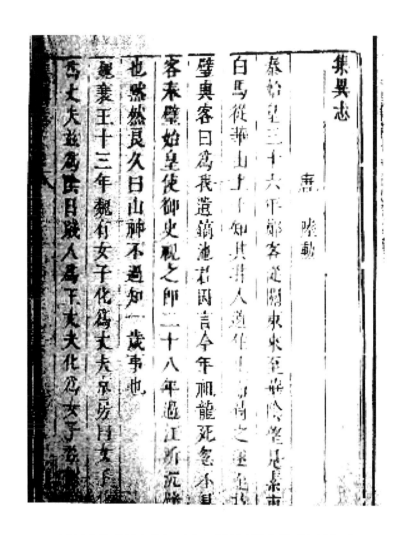

（《說郛》「清順治丁亥兩浙督學李際期刊本」）

　　明陶宗儀編・陶珽重編并續重編《說郛》，《集異志》收錄於卷第一百十六中。線裝書。板框高十九點一公分，寬十四點一公分。卷首首行書端題有「集異志」書名數字，次行低五格題有「唐　陸勳」作者數字。每半葉九行，行二十字，左右雙欄。板心白口，單白魚尾，魚尾上方記書名，板心下方記頁次。

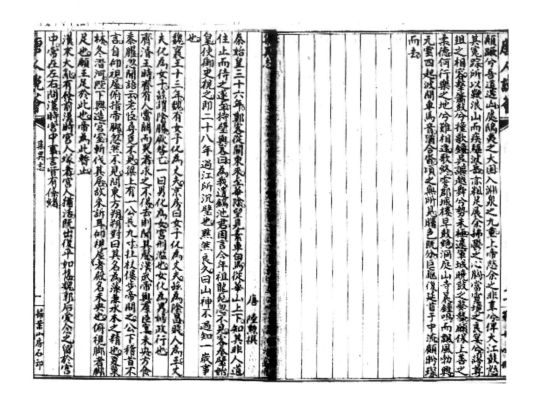

（《唐人說薈》「民國上海掃葉山房石印本」）

　　清蓮塘居士編《唐人說薈》，《集異志》收錄其中。線裝書。卷首首
行書端題有「集異志」書名數字，次行低二十四格題有「唐　陸勳撰」
作者數字。每半葉十五行，行三十二字，四周雙欄。板心花口，單黑魚
尾，魚尾上方記叢書書名、卷第，板心記書名、頁次，板心下方記書坊
名稱、冊數。

書影二：志怪傳奇小說作品－〔宋〕王簡《疑仙傳》

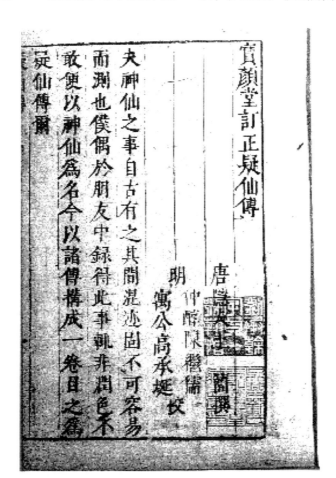

（《寶顏堂祕笈》「明萬曆間繡水沈氏尚白齋刊本」）

　　明陳繼儒編《寶顏堂祕笈》，《疑仙傳》收錄於「《陳眉公家藏秘笈續函》」中。線裝書。卷首首行書端題有「寶顏堂訂正疑仙傳」書名數字，次行低十格題有「唐隱夫王　簡撰」作者數字，第三、四行分別題有「明仲醇陳繼儒校」、「明寓公高承埏校」校者數字。板框高二十點五公分，寬十二點五公分。每半葉八行，行十八字，單欄。無板心，上方記書名，下方記頁次。書中鈐有「劉承幹字貞一號翰怡」白文方印、「吳興劉氏嘉業堂藏書印」朱文方印、「國立中央圖書館收藏」朱文方印等諸印。

（《琳瑯秘室叢書》「清光緒戊子會稽董氏取斯堂活字本」）

　　清胡珽輯《琳瑯秘室叢書》，《疑仙傳》收錄於其中。線裝書。書前有「疑仙傳目錄」與疑似「《四庫全書總目》〈疑仙傳提要〉」。卷首首行書端題有「疑仙傳卷上」書名、卷第數字，次行低十格題有「隱　夫　玉簡　撰」作者數字。每半葉九行，行二十一字，四周單欄。板心花口，單黑魚尾，板心記書名、卷第，板心下方記頁次，象鼻。書末處，鐫有「疑仙傳卷下終」數字。書末處後題有「汲古閣毛晉舊本　長洲宋翔鳳于庭藏書」、「金匱江文煒　元和徐立方　仁和胡珽　全校」、「宜興曹鳳奎刷印」等數字，最後附錄「疑仙傳校譌」。書末鈐有「國立中央圖書館收藏」朱文方印。

書影三：雜俎小說作品－〔唐〕李綽《尚書故實》

寶顏堂訂正尚書故實
唐　趙郡　李綽
明　雲間　陳繼儒　校
明　檇李　高承埏　校
賓護尚書河東張公三相盛門四朝雅望博
物自同於壯武多聞遠邁於卑臣綽避難圃
田寓居佛廟秩有同於錐印跡更甚於酒傭
叨遂迎塵每容侍話凡聆徵引

祕笈續函目錄終

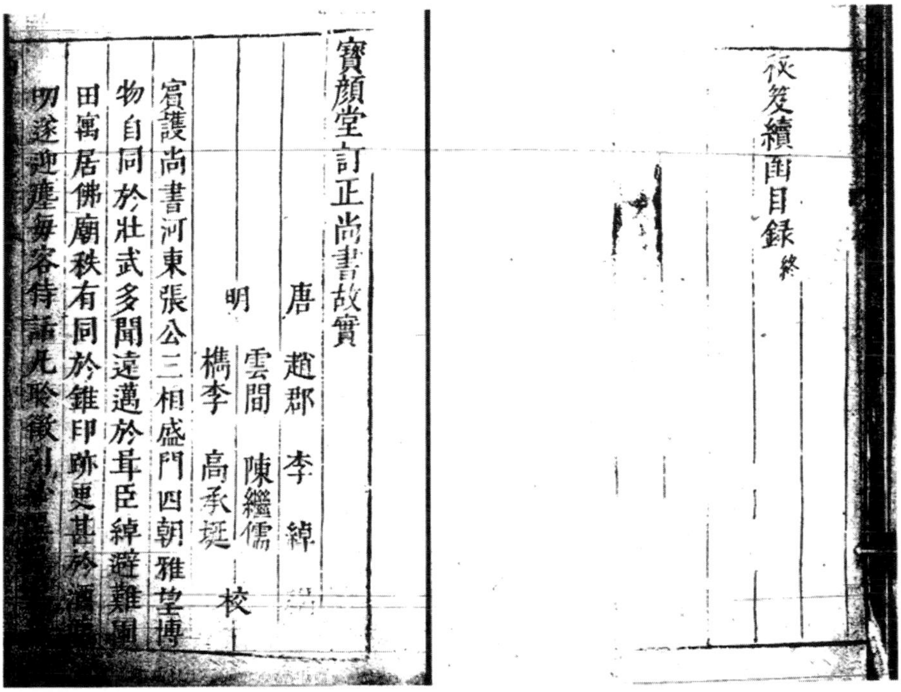

（《寶顏堂祕笈》「明萬曆間繡水沈氏尚白齋刊本」）

明陳繼儒編《寶顏堂祕笈》，《尚書故實》收錄於「《陳眉公家藏秘笈續函》」中。線裝書。板框高二十點五公分，寬十二點五公分。卷首首行書端題有「寶顏堂訂正尚書故實」書名數字，次行低七格題有「唐趙郡　李綽　編」作者數字，第三、四行分別題有「明　雲間　陳繼儒　校」、「明　檇李　高承埏　校」校者數字。每半葉八行，行十八字，四周單欄。無板心，上方記子書名，下方記頁次。

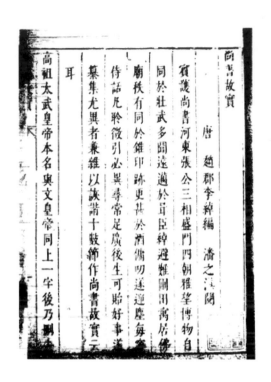

（《百川學海》「明末刊本」）

　　宋左圭編，明人重編《百川學海》，《尚書故實》收錄於「丙集」中。線裝書。板框高十九公分，寬十四點二公分。卷首首行書端題有「尚書故實」書名數字，次行低五格題有「唐　趙郡李綽編」作者數字與「潘之滇閱」。每半葉九行，行二十字，左右雙欄。板心白口，單白魚尾，魚尾上端記書名，板心下記頁次。書中鈐有「國立中央圖書館收藏」朱文方印。

（《百川學海》「明末葉坊刊本」）

　　宋左圭編，明人重編《百川學海》，《尚書故實》收錄於「丙集」中。線裝書。板框高十八點六公分，寬十四點一公分。卷首首行書端題有「尚書故實」書名數字，次行低五格題有「唐　李綽」作者數字。每半葉九行，行二十字，左右雙欄。板心白口，單白魚尾，魚尾上端記書名，板心下記頁次。

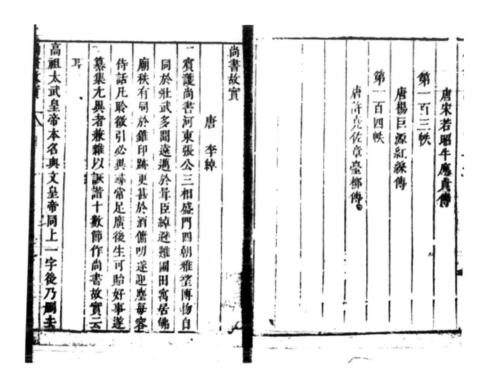

（《五朝小說》本「明末刊本」）

　　明馮夢龍編《五朝小說》，《尚書故實》收錄於「唐　人百家小說偏錄家」中。線裝書。板框高十八點九公分，寬十四點二公分。卷首首行書端題有「尚書故實」書名數字，次行低五格題有「唐　李綽」數字。每半葉九行，行二十字，左右雙欄。板心白口，單白魚尾，魚尾上方記書名，板心下方記頁次。書中鈐有「國立中央圖書館收藏」朱文方印。

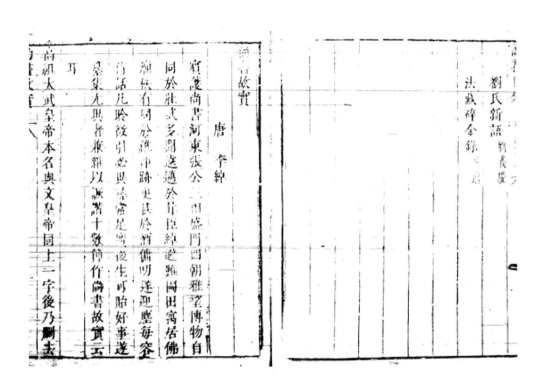

（《說郛續》「清順治丁亥兩浙督學李際期刊本」）

　　明陶宗儀編・陶珽重編并續重編《說郛續》，《尚書故實》收錄於卷第三十六中。線裝書。板框高十九點二公分，寬十四點一公分。卷首首行書端題有「尚書故實」書名數字，次行低五格題有「唐　李綽」作者數字。每半葉九行，行二十字，左右雙欄。板心白口，單白魚尾，魚尾上方記書名，板心下方記頁次。

尚書故實

畿輔叢書

唐趙郡李綽撰

賓護尚書沇東張公三相盛門四朝雅望博物洽聞有同

壯武多聞遠適於肯臣緯避難團田寓居佛廟家有同

於雛印迹更甚於酒儁刃逄迤塵每容侍話凡聆微引

必異尋常足可貽好事遂纂樂尤異者兼雜以

詼諧十數簡作尚書故實耳

高祖太武皇帝本名與戈皇帝同上一字後乃刷去嘗有

碑版鑿處具在太武是陵廟中玉冊所稱神堯乃母后追

尊顏公曾抗疏極論為袞俊所阻而寢

（《畿輔叢書》「清光緒五年定州王士謙德堂刊本」）

清王灝編《畿輔叢書》，《尚書故實》收錄其中。線裝書。卷首首行書端題有「尚書故實」書名數字、底下題有「畿輔叢書」叢書名數字，次行低十三格題有「唐趙郡李綽撰」數字。每半葉十行，行二十二字，四周單欄。板心花口，象鼻，板心記書名，板心下方記頁次。書末處，鐫有「尚書故實終」數字。書中鈐有「中國國際圖書館」橢圓朱印。

書影三：雜俎小說作品－〔宋〕孔平仲《談苑》

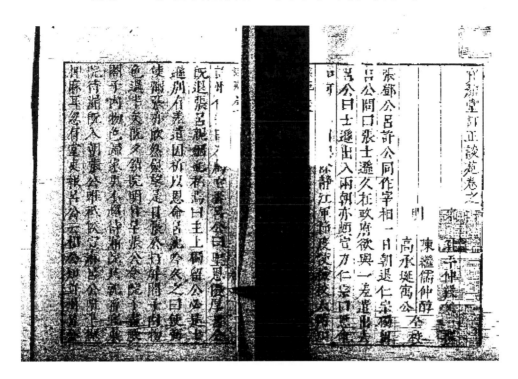

（《寶顏堂祕笈》「明萬曆間繡水沈氏尚白齋刊本」）

　　明陳繼儒編《寶顏堂祕笈》，《談苑》收錄於「《陳眉公家藏秘笈續函》」中。線裝書。線裝書。板框高二十點五公分，寬十二點五公分。卷首首行書端題有「寶顏堂訂正談苑之一」書名、卷次，次行低九格題有「宋　孔平仲毅父　撰」作者數字，第三、四行分別題有「明陳繼儒仲儒全校」、「明高承埏寓公全校」校者數字。每半葉八行，行十七至十八字，四周雙欄。無板心，上方記子書名、卷次，下方記頁次。書末處，鑴有「寶顏堂訂正談苑卷之四終」數字。書中鈐有「劉承幹字貞一號翰怡」白文方印、「吳興劉氏嘉業堂藏書印」朱文方印、「四明盧氏抱經樓藏書印」白文方印、「國立中央圖書館收藏」朱文方印等諸印。

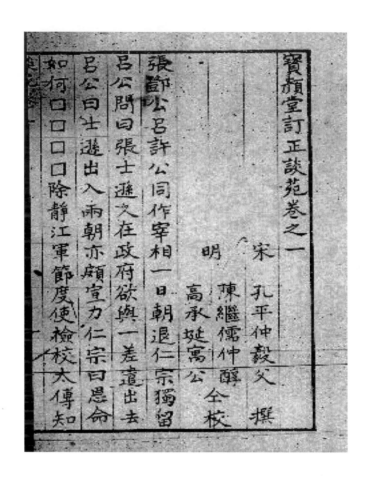

（《寶顏堂祕笈》「傅山手批明刊《寶顏堂祕笈》本」）

　　明陳繼儒編・清傅山手批明刊《寶顏堂祕笈》。線裝書。板框高二十點三公分，寬十二點六公分。卷首首行書端題有「寶顏堂訂正談苑之一」書名、卷次，次行低九格題有「宋　孔平仲毅父　撰」作者數字，第三、四行分別題有「明陳繼儒仲儒全校」、「明高承埏寓公全校」校者數字。每半葉八行，行十八字，單欄。無板心，上方記子書名、卷次，下方記頁次。國家圖書館「善本書室」所藏清傅山手批明刊《寶顏堂祕笈》本，有以下特點：1.「卷一」中，第一至第十二頁筆者疑應爲傅山親手抄寫。2.「卷一」中，第十三頁之後，版刻樣式爲刊本樣貌。3.欄外天頭處，有傅山手批文句，然手批文句並不多。

（《藝海珠塵》「清嘉慶間南匯吳氏聽□堂刊本」）

　　清吳省蘭輯《藝海珠塵》，《談苑》其中。線裝書。卷首首行書端題
有「藝海珠塵」叢書名數字、下方題有「子部雜家類」部類數字，次行
低七格題有「南匯　吳　省蘭　泉之輯」叢書作者名數字，第三行題有
「西安　余　本敦　亦醇校」叢書校者名數字，第四行題有「孔氏談苑」
書名數字。無界格，每半葉十行，行二十一字，左右雙欄。單黑魚尾，
魚尾上端記叢書名，板心記書名、卷次，板心下記頁次。書中鈐有「國
立中央圖書館收藏」朱文方印。

書影三：雜俎小說作品－〔宋〕陳師道《後山談叢》

（《寶顏堂祕笈》「明萬曆間繡水沈氏尚白齋刊本」）

　　明陳繼儒編《寶顏堂祕笈》，《後山談叢》收錄於「《陳眉公家藏秘笈續函》」中。線裝書。板框高二十點五公分，寬十二點五公分。卷首首行書端題有「寶顏堂訂正後山談叢卷之一」書名、卷次數字，次行低八格題有「宋彭城陳師道履常著」作者數字，第三、四行分別題有「明華亭陳繼儒仲醇校」、「明檇李高承埏寓公校」校者數字。每半葉八行，行十八字，四周單欄。無板心，上方記子書名、卷次，下方記頁次。書末處，鑴有「寶顏堂訂正後山談叢卷之四終」數字。書中鈐有「劉承幹字貞一號翰怡」白文方印、「吳興劉氏嘉業堂藏書印」朱文方印、「國立中央圖書館藏」朱文長方印等諸印。

（《後山先生集》「明弘治十二年潞安知府馬暾刊本」）

　　宋陳師道《後山先生集》，《後山談叢》收錄於「子餘」中。線裝書。
板框高二十點四公分，寬十四公分。卷首首行書端題有「後山先生談叢
卷第一」書名、卷次數字，次行低九格題有「彭城陳　師道　履常著」作
者數字。每半葉十行，行二十字，四周雙欄。板心花口，雙黑魚尾，象
鼻，板心記書名、卷次，魚尾下記頁次。

（《唐宋叢書》「明末刊本」）

　　明鍾人傑、張遂辰編《唐宋叢書》，《後山談叢》收錄於「子餘」中。
線裝書。板框高十九公分，寬十四點二公分。卷首首行書端題有「後山
談叢」書名數字，次行低五格題有「宋　陳師道」數字。每半葉九行，
行二十字，左右雙欄。單白魚尾，魚尾上記書名，板心下記頁次。

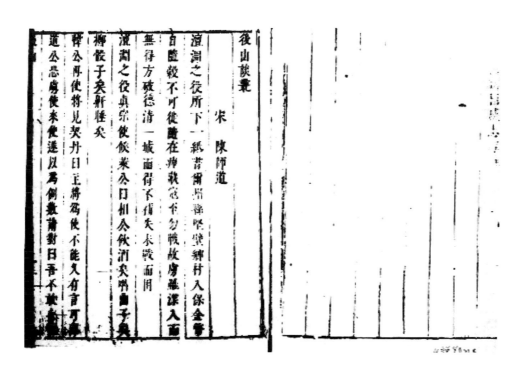

（重編《說郛》「清順治丁亥兩浙督學李際期刊本」）

　　明陶宗儀編・陶珽重編并續重編《說郛》，《後山談叢》收錄於卷第
二十二中。線裝書。板框高十九點二公分，寬十四點一公分。卷首首行
書端題有「後山談叢」書名數字，次行低五格題有「宋　陳師道」作者
數字。每半葉九行，行二十字，左右雙欄。板心白口，單白魚尾，魚尾
上方記書名，板心下方記頁次。

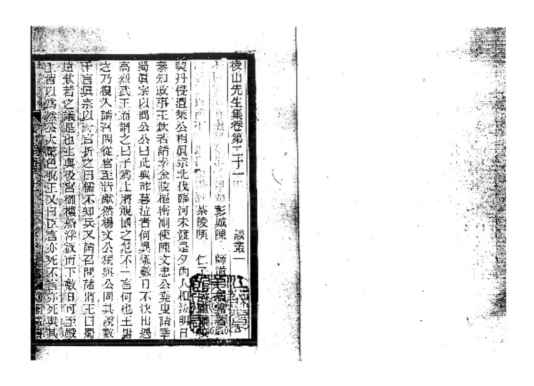

（《適園叢書》「民國三年烏程張氏刊本」）

宋陳師道《後山先生集》，《後山談叢》收錄於卷第二十一中。線裝書。卷首首行書端題有「後山先生集卷第二十一」書名、卷第數字；手行底下題有「談叢一」書名、卷次數字，次行低十二格題有「彭城陳　師道　履常　著」作者數字。每半葉十一行，行二十三字，左右雙欄。板心花口，雙魚尾，象鼻，板心記書名、卷第，板心下記頁次，魚尾下記叢書名。書中鈐有「江蘇　圖書館藏」朱文方印。

書影三：雜俎小說作品－〔明〕劉元卿《賢弈編》

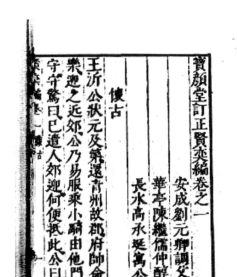

（《寶顏堂祕笈》「明萬曆間繡水沈氏尚白齋刊本」）

　　明陳繼儒編《寶顏堂祕笈》，《賢奕編》收錄於「《陳眉公家藏秘笈續函》」中。線裝書。板框高二十點五公分，寬十二點五公分。書前有「賢奕編序」、「賢奕編目錄」，卷首首行書端題有「寶顏堂訂正賢奕編卷之一」書名、卷次數字，次行低八格題有「安成劉元卿調父編纂」作者數字，第三、四行分別題有「華亭陳繼儒仲醇同校」、「長水高承埏寓公同校」校者數字。每半葉八行，行十八字，四周單欄。無板心，上方記子書名、卷次、類目，下方記頁次。書後附「賢奕編跋」。書中鈐有「劉承幹字貞一號翰怡」白文方印、「吳興劉氏嘉業堂藏書印」朱文方印、「國立中央圖書館藏」朱文長方印等諸印。

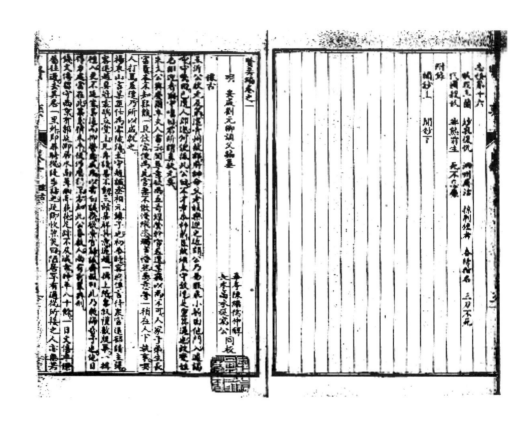

（《寶顏堂秘笈》「上海文明書局石印本」）

　　明陳繼儒編《寶顏堂祕笈》，《賢奕編》收錄於「《陳眉公家藏秘笈續函》」中。線裝書。卷首首行書端題有「賢奕編卷之一」書名、卷次數字，次行、第三行低二格題有「明　安成劉元卿調父編纂」作者數字，二十五格題有「華亭陳繼儒仲醇同校」、「長水高承埏寓公同校」校者數字。每半葉十六行，行三十六字，四周雙欄。板心花口，單黑魚尾，黑魚上方記子書名，板心記卷次、類目，板心下記頁次。書後附「賢奕編跋」。書中鈐有「國　圖書館藏書」白文方印。

書影三：雜俎小說作品－〔明〕陸深《知命錄》

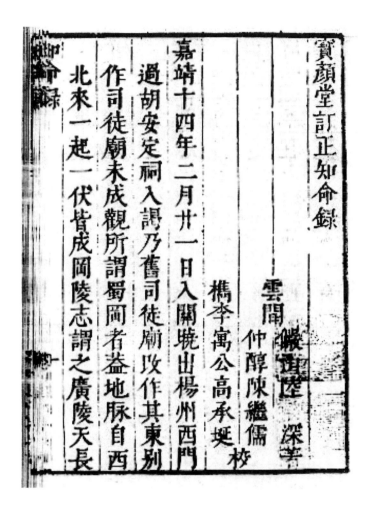

（《寶顏堂祕笈》「明萬曆間繡水沈氏尚白齋刊本」）

　　明陳繼儒編《寶顏堂祕笈》，《知命錄》收錄於「《陳眉公家藏祕笈續函》」中。線裝書。板框高二十點五公分，寬十二點五公分。卷首首行書端題有「寶顏堂訂正知命錄」書名數字，次行低十格題有「雲間儼山陸深著」作者數字，第三、四行分別題有「雲間仲醇陳繼儒校」、「檇李寓公高承埏校」校者數字。每半葉八行，行十七至十八字，四周單欄。無板心，上方記子書名，下方記頁次。書末處，鐫有「寶顏堂祕笈知命錄終」數字。書中鈐有「劉承幹字貞一號翰怡」白文方印、「吳興劉氏嘉業堂藏書印」朱文方印等諸印。

（《儼山外集》「明嘉靖二十四年雲間陸氏家刊」）。

　　明陸深編《儼山外集》，《知命錄》收錄於其中。線裝書。板框高十八點三公分，寬十三點四公分。卷首首行書端題有「知命錄」書名數字，首行低十格題有「儼山外集卷十」叢書名、卷第數字。每半葉十行，行十九字至二十字，左右雙欄。板心花口，雙白魚尾，魚尾上方記書名、卷第，板心記叢書名、卷第，板心下方記頁次。書末處，鑴有「知命錄終　儼山外集卷十」數字。

書影三：雜俎小說作品－〔明〕陸深《玉堂漫筆》

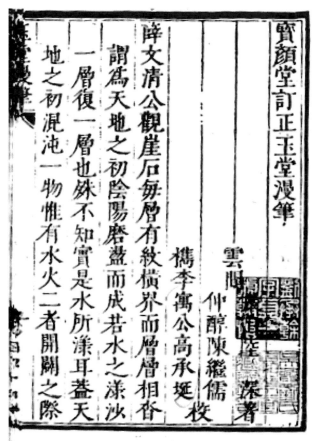

（《寶顏堂祕笈》「明萬曆間繡水沈氏尚白齋刊本」）

　　明陳繼儒編《寶顏堂祕笈》，《玉堂漫筆》收錄於「《陳眉公家藏秘笈續函》」中。線裝書。板框高二十點五公分，寬十二點五公分。卷首首行書端題有「寶顏堂訂正玉堂漫筆」書名，次行低十格題有「雲間儼山陸深　著」作者數字，第三、四行分別題有「雲間仲儒陳繼儒校」、「檇李寓公高承埏校」校者數字。每半葉八行，行十七至十八字，四周雙欄。無板心，上方記子書名，下方記頁次。書末處，鐫有「終」數字。書中鈐有「劉承幹字貞一號翰怡」白文方印、「吳興劉氏嘉業堂藏書印」朱文方印等諸印。

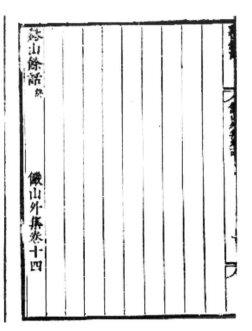

（《儼山外集》「明嘉靖二十四年雲間陸氏家刊」）

　　明陸深編《儼山外集》，《玉堂漫筆》收錄於其中。線裝書。板框高十八點三公分，寬十三點四公分。卷首首行書端題有「玉堂漫筆卷上」書名、卷次數字，首行低十格題有「儼山外集卷十五」叢書名、卷第數字。每半葉十行，行十九字至二十字，左右雙欄。板心花口，雙白魚尾，魚尾上方記書名、卷第，板心記叢書名、卷第，板心下方記頁次。

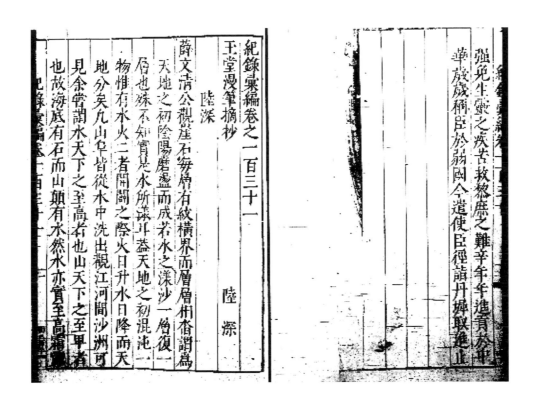

（《紀錄彙編》「明萬曆丁巳江西巡按陳于庭刊本」）

　　明陳節甫編《紀錄彙編》，《玉堂漫筆》收錄於其中。線裝書。板框高二十二公分，寬十四點九公分。卷首首行書端題有「紀錄彙編卷之一百三十一」叢書名、卷第數字，次行頂格題有「玉堂漫筆摘抄」書名數字、底下題「陸深」作者數字。每半葉十行，行十九至二十字，四周單欄。無板心，上方記叢書名、卷第，下方記頁次、叢書總頁數。

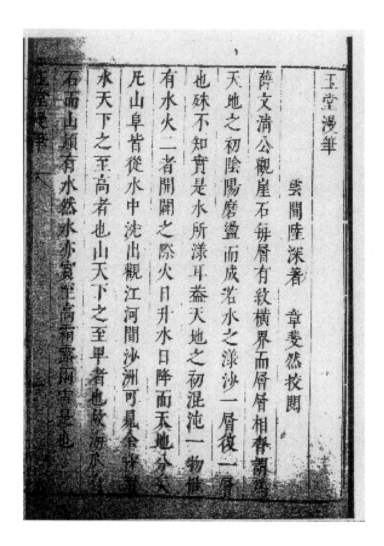

（《廣百川學海》「明末刊本」）

　　明馮可賓編《廣百川學海》，《玉堂漫筆》收錄於「乙集」中。線裝書。板框高十九點二公分，寬十四點二公分。卷首首行書端題有「玉堂漫筆」書名數字，次行低五格題有「雲間儼山陸　深著」作者數字、「張斐然校閱」校者數字。每半葉九行，行二十字，左右雙欄。板心白口，單白魚尾，魚尾上端記書名，板心下記頁次。書末處，鐫有「玉堂漫筆終」數字。

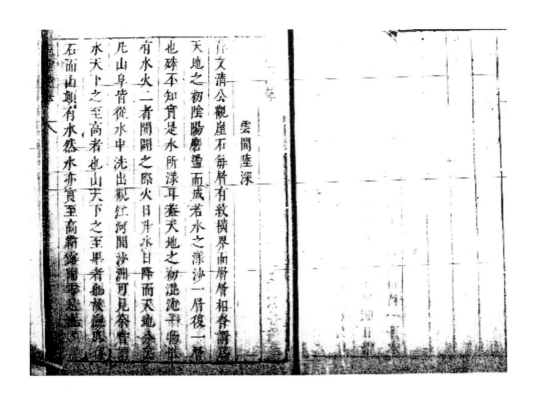

（《說郛續》「清順治丁亥兩浙督學李際期刊本」）

　　明陶宗儀編・陶珽重編并續重編《說郛續》，《玉堂漫筆》收錄於卷
第十二中。線裝書。板框高十九點一公分，寬十四點一公分。卷首首行
書端題有「玉堂漫筆」書名數字，次行低五格題有「雲間陸深」作者數
字。每半葉九行，行二十字，左右雙欄。板心白口，單白魚尾，魚尾上
方記書名，板心下方記頁次。

書影三：雜俎小說作品－〔明〕陸深《願豐堂漫書》

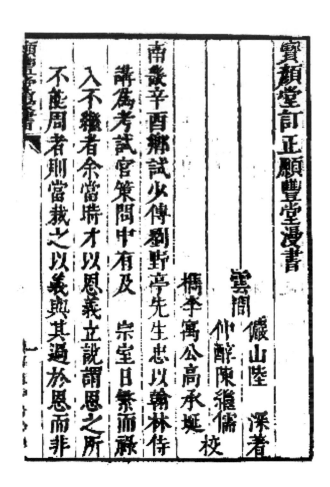

（《寶顏堂祕笈》「明萬曆間繡水沈氏尚白齋刊本」）

　　明陳繼儒編《寶顏堂祕笈》，《願豐堂漫書》收錄於「《陳眉公家藏祕笈續函》」中。線裝書。板框高二十點五公分，寬十二點五公分。卷首首行書端題有「寶顏堂訂正願豐堂漫書」書名，次行低十格題有「雲間儼山陸　深著」作者數字，第三、四行分別題有「雲間仲儒陳繼儒校」、「檇李寓公高承埏校」校者數字。每半葉八行，行十七至十八字，四周雙欄。無板心，上方記子書名，下方記頁次。

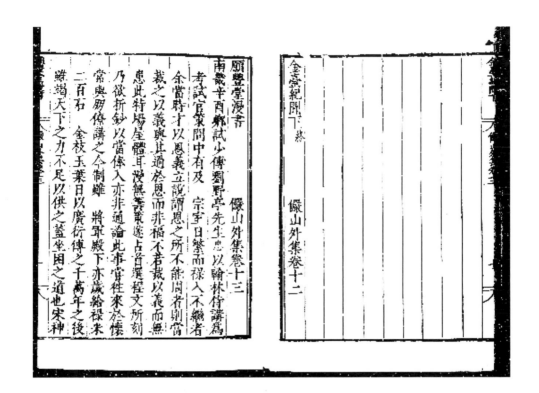

（《儼山外集》「明嘉靖二十四年雲間陸氏家刊」）

　　明陸深編《儼山外集》，《願豐堂漫書》收錄於其中。線裝書。板框高十八點三公分，寬十三點四公分。卷首首行書端題有「願豐堂漫書」書名、「儼山外集卷十三」叢書名數字。每半葉十行，行十九至二十字，左右雙欄。板心花口，雙白魚尾，魚尾上方記書名、卷第，板心記叢書名、卷第、頁次。書末處，鐫有「願豐堂漫書終　儼山外集卷十三」數字。

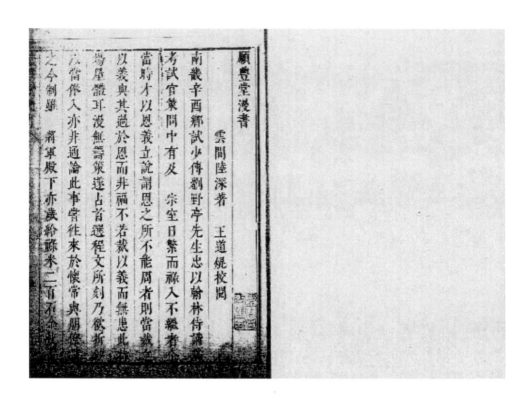

（《廣百川學海》「明末刊本」）

　　明馮可賓編《廣百川學海》，《願豐堂漫書》收錄於「乙集」中。線
裝書。板框高十九點四公分，寬十四點三公分。卷首首行書端題有「願
豐堂漫書」書名數字，次行低五格題有「雲間陸　深著」作者、「王道
焜校閱」校者數字。每半葉九行，行二十字，左右雙欄。板心白口，單
白魚尾，魚尾上端記書名，板心下記頁次。書中鈐有「國立中央圖書館
收藏」朱文方印。

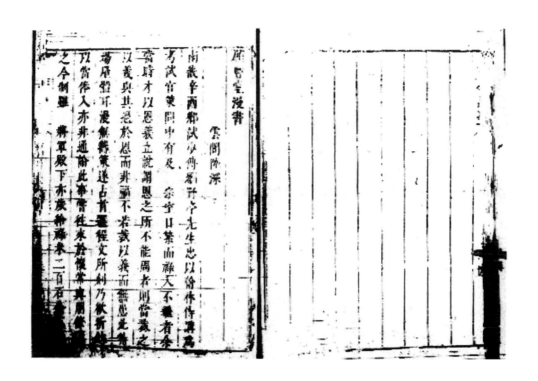

（《說郛續》「清順治丁亥兩浙督學李際期刊本」）

　　明陶宗儀編・陶珽重編并續重編《說郛續》，《願豐堂漫書》收錄於卷第二十中。線裝書。板框高十九點二公分，寬十四點一公分。卷首首行書端題有「願豐堂漫書」書名數字，次行低五格題有「雲間陸深」作者數字。每半葉九行，行二十字，左右雙欄。板心白口，單白魚尾，魚尾上方記書名，板心下方記頁次。

附錄三　國家圖書館善本書室所藏另一部「明萬曆間繡水沈氏尚白齋刊本」之書影

1. 唐李德裕《次柳氏舊聞》

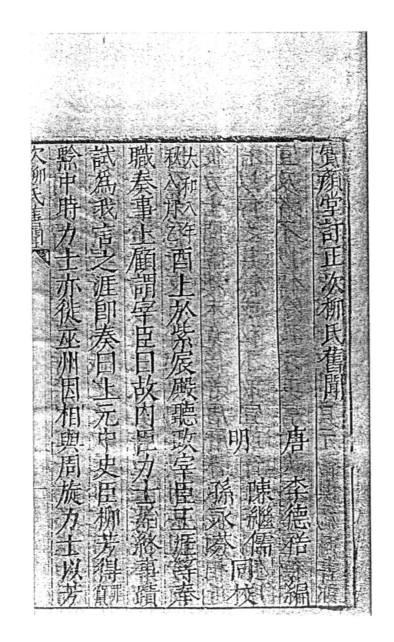

2. 宋鄭文寶《南唐近事》

烈祖輔吳之初未踰強仕元勳碩望足以鎮府

靖亂然當肘同立功如朱瑾李德誠朱延壽劉

信張崇柴再同周本劉金張宣崔太初劉威韋

建王綰等皆握強兵分守方面由是朝廷用意

陳眉公司正南唐近事

宋汴表鄭文寶　編

明繡水黃承玄　　校

沈守先

3. 明陸深《谿山餘話》

4. 明陸深《金臺紀聞》

5. 唐馮翊《桂苑叢談》

6. 唐陸勳《集異志》

7. 宋王簡《疑仙傳》

8. 唐李綽《尚書故實》

9. 宋孔平仲《談苑》

10. 宋陳師道《後山談叢》

11. 明劉元卿《賢弈編》

12. 明陸深《知命錄》

13. 明陸深《玉堂漫筆》

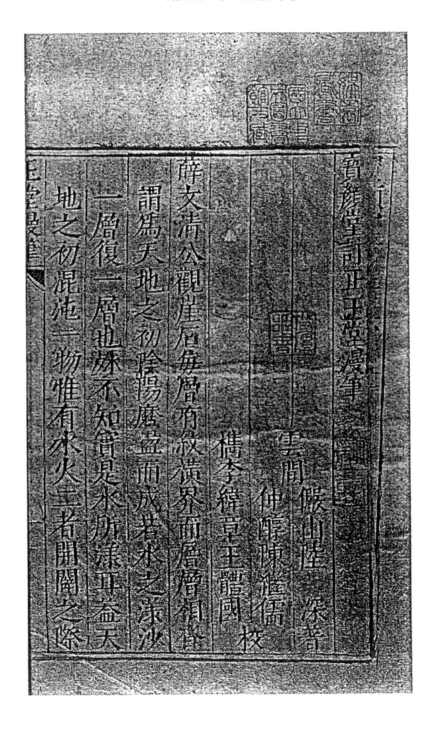

14. 明陸深《願豐堂漫書》